Klaus-Dieter Altmeppen · Matthias Karmasin (Hrsg.)

Medien und Ökonomie
Band 1/2

Klaus-Dieter Altmeppen
Matthias Karmasin (Hrsg.)

Medien und Ökonomie

Band 1/2: Grundlagen der Medienökonomie:
Soziologie, Kultur, Politik, Philosophie,
International, Geschichte, Technik,
Journalistik

Westdeutscher Verlag

Bibliografische Information Der Deutschen Bibliothek
Die Deutsche Bibliothek verzeichnet diese Publikation in der Deutschen
Nationalbibliografie; detaillierte bibliografische Daten sind im Internet über
<http://dnb.ddb.de> abrufbar.

1. Auflage April 2003

Alle Rechte vorbehalten
© Westdeutscher Verlag GmbH, Wiesbaden 2003

Lektorat: Barbara Emig-Roller

Der Westdeutsche Verlag ist ein Unternehmen der
Fachverlagsgruppe BertelsmannSpringer.
www.westdeutscher-verlag.de

Umschlaggestaltung: Horst Dieter Bürkle, Darmstadt
Umschlagbild: Kersten Hoppe, Ilmenau
Druck und buchbinderische Verarbeitung: Wilhelm & Adam, Heusenstamm
Gedruckt auf säurefreiem und chlorfrei gebleichtem Papier
Printed in Germany

ISBN 3-531-13632-1

Inhalt

Historische Perspektive

Technische Perspektive

Journalistik-Perspektive

Medien und Ökonomie - vielfältige Perspektiven, perspektivische Vielfalt

Klaus-Dieter Altmeppen / Matthias Karmasin

Dieses Kapitel gibt einen Überblick über die Beiträge dieses Bandes.

1 Disziplinäre Grenzöffnungen

Medienökonomie sollte, so lautete unser Resümeé,[1] als transdiziplinäres Lehr-
und Forschungsprogramm aufgefasst werden. In diesem Sinne grenzen wir
eine transdisziplinäre Medienökonomie, die als Kooperation divergenter Disziplinen und auch als Kooperation zwischen Theorie und Praxis verstanden
wird, von der interdisziplinären Medienökonomie, der Kooperation benachbarter Disziplinen, ab. Im Band 1/1 dieses Gesamtwerks sind Beiträge aus der
Kommunikations- und Medienwissenschaft und den Wirtschaftswissenschaften
versammelt, mit denen Grenzöffnungen primär in transdisziplinärer Perspektive präsentiert werden. Die Beiträge in diesem Band 1/2 fokussieren in erster
Linie interdisziplinäre Perspektiven, zumindest aus Sicht der Kommunikations-
und Medienwissenschaft, denn es werden soziologische, kulturwissenschaftliche, politikwissenschaftliche und medienphilosophische Bezüge zur Medienökonomie hergestellt. Darüber hinaus wenden sich die Autorinnen und Autoren der internationalen, der historischen und der technischen sowie der praktischen Journalistikperspektive zu. Auch wenn die Mehrzahl der Autoren dieses
Bandes in Kernbereichen der Kommunikations- und Medienwissenschaft tätig
ist, haben sie ihre fachlichen Wurzeln vielfach in anderen Disziplinen. Schon
diese biographischen Werdegänge verdeutlichen die disziplinären Grenzöffnungen der Medienökonomie. Medien und Ökonomie sind ein Gegenstand,

---

1 Wir erläutern diese wissenschaftstheoretische Perspektive in Band 1/1 „Grundlagen und
   Grundfragen: Kommunikations- und Medienwissenschaft, Wirtschaftswissenschaften".
   Band 1/1 erscheint gleichzeitig mit diesem Band. Es folgen Band 2 „Problemfelder der
   Medienökonomie" und Band 3 „Anwendungsfelder der Medienökonomie" des auf vier
   Bände angelegten Werkes.

mit dem sich eine Vielzahl wissenschaftlicher Disziplinen beschäftigt und der somit vielfältige Perspektiven auf sich vereint. Medien und Ökonomie sind aber ebenso ein Objektbereich, der die Fachvertreter der Kommunikations- und Medienwissenschaft dazu herausfordert, die mehrdimensionalen Implikationen, Bedingungen und Folgen der Medienökonomie zu thematisieren, was mit einer perspektivischen Vielfalt einhergeht. Diese Vielfalt in ihren Grundlagen darzustellen, ist das Anliegen dieses Bandes.

2 Über die Beiträge dieses Bandes

Handlung, Akteur und Struktur, die Basiskategorien der Soziologie, stehen im Mittelpunkt des Beitrags von Michael Jäckel. Ihm geht es um die Frage, ob die Rezipienten als „rational man" betrachtet werden können. Rezipienten sind aktive Akteure im Kreislauf von Medienproduktion und -distribution. Über ihr Handeln entscheiden sie eigenverantwortlich, aber unter bestimmten strukturellen Rahmenbedingungen und unter den situativen Möglichkeiten, die Jäckel als weitere Kategorie hinzuzieht. Diese Perspektive impliziert, dass Rezipienten ihre Wahlmöglichkeiten bei der Mediennutzung erkennen und bewusst wahrnehmen. Bedingungen für die Wahl sind der individuelle Nutzen, die situative Möglichkeit zur Nutzung sowie die strukturellen Kontexte. Mit Hilfe von Brückenannahmen sucht Jäckel die drei Ebenen zu verbinden, um Hinweise auf Faktoren zu erhalten, die einen Einfluss auf konkrete Wahlhandlungen nehmen können. Dies wird umso bedeutsamer, da es sich bei der Medienwahl in der Regel um low cost decisions handelt, bei denen also nur geringe Opportunitätskosten anfallen. Am Beispiel der Staffelungshypothese kann Jäckel zeigen, dass Probleme der Komplexität von Handlungen (individuelle Präferenzen), Akteuren (situative Wahrnehmungen) und Strukturen (Rahmenbedingungen) sehr wohl lohnenswert in Zusammenhang gebracht werden können.

Nicht zufällig beschäftigt sich auch der Beitrag von Udo Göttlich mit Handeln und Strukturen, schließlich werden ökonomische Prozesse von den cultural studies als kulturelle Phänomene mit gesellschaftlichen und institutionellen Konsequenzen angesehen. Die cultural studies verfolgen insbesondere den Zusammenhang von Produktion und Konsumtion und legen dabei besonderes Augenmerk auf Machtfaktoren. Dies ist auch darauf zurückzuführen, dass die cultural studies disziplinäre Debatten mit der Politischen Ökonomie führen, deren prominentes Ansinnen die Aufdeckung gesellschaftlich verteilter Macht ist (vgl. den Beitrag von Werner Meier in Band 1/1).

Die Cultural Studies bedienen sich dabei eines Kreislaufmodells der Kultur, in dem die Produktion (von Texten), die Texte selbst, ihre Interpretation und die Kultur als Lebensweise Eingang finden. Jedes dieser Elemente trägt zu den gesellschaftlichen Produktions- und Repräsentationsmustern bei. Die Analyse dieser kulturellen Kontexte, die Erforschung und Kritik der Bedingungen wie Möglichkeiten kultureller Selbstvergewisserung von Einzelpersonen sowie von gesellschaftlichen Gruppen und Schichten in ihrem Alltag sowie ihrer kulturellen Praxis wird unter sich wandelnden Machtkonstellationen gesehen. Zu diesen zählen auch die Medien, die insbesondere beim Aspekt der Repräsentation als Faktor, der die öffentliche Darstellung bestimmt, eine medienökonomisch relevante Größe darstellen. Deren Bedingungen und Folgen illustriert Göttlich an der Unterhaltungsproduktion des Fernsehens, insbesondere an factual entertainment und Eventisierung.

Von ganz anderem Zuschnitt ist der zweite kulturwissenschaftliche Beitrag von Ulrich Saxer. Auf systemtheoretischer Grundlage entfaltet Saxer die wechselseitigen Erwartungen und vor allem Restriktionen der Systeme Wirtschaft (mit der Funktion, die Versorgung der Gesellschaftsmitglieder mit Gütern und Dienstleistungen sicherzustellen), Kultur (mit der Funktion, den Sinnhorizont der Gesellschaft zu generieren) und Medien (als komplexe, institutionalisierte Systeme um organisierte Kommunikationskanäle von spezifischem Leistungsvermögen, deren Hauptprodukt Publizität für Personen und Sachverhalte ist). Auf dieser vergleichenden Folie erörtert Saxer die drei Idealtypen von Kulturorganisation: Elitekultur als die Kultur von Eliten für Eliten, Volkskultur als diejenige von Nichteliten für Nichteliten und Populärkultur als die Kultur von Eliten für Nichteliten, wobei insbesondere die Kostenkrankheit von Anspruchskultur (oder ökonomischer: deren fehlende Refinanzierbarkeit) als Problem existiert. Saxer analysiert die Angebots- und Nachfragestrukturen im Kulturbereich anhand der Akteure und ihrer Interaktionen, legt die Strategien der Akteure frei und offenbart die Schwierigkeiten vor allem der Medien-Anspruchskultur als qualifiziertes, kostspieliges und wenig nachgefragtes Medienangebot.

Der politikwissenschaftliche Rahmen der Medienökonomie offenbart sich - neben der großen Nähe zur Rechtsetzung durch Politik - vor allem durch politischen Einfluss, ein Faktor, der selbst bei Saxer in seiner kulturwissenschaftlichen Erörterung keinen unwesentlichen Anteil hat, schließlich greift die Politik vielfach in das Mediensystem ein, wenn auch immer weniger erfolgreich.

Den Verflechtungen von Politik und Medien geht Gerhard Vowe mit einem entscheidungstheoretisch basierten mehrdimensionalen Modell nach, das den Kern von Politik, die kollektiv verbindlichen Entscheidungen, in den Mittelpunkt rückt. Er nähert sich damit den medienpolitischen Implikationen der Medienökonomie mit einem Modell rationalen Wahlhandelns (public choice), einem Modell also, wie es Michael Jäckel auch für das Handeln der Rezipienten zugrunde gelegt hat. Vowe entwirft dazu eine mehrfache Matrix, mit der er die Mediengattungen Presse, Rundfunk und Online analysiert. Eine Ebene der Matrix bilden die Inhalte, Akteure, Prozesse und Entscheidungsrahmen, die zweite Ebene bezieht sich dezidierter auf Regulierungsaspekte. Regulierungen, verstanden als verbindliche Entscheidungen über die Rahmenbedingungen öffentlicher Kommunikation, beziehen sich auf Fragen der Teilnahme, der Inhalte und der Prozeduren der öffentlichen Kommunikation. Mit diesem Regelkreis von Regulierungen kann Vowe differenziert nachzeichnen, welche Akteurskonstellationen mit welchen Interessen medienpolitisch aktiv werden, welche dabei zwischen den publizistischen und wirtschaftlichen Beziehungen unterscheiden und er kann auch die - ansonsten wenig beachteten - innerorganisationalen Regelungen der Arbeitsverhältnisse einbeziehen.

Ethische Erwägungen finden in medienökonomischen Debatten nur selten Platz. Dies mag an der generell konstatierbaren Enthaltsamkeit der Kommunikations- und Medienwissenschaft gegenüber ethischen Fragen liegen, hat gewiss aber auch mit Mess- und Zurechnungsproblemen ethischer Aspekte zu tun. Nach Max Weber kennt der Markt bekanntlich keine Moral, aber gerade Medienangebote werfen ethische Fragen von besonderer Relevanz auf, sind sie doch Kulturgüter und Waren gleichermaßen. Wie ethische Fragen in dieser Dichotomie beantwortet werden können, untersucht Matthias Rath auf handlungstheoretischem Wege. Vorrangig ist zu klären, so Rath, ob der Sinn einer Handlung, sofern sie im Handlungsfeld Wirtschaft vollzogen wird, anders zu beurteilen ist als bei Handlungen anderer Handlungsformen. Diese Beurteilung unternimmt er jedoch nicht metaphorisch, sondern unter Rückgriff auf Applied Ethics, denn eine ethische Orientierung ist nur mit der ökonomischen Vernunft möglich, da es letztlich um die Anerkennung der Realisierungsbedingungen moralischer Forderungen an die Wirtschaftssubjekte geht.

Da zudem ethische Erwartungen kaum imperativ eingefordert werden können, muss sich eine Antwort auf die Frage nach Sinn, Zweck und Wert der Medienprodukte und Dienstleistungen unter dem Kriterium der Verallgemeinerbarkeit für alle Betroffenen qua Kommunikation bewähren. Im Sinne der Applied Ethics ermittelt Rath drei Kriterien, die jeweils auf einzelnen Stufen des Marktprozesses nach ethischen Grundlagen geprüft werden können: die Qualität in der Produktion, die Öffentlichkeit in der Distribution sowie die

Kompetenz in der Rezeption. Angesichts ihrer dominanten Stellung sind die Medienunternehmen - vor allem unter globalen ökonomischen Bedingungen - Orte der medienethischen Selbstvergewisserung zwischen Medienschaffenden und Mediennutzern.

Doch gerade unter globalen Gesichtspunkten wird ethisch fundiertes Medienhandeln immer unwahrscheinlicher, wie C. Ann Hollifield, Alison Alexander und James Owers am Beispiel der amerikanischen Medienindustrie nachweisen können. Regulierung, wie sie Gerhard Vowe beschreibt, gerät ihrer Analyse nach immer mehr unter den Druck, Begrenzungen der Besitzverhältnisse zu reduzieren oder zu eliminieren. Die - insbesondere neuen - Märkte verlangen nach klaren und nachhaltigen Geschäftsmodellen und größerer Aufmerksamkeit gegenüber dem return on investment. Die gesellschaftliche Verantwortung der Medienunternehmen tritt hinter die ökonomische Dominanz zurück, zumal auch, wie Hollifield, Alexander und Owers konstatieren, die empirische Basis für Beurteilungen fehlt - ein Befund, der für den deutschsprachigen Raum uneingeschränkt übernommen werden kann. Immerhin aber können sie nachweisen, dass eine umfassende Restrukturierung der amerikanischen Medienindustrie erwartbar ist, in deren Zentrum die Konsolidierung der Unternehmen, die Ballung von Eigentumsverhältnissen, die Steigerung der Marktmacht und Synergien durch horizontale und vertikale Konzentration stehen.

Ein Grund, warum Medienökonomie auch im deutschsprachigen Raum bislang nur wenig empirische Daten vorlegen kann, liegt in der späten historischen Entwicklung dieser Teildisziplin der Kommunikations- und Medienwissenschaft. Hans Bohrmann legt die wesentlichen Entwicklungslinien der Medienökonomie offen und verdeutlicht, dass die Orientierung auf die journalistische Produktion die Analyse der ökonomischen Basis der Medien in den Hintergrund gedrängt hat. Erst mit Beginn der 60er Jahre hat die Kommunikations- und Medienwissenschaft sich (wieder) verstärkt medienökonomischen Fragen gewidmet, zunächst vor allem denjenigen der Pressekonzentration, mittlerweile befasst sie sich aber auch - im Zuge der fachlichen Pluralisierung - mit weiteren grundlegenden ökonomischen Problemen wie etwa der Ökonomisierung und Kommerzialisierung.

Die Massenkommunikation ist, so Bohrmann, nicht allein von der Medienökonomie, sondern in hohem Maße auch von der Medientechnik abhängig. Diese Anregung aufgreifend gibt Marie Luise Kiefer einen Überblick über ökonomische Theorieansätze zum Komplex technischer Wandel und Innovation. Das Erklärungspotenzial für den Bereich der Medien und ihren Wandel lotet sie anhand ökonomischer Theorien auf der Makro-, der Meso- und der Mikroebene aus. Auf der Makroebene diskutiert sie technischen Wandel als Antriebskraft wirtschaftlichen Wachstums aus ökonomischer und medienökonomischer Perspektive, auf der Mesoebene betrachtet sie die mit diesem Wandel verknüpften institutionellen Probleme und auf der Mikroebene schließlich stehen die spezifischen Produktionsbedingungen von Medien und deren Veränderung durch technischen Wandel im Vordergrund. Als Folie legt Kiefer ihren Überlegungen eine präzise Definition des Begriffes technischer Wandel zugrunde, der auf den Begriffen Medien, Technologie und Technik aufbaut. Technischer Wandel resultiert aus mehrdimensionalen Innovationen bei den Produkten, den Produktionsfaktoren und den Produktionsprozessen. Anhand grundlegender Innovationen im Medienbereich (Buchdruck, Digitalisierung) diskutiert Kiefer die besonderen ökonomischen Probleme der Medien, wie etwa das ökonomische Dilemma der Kulturproduktion, die Unikatproduktion und die distributive Produktivität, die Rolle von Organisationen und Akteurskonstellationen bei der Durchsetzung technologischer Innovationen und die technisch-ökonomischen Möglichkeiten der Digitalisierung.

Dass Wirtschaftswissenschaften und Journalistik eine durchaus fruchtbare Verbindung eingehen können, zeigen Stephan Ruß-Mohl und Susanne Fengler. Sie betten dazu journalistisches Handeln in die Ökonomik (Rational Choice) ein. Die Ökonomik scheint somit derzeit eines der bevorzugten Modelle für die Medienökonomie zu sein, stützen sich in diesem Band doch schon Michael Jäckel (medienwirtschaftliches Handeln der Rezipienten), Gerhard Vowe (Regulierung der öffentlichen Kommunikation durch politisches Handeln) sowie in Teilen auch Marie Luise Kiefer (ökonomisches Handeln der Medieninstitutionen) auf dieses Theoriegebäude. Die Komplexität individuellen wie kollektiven Handelns läßt sich mit den Annahmen rationalen Handelns, von Ruß-Mohl/Fengler verstanden als Handlungsweise, mit der auf ökonomisch sinnvolle Weise die bewusst gewählten politischen und wirtschaftlichen Ziele des Handelnden erreicht werden, offensichtlich am geeignetsten erfassen. Dies gilt insbesondere dann, wenn rationales Handeln nicht auf ‚harte' Kriterien reduziert wird, sondern durchaus kulturelle Normen, Altruismus und Gemeinnützigkeit beinhaltet. Mit diesem Blick auf das journalistische Handeln zwischen Eigeninteresse und Gemeinnutz resümieren Ruß-Mohl und Fengler die Befunde zum Medienjournalismus, also jenem journalistischen Genre, dass die journalistischen Produkte und die Medien zum Thema hat. Im Widerstreit der Interessen der Journalistinnen und Journalisten, der Medieneigentümer und branchenexterner Akteure zeigt sich, dass das berufliche Handeln der Journalisten nicht zuletzt durch das berufliche Droh- und Sanktions-, aber auch durch das Gratifikations-Potenzial von Kollegen, Arbeitgebern und Publikum beeinflusst wird.

Wie schon in Band 1/1 dieses vierbändigen Werkes erwarten die Leserinnen und Leser auch im vorliegenden Band einige Informationen mit - hoffentlich - Mehrwert. Jeder Beitrag wird mit einem Summary eingeleitet und mit Kommentaren zu den wichtigsten Literaturempfehlungen abgeschlossen. Markante Aussagen, Merksätze und Definitionen sind - zusätzlich zum Fließtext - in einen Kasten mit Pfeil gesetzt.

Medienwirtschaftliches Handeln der Rezipienten

Michael Jäckel

Mediennutzung als zielgerichtetes Handeln zu betrachten, ist in der Kommunikationswissenschaft häufig als illusionäre Perspektive thematisiert worden. Der vorliegende Beitrag diskutiert daher die Frage, ob es gerechtfertigt ist, den Rezipienten von Medienangeboten als einen ‚rational man' zu betrachten. Wenn die Beantwortung dieser Frage aus soziologischer Perspektive erfolgt, wird der Blick sowohl auf die Bedeutung sozialer Ungleichheit gelenkt als auch auf damit in Verbindung stehende Interessen und Handlungsdispositionen der Rezipienten. Es wird dafür plädiert, den Rahmenbedingungen und den Akteuren gleichermaßen Beachtung zu schenken. Insofern werden struktur- und handlungstheoretische Ansätze erörtert, jedoch nicht im Sinne einer von Wiesenthal als „platte Faustregel" charakterisierten Kennzeichnung: „In der Ökonomie lernt man, wie man wählen muß, und in der Soziologie, daß man gar nichts zu wählen hat." (Wiesenthal 1987: 13) Stattdessen wird das Ausmaß der Zweckrationalität (in Anlehnung an Boudon) als eine Variable der Handlungssituation konzipiert.

1 Die Konstituentien: Handlung, Akteur und Struktur

In „What ‚Missing the Newspaper' means?", einer Analyse des New Yorker Zeitungsstreiks aus dem Jahr 1945, konnte Berelson (1949) die Beobachtung machen, dass ein Medium nicht nur der Befriedigung bestimmter Informationsbedürfnisse dient, sondern auch ein fester Bestandteil des Alltagshandelns geworden war; als Bestandteil wiederkehrender Routinen wurde ein auferlegter Verzicht als Eingriff in die Gewohnheiten wahrgenommen. Eine mit diesem Befund korrespondierende Feststellung findet sich auch in Lippmanns Analyse der öffentlichen Meinung. Im Kapitel „Der treue Leser" heißt es:

„Obwohl sich alles um die Beständigkeit des Lesers dreht, existiert nicht einmal
eine vage Tradition, um dem Leser diese Tatsache ins Gedächtnis zu rufen. Seine
Treue hängt von seinen Gewohnheiten oder davon ab, wie er sich gerade aufge-
legt fühlt. Und seine Gewohnheiten sind nicht einfach von der Güte der Nachrichten abhängig, sondern öfter von einer Anzahl undeutlicher Elemente, die
bewusst zu machen wir uns in unserer zufälligen Beziehung zur Presse kaum
bemühen." (Lippmann 1990: 224)

Der Hinweis auf die „undeutlichen Elemente" wird sogleich durch Analysen
der Präferenzen des Lesers präzisiert (zum Beispiel hoher Stellenwert von Ereignissen aus dem eigenen Erfahrungsbereich, aber auch beständige Versorgung mit Nachrichten aus „den glänzenden Höhen der Gesellschaft").
Zugleich liegt dieser Präzision nicht die Erwartung zugrunde, dass der Leser
über eindeutige und unumkehrbare Präferenzstrukturen verfügt. In Befragungen aber wird kaum jemand zugeben, dass es zu einer Gewohnheit geworden
ist, bestimmte Angebote in Anspruch zu nehmen. Stattdessen legen Rezipienten Wert auf die Feststellung, immer nur das zu tun, was sie wirklich wollen.
Diese Zielgerichtetheit des Handelns ist gerade auch in der Kommunikationswissenschaft als Illusion thematisiert worden (vgl. zum Beispiel Schönbach
1998).

Diese einleitenden Bemerkungen sollen auf den medienökonomischen
Kern der nachfolgenden Ausführungen hinweisen. Es geht um die Frage, ob es
gerechtfertigt ist, den Rezipienten von Medienangeboten als einen „rational
man" zu betrachten. Wenn die Beantwortung dieser Frage aus soziologischer
Perspektive geschieht, erfordert diese Form der Beobachtung eine weitere
Vorbemerkung. Die erste Erwartung wird sein, dass der Blick auf Formen
sozialer Ungleichheit gelenkt wird und auf die Strukturen der Gesellschaft.
Diese Assoziation ist berechtigt, weil jede Hypostasierung des Individuums
einer Zustimmung zu quasi freischwebenden Handlungsdispositionen gleich-
kommt. Umgekehrt impliziert ein ausschließlicher Blick auf den Strukturaspekt
(zum Beispiel Schichtzugehörigkeit) einen unrealistischen Automatismus, der
gleichsam eine leicht wahrnehmbare Alltagswelt garantiert. Es ist daher notwendig, den Strukturen und den Akteuren Beachtung zu schenken. In einem
engeren Sinne bedeutet dies auch ein Einlassen auf die Situationen, in denen
bestimmte Angebote auf Akzeptanz hoffen. Wenn hier somit Soziologie und
Ökonomie zusammengebracht werden, geht es um das Wechselverhältnis von
Bedingungen einerseits und Wahlen andererseits. Aber die Zusammenführung
erfolgt nicht im Sinne einer von Wiesenthal als „platte Faustregel" charakterisierten Kennzeichnung. Diese lautet: „In der Ökonomie lernt man, wie man
wählen *muss*, und in der Soziologie, dass man gar nichts zu wählen *hat*." (Wiesenthal 1987: 13)

Der vorliegende Beitrag gliedert sich daher wie folgt: In einem ersten Schritt soll in kompakter Form ein Blick auf Erklärungsansätze soziologischer Provenienz gelenkt werden, die für den vorliegenden Zusammenhang, nämlich die Erklärung der Inanspruchnahme von Medienangeboten, relevant sein können. Dabei soll insbesondere darauf geachtet werden, inwieweit den Rahmenbedingungen (Strukturen, Makroebene) und den Handlungen der Akteure (Mikroebene) Aufmerksamkeit zukommt. Dieser Darstellung folgt in einem zweiten Schritt ein Blick in die Kommunikationswissenschaft, insbesondere auf jene theoretischen Beiträge, die explizit den Anspruch erheben, Aufschluss über die Handlungen der Rezipienten zu geben. Eine Dominanz von Theorien, die der Mikroebene verpflichtet sind, ist bereits vorab zu konstatieren. Hier gilt es insbesondere die Tradition des Nutzen- und Belohnungsansatzes nachzuzeichnen. Ergänzt wird dieser Abschnitt durch eine Auseinandersetzung mit der Frage, wie realistisch zweckrationale Erklärungen von Mediennutzung sein können. Dabei soll sogleich auf die Grenzen der Publikumsaktivität eingegangen werden, die gerade auch für einen medienökonomischen Kontext von Relevanz sind. Es wird für eine konsequente Verknüpfung der Situations- und der Wahlkomponente votiert. Den Abschluss des Beitrags soll ein Plädoyer für die Verschränkung von struktur- und handlungstheoretischen Ansätzen bilden. Zugleich sollen die Konturen einer Theorie der Nutzungsgrenzen aufgezeigt werden, die für eine soziologische Sicht auf die Medienökonomie der Rezipienten von Bedeutung sein kann.

2 Mediennutzung aus der Perspektive soziologischer Theorien

Aus soziologischer Perspektive geht es vor allem um die Frage, wie die Erklärung sozialer Phänomene methodologisch zu konzipieren ist, insbesondere um einen fruchtbaren theoretischen Bezug zwischen Subjekt und Gesellschaft:

 Aus soziologischer Perspektive geht es vor allem um die Frage, wie die Erklärung sozialer Phänomene methodologisch zu konzipieren ist, insbesondere um einen fruchtbaren theoretischen Bezug zwischen Subjekt und Gesellschaft.

Inwieweit beeinflussen soziale Strukturen individuelles Handeln und inwieweit leisten die Akteure ihre (voluntaristischen) Beiträge zu Aufbau, Stabilisierung und Wandel dieser Strukturen? Zugleich verbindet sich damit eine Festlegung der Ausgangsperspektive: Soll es zum Beispiel die Sicht des Akteurs und der subjektiv gemeinte Sinn seiner Handlungen sein (sofern er auf das Handeln anderer bezogen ist) oder die außer- bzw. überindividuelle Struktur, die auf Akteure bzw. Gruppen einwirkt? Historisch betrachtet hat die Verpflichtung auf eine dieser Perspektiven Frontstellungen begründet, die sich in vielen Gegensätzen niedergeschlagen haben, zum Beispiel Individualismus versus Kollektivismus oder Mikrotheorie versus Makrotheorie.

Eine Möglichkeit, soziale Strukturen (Makroebene) und Handlungen individueller Akteure (Mikroebene) miteinander zu verknüpfen und wechselseitig aufeinander zu beziehen, eröffnet das Analyseschema des methodologischen Individualismus. Ausgangspunkt ist das Postulat, wonach Makrophänomene nicht unmittelbar durch andere Makrophänomene erklärt werden können (siehe beispielsweise Popper 1962: 248). Die Existenz von Strukturgesetzen wird damit bestritten. Bezug nehmend auf die engere Thematik dieses Beitrags determinieren Sozialstruktur und Medienangebot nicht unmittelbar die Inanspruchnahme bestimmter Beiträge. Es handelt sich zunächst um eine bloße zeitliche Abfolge von Phänomenen, die auf die unterschiedlichsten Wirkmechanismen zurückgeführt werden können.

In der Perspektive des methodologischen Individualismus kann eine Verbindung zwischen Makrophänomenen nur durch den Rückgriff auf eine Handlungstheorie, die individuelle Handlungen erklärt, hergestellt werden. Es sind einzelne (potenzielle) Rezipienten, die eine bestimmte Sendung (nicht) einschalten. Erst das gemeinsame Auftreten derartiger Handlungen vieler Akteure führt beispielsweise zu der letztlich gemessenen Einschaltquote und den daraus folgenden Konsequenzen (s. Abbildung 1).

Eine Erklärung von Makrophänomenen erfolgt nach diesem Modell in mehreren Schritten (vgl. hierzu auch Coleman 1991, 1992): Makrophänomene gewinnen durch die Interpretation der individuellen Akteure Bedeutung für deren Handeln. Die Definition der Situation durch den Akteur beinhaltet dessen perzipierte Einschränkung des Handlungsspielraums, aber auch Erwartungen und Präferenzen. Im Forschungsprozess wird mittels Brückenhypothesen/-annahmen von einem Makrozustand (beispielsweise der Wahrnehmung der Qualität des Medienangebots) auf die Interpretation dieser Situation durch die Individuen geschlossen (Situationslogik).[1] Ferner werden Aussagen über die Präferenzen der Akteure bzw. deren Präferenzhierarchie getroffen. Situations-

---

1 Brückenannahmen, so die Vertreter des Rational Choice-Ansatzes, dienen nicht der Erklärung spezifischer Problemlösungen, sondern verbinden die häufig ungenaue Bedingungsebene mit der in der Regel inhaltsleer konzipierten Wahlebene (vgl. auch Esser 1991: 232).

interpretation, Präferenzen und Handlungen der Individuen müssen im engeren Sinne handlungstheoretisch verbunden werden (Selektionslogik).[2]

Eine Handlungstheorie könnte lauten: Personen versuchen ihre Grundbedürfnisse mit probaten Mitteln zu befriedigen bzw. meiden Situationen, die sie an der Bedürfnisbefriedigung hindern. In Verbindung mit den Brückenannahmen bedeutet dies: Akteure nutzen bestimmte Medienangebote nur dann, wenn sie davon überzeugt sind, dass diese auch tatsächlich dem angestrebten Zielzustand (Gratifikation) dienlich sind. Aus der Interpretation der Situation folgen individuelle Handlungen. Wenn nun viele Akteure die Situation ähnlich interpretieren und ähnliche Ziele verfolgen, werden auch ähnliche Handlungen folgen.

> Handlungstheoretisch kann wie folgt argumentiert werden: Akteure nutzen bestimmte Medienangebote nur dann, wenn sie davon überzeugt sind, dass diese auch tatsächlich dem angestrebten Zielzustand (Gratifikation) dienlich sind. Aus der Interpretation der Situation folgen individuelle Handlungen. Wenn nun viele Akteure die Situation ähnlich interpretieren und ähnliche Ziele verfolgen, werden auch ähnliche Handlungen folgen.

Mittels einer Aggregationsregel wird festgesetzt, wie die individuellen Handlungen zu einem veränderten Makrozustand führen (Aggregationslogik).[3] Abbildung 1 illustriert die Vorgehensweise an einem bereits angedeuteten Beispiel aus dem Feld der Mediennutzung.

---

2   Im Grunde genommen stellt das ganze Modell eine Handlungstheorie im weiteren Sinne dar.
3   Auf die Logik der Aggregation soll in diesem Beitrag nicht näher eingegangen werden (vgl. hierzu die Anmerkungen in Jäckel/Reinhardt 2001).

Abbildung 1:   Mediennutzung im Mikro-Makro-Modell: Ein Beispiel

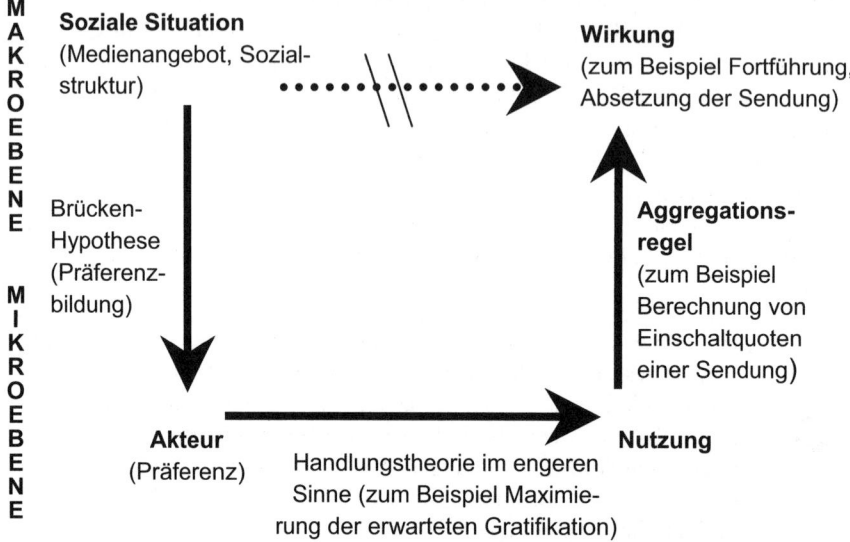

Diese Differenzierung und Vorgehensweise ist sinnvoll, weil eine Sichtweise auf das Zusammenspiel von Situationen und Wahlen vermittelt wird. Dort, wo der Blick nur auf die Wahl gerichtet wird, scheint die Situation nichts zu bedeuten. Dort, wo die Situation alles bestimmt, scheint ein Nachdenken über Wahlen obsolet. Diese Wahlen können sich auf Einstellungen und Meinungen erstrecken, aber im engeren Sinne natürlich auch zahlreiche Formen der Medienrezeption betreffen. Gerade das Zusammenspiel von Situationen und Wahlen, das zeigt ein Blick auf die historische Entwicklung der Massenkommunikationsforschung, ist anfänglich unterbelichtet worden.

Wenn die Kommunikationswissenschaft sich auf das Publikum der Medien besinnt, begibt sie sich in der Regel zunächst einmal zurück zum Konzept der „mass audience". Sowohl McQuail (1997) als auch Webster/Phalen (1997) wählen im Rahmen ihrer „Audience Analysis" diesen Einstieg und signalisieren damit zweierlei: Historisch betrachtet war es nicht das Individuum, sondern die Masse, die Ausgangspunkt und Fokus einer vorwiegend wirkungsorientierten Forschung gewesen ist. Dabei konnte der Mythos einer undifferenzierten Masse nicht lange aufrechterhalten werden, blieb aber als strukturgebendes Konzept maßgebend. Zugleich signalisiert die heute nach wie vor bestehende Bezugnahme auf diesen Begriff, dass der Kommunikationswissenschaft nicht an individuellen Erklärungen individueller Sachverhalte gelegen ist, sondern an der Abstraktion beziehungsweise Generalisierung; mit diesem Anspruch verbindet sich sogleich die Anerkennung individueller Freiräume, die sich eben nicht verallgemeinern lassen. Die Fragestellung sollte immer so aufgebaut sein, dass sie den Ausgangsbedingungen von Entscheidungen/Handlungen Rechnung trägt, den Weg zur Entscheidung selbst thematisiert und die Konsequenzen aus einer Vielzahl von Handlungen integriert.

Das Undifferenzierte wurde also allmählich durch das Differenzierte ersetzt, beispielsweise mit dem Hinweis auf soziale Klassen/Schichten, später mit dem Hinweis auf „taste segments" (Webster/Phalen 1997: 10). Zugleich wird auch auf „countervailing forces" verwiesen, die einer Diversifizierung der Interessen Grenzen setzen (Webster/Phalen 1997: 10). Hinzu kommt der Hinweis auf historische Beispiele, die verdeutlichen, dass die Notwendigkeit der Publikumsdifferenzierung nicht erst mit der Entdeckung des widerspenstigen Publikums begann:

> „Newspaper publishers of the 19th century obviously catered to different social strata, and even early audience ratings noted demographic differences among listeners." (Webster/Phalen 1997: 11)

Eine aus soziologischer Sicht sehr deutliche Kritik artikulierte Freidson im Jahr 1953, indem er vor der Implikation warnte, dass die Identifikation bzw. Benennung eines sozialen Aggregats eine Homogenitätsannahme rechtfertige:

> „There is no justification for studying the audience as an aggregation of discrete individuals whose social experience is equalized and cancelled out by allowing only the attributes of age, sex, socioeconomic status, and the like, to represent them." (Freidson 1953: 316)

Maßgeblichen Anteil an der Zurückweisung von Annahmen, die sich auf Theorien der Massengesellschaft stützten, ist der Wiederentdeckung des Stellenwerts sozialer Gruppen zu verdanken (vgl. zusammenfassend Müller 1970). Die über Massenmedien verbreiteten Inhalte sind nicht ausschließlich Bestandteil eines isolierten Rezeptionsvorgangs, sondern erfahren während und nach der Mediennutzung vielerlei Formen der Reaktivierung. Da es darüber hinaus offensichtlich unterschiedliche Formen der Einbindung in Kommunikationsnetzwerke gibt, dürfen Anschlussfragen auch dahingehend formuliert werden, welchen Nutzen die Beteiligten daraus ziehen bzw. was es ihnen bringt und was es sie kostet. Gleichwohl konnte sich damit eine Verengung auf ein Marktkonzept in den Vordergrund drängen, das den Bedingungen von Angebot und Nachfrage nur in einer verkürzten Form gerecht wurde. Das Markt-Konzept, so McQuail,

„is a pragmatic and useful one for media industries and for analyzing media e-
conomics, it can also be problematic and is not really value-free. It links sender
and receiver in a ‚calculative rather‘ than a normative or social relationship, as a
cash transaction between producer and consumer rather than a communication
relationship. It ignores the internal relations among consumers, since these are
of little interest to service providers. It privileges socioeconomic criteria and fo-
cuses on media *consumption* rather than reception.“ (McQuail 1997: 9)

Innerhalb der Kommunikationswissenschaft hat insbesondere der Nutzen- und
Belohnungsansatz, mit anderer Schwerpunktsetzung darüber hinaus die Cultural Studies-Forschung, dem Kommunikationsaspekt höhere Bedeutung beige-
messen als den Transaktionsprozessen im ökonomischen Sinne. Im Kontext
der „mass society"- und „mass audience"-Debatte repräsentierte der kritische
Blick auf Medienproduktion einerseits und Medienkonsum andererseits bereits
in den 30er Jahren eine eigenständige Perspektive (vgl. hierzu auch Prokop
1995: 160 ff.). Die Bedeutung resultiert nicht so sehr aus methodologisch-
systematischen Beiträgen, sondern aus dem Fokus auf Entfremdungsphäno-
mene, für die Medienangebote und Mediennutzung verantwortlich gemacht
werden. Die Frage, ob der Rezipient frei disponiert und seinem (Medien-)
Handeln subjektive Akzentuierungen verleiht, wurde hier mehr zurückgewiesen
als unterstützt. Diese kritische Tradition soll daher am Anfang eines knappen
Überblicks stehen.

Kritische Theorie (der Massenmedien): Der Blick auf die bestehenden Verhältnisse und die Beantwortung der Frage, warum sie so und nicht anders sind,
ist ein wesentliches Anliegen der Kritischen Theorie. Im Besonderen geht es
um die Frage, welche Funktion bestimmten Institutionen zukommt und welche
Konsequenzen mit einer Bejahung bzw. Inanspruchnahme dieser Einrichtungen verbunden sind. Zuspruch findet nach wie vor die Auffassung, dass der
Einfluss der Institutionen auf die Menschen größer ist als umgekehrt. In Bezug
auf die Medien folgt daraus eine distanzierte Beurteilung der Vorstellung, dass
die Interessen der Publika einen wesentlichen Einfluss auf die Gestaltung der
Angebote nehmen könnten, eine Sichtweise, die als Teil der Kritik an populärkulturellen Angeboten Widerspruch im Sinne einer „self-serving propaganda"
(Webster/Phalen 1997: 19) erfährt.

Die kritische Theorie betrachtet die Interessen der Publika als unwesentlichen Faktor der Gestaltung von Medienangeboten. Es dominiert ein Manipulationsverdacht, der den Betroffenen als Hinweis zur Emanzipation mitgegeben wird.

Des Weiteren wird Mediennutzung nicht als intentionales Handeln gewertet, sondern als Teil einer kompensatorischen Freizeitgestaltung. Habermas' Kritik der Zeitverwendung hat diesbezüglich unmissverständliche Kategorisierungen vorgenommen:

> „(...) (a) Hinwendung zum kleinbürgerlichen Gruppenegoismus (Familie, Verwandtschaft etc.); (b) Freizeitverbringung im Rahmen der von der Kulturindustrie angebotenen Möglichkeiten. Die Freizeit trägt dann einen ähnlichen fremdbestimmten Charakter wie die Arbeitswelt; (c) Sport und Spiel, die dann entweder den Charakter der Leistungsmaximierung tragen (ähnlich wie in der Arbeitswelt) oder den weitgehender Passivität (in diesem Fall wird Sport und Spiel zu Show), ähnlich wie die Kulturindustrie." (Habermas 1968: 111f.)

Unverkennbar dominiert hier der Manipulationsverdacht, der den Betroffenen aber gleichsam als Hinweis zur Emanzipation mitgegeben wird. Besondere Popularität haben in diesem Zusammenhang Adornos frühe Studien über das amerikanische Fernsehen erlangt (vgl. Adorno 1963). Der Begriff „Kulturindustrie" vermittelt ein Verständnis von Differenzierung, das als Oberflächendifferenzierung mit geringer Programmtiefe charakterisiert werden kann.

Die Sicht der Rezipienten ist aber nicht unwichtig. Beispielsweise hat Hoggart dem in diesem Zusammenhang nahe liegenden Eskapismusvorwurf eine andere Interpretation gegeben, die hier nicht als explizite Gegenposition zitiert werden soll, aber doch eine andere Sichtweise auf diese Bedürfnisse, wie immer sie auch entstanden sein mögen, aufzeigt. Die Vorliebe der britischen Arbeiter für die sonntäglichen Tratsch- und Sensationsblätter begründet er mit dem Bedürfnis nach minutiös wiedergegebenen Einzelheiten. Diese Zeitungen für den freien Tag „tragen gewissenhaft alles brauchbare Material von den britischen Inseln zum Nutzen und Wohl fast der gesamten Arbeiterbevölkerung zusammen" (Hoggart 1999: 44). Der Hinweis auf Nutzen und Wohl ist auch ein Hinweis auf Gratifikationen und Interessen, also Teilhabe an den Inhalten. Und diese, so Hoggart,

„sind interessant nicht etwa, weil in ihnen eine Flucht aus dem Alltag nahe gelegt
wird, sondern weil ihr Interesse dem Alltag als solchem gilt. Von Anfang an wird
in diesen Blättern das Zwischenmenschliche besonders hervorgehoben und, ob
mit oder ohne den pikanten Effekt von kriminellen, sexuellen oder sensationel-
len Elementen, ausführlich und genau dargestellt." (Hoggart 1999: 44)

Dieses Bedürfnis wird auch als naturalistisch bezeichnet. Die eingangs zitierte
Analyse Lippmanns enthält ähnliche Hinweise.

Strukturfunktionalismus: Obwohl der bedeutendste Vertreter der amerikanischen Soziologie des 20. Jahrhunderts im Rahmen seines Theoriegebäudes
generalisierten Austauschmedien hohe Bedeutung für soziale Integrationspro-
zesse zugeschrieben hat, waren die Massenmedien selbst, auch in der Sozialisa-
tionstheorie Talcott Parsons' (1902-1979), kein zentrales Thema. Eine Adapti-
on des so genannten Funktionalismus-Paradigmas findet seinen Niederschlag
aber dennoch in der Frage, welchen Beitrag das System der Massenkommunikation für das umfassendere soziale System (=Gesellschaft) leistet. Kunczik
und Zipfel (2001: 71) stellen hierzu fest:

„Funktionalistische Ansätze zur Erklärung der Beziehungen von Massenmedien
und Gesellschaft versuchen, den Beitrag des Subsystems „Massenkommunikation" zum Funktionieren des Gesamtsystems zu erfassen."

Für den hier zu behandelnden medienökonomischen Kontext lassen sich explizit auf die Frage von Angebot und Nachfrage zugeschnittene Aussagen
kaum finden. Über den Umweg der Kritik dieser Tradition an dem so genannten Stimulus-Response-Modell wird gleichwohl eine intervenierende Variable
benannt, die insbesondere in der Meinungsführerforschung ausführliche Beachtung erlangte. Dies lässt sich illustrieren, indem man eine sachliche und eine
soziale Komponente unterscheidet, die für die Wahrnehmung bestimmter
Medieninhalte relevant sein können. Hätten wir es ausschließlich mit rein individuellen Entscheidungen zu tun, wäre die Frage nach der sozialen Komponente obsolet. Implizit würde sich dann aber auch die Frage nach der Gesellschaft erübrigen.[4] Mertons Analysen von „reference group behavior" (vgl.
Merton 1968) sind aus dieser Perspektive als Hinweise auf direkte und indirekte soziale Beziehungsgeflechte zu lesen, die je nach Persönlichkeit einen mehr
oder weniger großen Einfluss auf Entscheidungen/Handlungen nehmen können. Der Begriff „Referenzgruppe" macht zudem deutlich, dass die Gruppe
selbst als Ausgangspunkt und Maßstab individuellen Handelns dienen kann,
ebenso Vorbilder, zu denen kein unmittelbarer Kontakt besteht (zum Beispiel
Schauspieler).

---

4   Siehe hierzu auch die Ausführungen in Kapitel 5 des vorliegenden Beitrags.

> Im Rahmen des Strukturfunktionalismus werden Orientierungsgrößen herausgearbeitet, die für Sender und Empfänger von Medienangeboten relevant sind. So verdeutlichen Analysen des Stellenwerts von Referenzgruppen, dass diese Ausgangspunkt und Maßstab individuellen Handelns sein können.

Im Grunde genommen geht es um die Benennung von Orientierungsgrößen, die nicht nur den Empfänger betreffen, sondern auch für den Sender von Medienangeboten relevant sind. Maletzke hat diesen Sachverhalt bekanntlich in seinem Feldschema der Massenkommunikation aufgegriffen (vgl. Maletzke 1963). Weitergehend hat Wright eine Erweiterung der Lasswell-Formel vorgeschlagen, um die Frage nach dem Stellenwert der Medien in einen gesamtgesellschaftlichen Kontext zu rücken. Wright war es auch, der Mertons Unterscheidung manifester und latenter Funktionen aufgriff:

> „Merton terms consequences that are intended *manifest functions* and those that are unintended *latent functions*. He also points out that not every consequence of an activity has positive value for the social system in which it occurs or for the groups or individuals involved. Consequences that are undesirable from the point of view of the welfare of the society or its members are called *dysfunctions*."
> (Wright 1975: 10)

Die Verknüpfung dieser Unterscheidung mit den von Lasswell genannten und von Wright durch die Unterhaltungsfunktion erweiterten Hauptfunktionen der Massenkommunikation ergibt ein differenziertes Analyseinventar, das in Abbildung 2 nur hinsichtlich der kombinierbaren Elemente zusammengefasst ist.

Abbildung 2:   *(Dys-)Funktionen von Massenmedien*

Manifeste (1) oder latente (2) Funktionen (3) **oder Dysfunktionen (4) der Massenkommunikation:**
(5) Überwachung des gesellschaftlichen Geschehens und seiner Umwelt (6) Veröffentlichung/Behandlung von Themen (7) Enkulturation (8) Unterhaltung

für

(9) die Gesellschaft
(10) das Individuum
(11) Subgruppen
(12) kulturelle Systeme

Quelle: Eigene Erstellung in Anlehnung an Wright 1975: 11 und Kunczik/Zipfel 2001: 71f.

Beispielsweise kann die manifeste Funktion (1) eines Unterhaltungsangebots (8) für das Individuum (10) bestimmt werden. Ebenso kann gefragt werden, ob es neben einer intendierten, also manifesten Funktion der Veröffentlichung von Themen (1+6), nämlich die Erfüllung einer allgemeinen Informationsfunktion, auf gesellschaftlicher Ebene (9) zu einer latenten Dysfunktion (4), zum Beispiel einem Misstrauen gegenüber bestimmten Institutionen, kommt.

Die Skizzierung dieses weiten Rahmens hat darüber hinaus zu der notwendigerweise präzisierungsbedürftigen Frage geführt, wie sich der Beitrag der Massenmedien für das Funktionieren eines sozialen Systems bestimmen lässt. Die Minimalvoraussetzung für die Beantwortung dieser Frage liegt in einer Übereinkunft bezüglich eines wünschenswerten Systemzustands. Naschold (1970) hat in den 70er Jahren beiden Ansätzen (Referenzgruppe und funktionale Analyse) einen geringen theoretischen Gehalt konstatiert. Dennoch leben präzisierte Teile dieser Fragestellungen in anderen Traditionen der Forschung fort. Wenn beispielsweise die Integrationsfunktion der Medien an der kontinuierlichen Bereitstellung von Themen von gesellschaftlicher Relevanz (vgl. auch Jäckel/Reinhardt 2001) gemessen oder die Existenz von „large communication systems" als unverzichtbares Element moderner Gesellschaften genannt wird, ist in diesen Behauptungen/Befunden ein Hinweis auf individuelle Präferenzen einerseits und soziale Steuerung andererseits angelegt.

Soziale Ungleichheit/Lebensstile: Bislang wurde in diesem Beitrag der Begriff der Situation nicht näher präzisiert. Wenn die Frage nach den Handlungsbedingungen gestellt wird, kann diese in allgemeinerer Form beantwortet werden, etwa durch Bezugnahme auf Indikatoren, die Aufschluss über die Lebensbedingungen der Menschen geben. Impliziert wird dann, dass daraus Handlungsspielräume ableitbar sind: Einkommen, Beruf und Bildung sind typische Beispiele für die Illustration von Rahmenbedingungen, die die konkrete Lebensführung hinreichend transparent machen sollen. Würden diese einfachen Regeln noch greifen, wäre sowohl die Gesellschaftsstruktur transparent als auch das Feld der Möglichkeiten und Präferenzen. Wer ins Theater geht, kehrt dem Fußballplatz den Rücken, wer sich der hohen Kultur verschreibt, geht auf Distanz zu den modernen Erlebnisangeboten. Dieser Determinismus repräsentiert eine Brücke mit starken Pfeilern, die - in Anlehnung an Popper - aber eher in einem Sumpfland verankert sind (vgl. hierzu Popper 1994: 75f.).

Diese sehr schematisch erscheinende Konsistenz wird nur dann mit empirischen Befunden korrespondieren, wenn das zu erklärende Phänomen nicht eine spezifische Aktivität, sondern ein Aktivitätenspektrum darstellt. Die Brückenannahmen enthalten somit Hinweise auf Faktoren, die einen Einfluss auf konkrete Wahlhandlungen nehmen können. Der Prozess der Selektion ist damit aber noch nicht festgelegt. Häufig wird gerade dieser Eindruck vermittelt, wenn beispielsweise die soziale Herkunft als eine erklärende Variable für bestimmte Formen der Mediennutzung herangezogen wird. Dabei kann es zunächst nur um die Skizzierung eines Rahmens gehen, der Wahlverwandtschaften begründen kann, nicht dagegen klare Festlegungen auf bestimmte Gratifikationsquellen. Trotz häufig signifikanter Korrelationen verdeutlicht die nicht erklärte Varianz, dass eindeutige Zuordnungen von Gratifikationen schwierig sind und sich innerhalb eines sehr differenzierten Marktes ähnliche Präferenzen an unterschiedlichste Programme binden können.

Die Nähe dieser Programme ist das, was der Begriff „Wahlverwandtschaft" illustrieren soll. Der Versuch, in dieses Feld der Wahlen Strukturen bzw. Gemeinsamkeiten zu projizieren, kann über eine Kombination sozialer Merkmale untereinander einerseits mit den Optionen andererseits erfolgen. Die Lebensstilforschung ist diesem Ziel verpflichtet, wobei sie sich insbesondere dem ersten Kombinationsanspruch widmet. Nach Müller (1992: 377) lassen sich Lebensstile durch zwei Elemente charakterisieren:

> „Das materielle Substrat umfasst soziale Herkunft und Beruf, die Einkommens-
> und Vermögensverhältnisse einer Person oder Gruppe, das ideelle Substrat re-
> sultiert aus sozialer Herkunft und Familie, die Bedürfnisse und Mentalitäten prä-
> gen."

Das materielle Substrat war schon immer der Kern sozialer Ungleichheit. Besondere Beachtung haben seit den 70er Jahren Verschiebungen in den Wertehorizonten der Menschen erfahren. Darauf aufbauende Milieukonzeptionen

verbinden diese Wert- mit der Einstellungs- und Verhaltensebene und reprä-
sentieren zugleich ganzheitliche Erklärungsansätze, die in dem Begriff „Leben"
ohnehin ihren Niederschlag finden. Die Vorhersagekraft dieser Modelle stößt häufig aus methodischen Gründen an Grenzen. Je größer die Zahl der berücksichtigten „Bausteine" von Lebensstilen, desto unschärfer werden die Lebensstilgruppen, obwohl die Vorgehensweise eigentlich ein Mehr an Erklärung erwarten lässt. Der Grund ist -
statistisch gesprochen - eine Vergrößerung der Gesamtvarianz über eine Vielzahl von Variablen, verbunden mit einer Erhöhung der Wahrscheinlichkeit
idiosynkratischer Kombinationen. In der Regel sind die berücksichtigten Merkmale nicht perfekt korreliert und eine inflationäre Verwendung von Merkmalen
dient nicht immer der Sache (vgl. auch Rosengren 1996). Die umfassende Le-
bensstilanalyse von Reimer in Schweden konnte zwar eine Verbindung zwischen Medienpräferenzen und Lebensstilen nachweisen, doch Alter, Ge-
schlecht und soziale Schicht behielten auch für sich statistische Relevanz (vgl.
Reimer 1994). Zu ähnlichen Schlussfolgerungen gelangte auch Kliment, betonte zudem aber auch den deskriptiven Zusatznutzen von Kontextmerkmalen,
zum Beispiel alltagskultureller Orientierungen:

> „Sie bringen gleichsam ‚Fleisch' an das Skelett harter soziographischer Daten
> und erleichtern die Interpretation von Zusammenhängen, die allein auf demo-
> graphischer Basis nur spekulativ wahrgenommen werden." (Kliment 1997: 425)

Weiß wählt die Metapher einer „Landkarte", um damit dem Anspruch einer
„Soziographie kommunikativer Milieus" gerecht zu werden (vgl. Weiß 2001,
1996). Beantwortet werden soll die Frage, in welchem sozialen Kontext wel-
cher Mediengebrauch steht. In Anlehnung an Max Weber könnte man auch
formulieren: Was ist der subjektiv gemeinte Sinn, den Akteure mit vergleichba-
rem sozialen Hintergrund bestimmten Handlungen zuschreiben?

Der soziale Kontext entspricht dabei häufig den kulturellen Rahmenbedingungen, denen die Funktion einer Klammer für unterschiedlichste Formen
alltäglichen Handelns zukommt. Hier hat auch die Mediennutzung ihren Platz.
Innerhalb der Grenzen der Kultur werden gleichwohl Freiräume geschaffen,
die sich auf die Auseinandersetzung mit den Stimuli, die allgemein als „Texte"
behandelt werden, beziehen. Das ist die Sprache der Cultural Studies: Raum für
individuelles Handeln ist gegeben, bleibt aber stets der Lebenswelt verhaftet.
Die Analyse der Rezeption von Angeboten wird zugleich von einer Differen-
zierungsnotwendigkeit geleitet, die in einem Plädoyer für ethnographische
Aufarbeitungen mündet. Der Streit geht in diesem Zusammenhang insbesondere darum, ob darin nicht doch eine Hypostasierung des Individuums angelegt

ist, obwohl doch die soziale Verortung das Anliegen ist. Diese Frage hat durchaus auch einen ökonomischen Kern, wenn der Prozess der Medienaneignung nicht als routinisiert und weitgehend standardisiert gesehen wird. Obwohl die Lebensstilforschung den Anspruch erhebt, zwischen der Relevanz der sozialen Strukturen und den Handlungsspielräumen der Menschen zu vermitteln, verbindet sich mit dem theoretischen und methodischen Anspruch eine Vielfalt praktischer Vorgehensweisen, die unter anderem den Vorwurf zur Folge hatten, Spaß an der Vielfalt gewonnen zu haben (vgl. sinngemäß Geißler 1996: 322).

Nutzen- und Belohnungsansatz: Wenn die Ungleichheitsperspektive und die Lebensstilforschung den Situationsaspekt insbesondere von einer sozialstrukturellen Warte beleuchten, wird er im nun folgenden Fall eher auf das Angebot selbst hin spezifiziert. Da der Nutzen- und Belohnungsansatz stellvertretend für die Publikumsperspektive - und daher vor allem für die Erklärung von Wahlhandlungen - steht, werden seine Historie und der heutige Stellenwert sogleich noch ausführlicher zu beleuchten sein. Hier ist der Hinweis wichtig, dass eine Sichtweise, die den Rezipienten in den Mittelpunkt stellt, quasi unvermeidlich dem Wählenden und den Wahlen zugewandt ist und durch eine - nicht nur terminologische - Festlegung auf den Rezipienten das soziale Umfeld eher vernachlässigt. Die Vertreter dieses Ansatzes wissen um die Bedeutung sozialer Strukturen, aber es sind eben nicht diese, die im Mittelpunkt des Interesses stehen. Gefragt wird nach den Bedürfnissen, die Medienangebote zu befriedigen in der Lage sein können und wie Rezipienten diese Gratifikationspotenziale bewerten und in Entscheidungen über bestimmte Formen der Mediennutzung einfließen lassen.

> Der Nutzen- und Belohnungsansatz weiß um die Bedeutung sozialer Strukturen, fragt aber in erster Linie nach dem Zusammenhang von Bedürfnissen, Medienangeboten und erhaltenen Gratifikationen.

Die funktionalistische Terminologie und der darin angelegte Zirkelschluss (weil bestimmte Angebote genutzt werden, sind sie der Grund, warum sie genutzt werden) sowie die Betrachtung des Rezipienten als Souverän seiner Entscheidungen sind nicht kritiklos geblieben. Aber diese Vor-Einstellungen haben die Wahrnehmung des Anspruchs maßgeblich beeinflusst und den Vorwurf der Naivität, Verkürzung, mithin Unvollständigkeit dieser Sichtweise immer wieder bestärkt. Es ist die Ausblendung des gesellschaftlichen Zusammenhangs, der als Vorwurf manifest bleibt. Es überrascht daher nicht, dass Mitte der 80er

Jahre in einem Sammelband zum Uses and Gratifications Approach das Ziel noch einmal präzisiert wurde:

> „We never meant to talk about abstracted individuals, but about people in social situations that give rise to their needs. The individual is part of a social structure, and his or her choices are less free and random than a vulgar gratificationism would presume." (Blumler et al. 1985: 260)

In derselben Publikation hat Weibull ein Modell vorgelegt, das dem umfassenden Phänomen „Sozialstruktur" einen zentralen Platz einräumt, indem es den Einfluss auf die Bedürfnisse und Situationen von Individuen beachtet, aber auch den Medienangeboten eine Orientierung an diesen Situationen und Bedürfnissen zuschreibt (s. auch Abbildung 1 im vorliegenden Beitrag). Zugleich differenziert er zwischen „habits of media use" und „actual media use", um sowohl die Gewohnheiten als auch die aktuelle Situation der Mediennutzung in das Blickfeld zu nehmen. Hier wird somit ebenfalls eine Mehr-Ebenen-Konzeption erkennbar (s. Abbildung 3):

> „Media habits represent the individual's inclination to a certain media choice or to a certain content. Media exposure represents the actual media or content choice at a given point in time." (Weibull 1985: 142)

Die in diesem Kapitel zusammengefassten Beispiele und die daran geübte Kritik verdeutlichen, dass sich die Perspektiven durch eine unterschiedliche Gewichtung von Situations- und Wahlkomponente auszeichnen. Es wird aber auch deutlich, dass häufig über soziale Strukturen gesprochen wird, dagegen seltener über Phänomene, die den engeren Rahmen für Wahlhandlungen markieren, beispielsweise Medienanbieter und -angebote. Wenn nunmehr der Nutzen- und Belohnungsansatz in den Vordergrund gerückt wird, liegt dies an der (gleichwohl unterschiedlich präzisierten) Verschränkung von Situation und Wahl in Bezug auf Medienangebote, der dieser Ansatz am unmittelbarsten verpflichtet ist. Es wird daher mehr um Strategien des Wählens gehen. Daraus folgt, dass auch die thematische Nähe zu so genannten ökonomischen Handlungstheorien angesprochen werden muss.

Abbildung 3:   *Ein Erklärungsmodell der Mediennutzung*

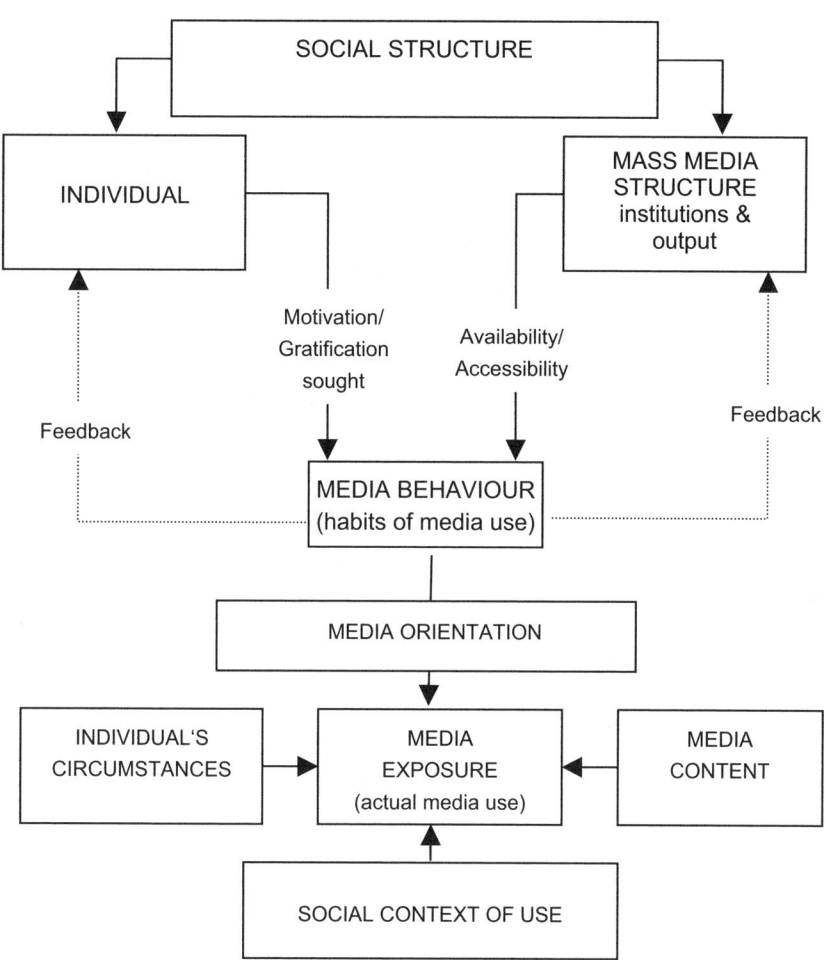

Quelle: Weibull 1985: 144 (in der Modifikation durch McQuail 1997: 69)

3 Ökonomische Handlungstheorien und ihre Bedeutung für die Kommunikationswissenschaft

Die Geschichte des Nutzen- und Belohnungsansatzes ist eine Geschichte über Nutzungswirkungen. Von Beginn an die konsequente Orientierung an einem rationalen Akteur ausfindig machen zu wollen, wird ohne Erfolg sein. Die Formulierung expliziter Annahmen über Wahlhandlungen in bestimmten Situationen darf eher als Resultat der Auseinandersetzung mit medienzentrierten und publikumszentrierten Vorgehensweisen gedeutet werden. Wesentliche Schritte der Entwicklung lassen sich wie folgt zusammenfassen:

Early Studies: Der Weg in die so genannte „media society" ist zunächst durch eine Zunahme von Medienproduzenten und Medienprodukten gekennzeichnet. Die systematische wissenschaftliche Reaktion auf diese Entwicklung erfolgte später als die Angebote selbst. Lowery und DeFleur (1995: 94) weisen darauf hin, dass es vor dem 2. Weltkrieg keine Forschergruppe in den USA gab, die sich systematisch mit dieser Entwicklung auseinandersetzte:

> „(...) there simply was no community of academic research scholars specializing in the scientific investigation of the process of the effects of mass communication."

Nichtsdestotrotz wusste man bereits um die interessanten Fragen: Warum gehen die Menschen ins Kino? Was interessiert sie an den Zeitungen? Warum hören sie sich regelmäßig bestimmte Radiosendungen an? Für undifferenzierte „mass audience"-Argumente sank die Akzeptanz, der lange Weg zu den „more or less specialized audiences" begann. Die Forschungen im Office of Radio Research leisten diesbezüglich wichtige Impulse, insbesondere Herta Herzog mit ihren Antworten auf die Frage „What do we really know about daytime serial listeners?" Die Begriffe „uses" und „gratifications" kommen in Gebrauch und legen den Grundstein für eine Forschungstradition, die sich bis heute fragt, was die Menschen mit den Medien machen (vgl. auch Jäckel 1996). Wenn somit in den frühen Studien die Funktionen der Medien erforscht wurden (die Nähe zum Funktionalismusparadigma wird hier deutlich, s. auch Abbildung 2), sollten die dabei erhaltenen Hinweise offensichtlich auch im Sinne von Vorhersagbarkeit der Reaktionen auf ähnliche Angebote verwandt werden können.

Eskapismus galt lange Zeit als ein bedeutendes Motiv für Mediennutzung. Die Inanspruchnahme der Medienangebote als einen vorübergehenden Akt der Befreiung zu betrachten, als gleichsam gesellschaftlich legitimiertes Pausieren von Verpflichtungen, die das engere und weitere soziale Umfeld verlangt, war und ist ein diffuses Motiv, das sich in Aussagen wie „Ich will einfach meine Ruhe haben" oder „Ich schalte ein, um abzuschalten" niederschlagen mag.

Spätestens zu Beginn der 60er Jahre veranlasste die wohl auch inflationäre Bemühung dieses Nutzungszwecks eine „clarification of a concept" (Katz/ Foulkes 1962). Die Orientierung am Flucht-Motiv blieb in der Folge nicht aus, löste sich aber von der engen Fixierung an Ursachen wie Entfremdung, Anomie oder Angst, die häufig von einer kulturkritischen Medienbeurteilung übernommen wurden. Schließlich beschreiben diese Phänomene ein Ursachenbündel gesellschaftlicher Art, das für bestimmte Menschen bestimmte Reaktionen nahe zu legen scheint. Der Hinweis auf parasoziale Interaktionen verdeutlichte dabei nur ein Gratifikationspotenzial unter vielen. Methodisch aber blieb es häufig bei der Unterstellung des Motivs, die Messung der tatsächlich erhaltenen Gratifikationen blieb weitgehend aus.

Parallel zu dieser Tradition der Forschung entwickelten sich inhaltlich orientierte Präferenzanalysen, im Rahmen derer individuelle und soziale Merkmale als Prädiktoren für das Interesse an Medienangeboten unterschiedlichster Gattungen herangezogen wurden, seien es bevorzugte Hörfunkangebote, Fernsehprogramminteressen oder Leseneigungen. Vergleichende Analysen sind dabei sowohl als Displacement-Studien bekannt geworden, sodann auch als Intermedia-Vergleiche. Die Debatte um Komplementarität versus Substitution der Medien knüpft an diese Forschungen an (vgl. zusammenfassend Kiefer 1989). Der Vergleich von Vorhandenem und Neuem impliziert, dass Rezipienten bewerten und auswählen.

Diese parallel verlaufenden Entwicklungen führten rasch zu einer fast unüberschaubaren Zahl an Untersuchungen, die sich in irgendeiner Form der Messung von Motiven und Nutzungsmustern annahmen. Informationen über Mediennutzung wurden sozusagen durch sozialstatistische Angaben angereichert, ohne dass im Einzelfall ersichtlich wurde, warum nun gerade diese und nicht andere Merkmale als differenzierende Größen Verwendung fanden. Aber die Begriffe Motiv, Funktion, Ziel, Zweck, Intention, Selektion kamen in Mode. Systematisierung schien unausweichlich zu sein, um nicht einem vulgären Gratifikationismus zu erliegen, der an Beliebigkeit nicht mehr zu überbieten gewesen wäre. Drabczynski (1982: 139 ff.) spricht daher für die Phase der 60er/70er Jahre von einer Zunahme methodisch elaborierter Studien, die sich in stärkerem Maße an wissenschaftlichen Gütekriterien (Validität, Reliabilität, Repräsentativität) orientierten. Aus dieser Phase stammen auch Klassifikationen von medienbezogenen Bedürfnissen (zum Beispiel aus der berühmten Israel-Studie oder der britischen TV Audience-Studie), die für sich bis heute Orientierungsfunktion in der Forschung reklamieren können.

Ebenso nahm die Debatte über das so genannte „aktive Publikum" zu. Die publikumszentrierte Sichtweise wurde skizziert, ohne deshalb schon als überzeugende Gegenposition zur medienzentrierten Sichtweise Anerkennung zu finden. Einen wesentlichen Impuls erhielt diese Debatte durch die Formulierung von Grundannahmen, die dem Nutzen- und Belohnungsansatz zugrunde liegen. Katz et al. (1974) stellten fest, dass (a) das Publikum aktiv ist und ein bedeutender Teil der Mediennutzung zielgerichtet erfolgt, (b) diese Zielgerichtetheit die bewusste Auswahl zum Zwecke der Bedürfnisbefriedigung impliziert, (c) die Rezipienten diese Motive folgerichtig auch artikulieren können und (d) die Massenmedien dabei mit anderen Gratifikationsquellen konkurrieren.

> Der Nutzen- und Belohnungsansatz geht davon aus, dass das Publikum aktiv ist und ein bedeutender Teil der Mediennutzung zielgerichtet erfolgt, diese Zielgerichtetheit die bewusste Auswahl zum Zwecke der Bedürfnisbefriedigung impliziert, die Rezipienten diese Motive folgerichtig auch artikulieren können und die Massenmedien dabei mit anderen Gratifikationsquellen konkurrieren.

Hinzugefügt wurde, wohl in bewusster Abgrenzung zu kulturkritischen Publikumscharakterisierungen, dass die Rezipienten durch Zustimmung oder Ablehnung von auf Mediennutzung bezogenen Aussagen der subjektiven Bedeutung von Massenkommunikationsangeboten Ausdruck verleihen können. Bei McQuail (1997: 71) heißt es hierzu:

> „(...) audience members are conscious of the media-related needs that arise in personal (individual) and social (shared) circumstances and can voice these in terms of motivations (...)."

Der Prozess der Medienselektion erfuhr durch diese Feststellungen neue Aufmerksamkeit, die sich nicht nur im Sinne des Versuchs der Bestätigung, sondern mindestens ebenso häufig in kritischen oder belächelnden Kommentaren niederschlugen. Der Allgemeinheit des formulierten Katalogs war man sich bewusst, und ebenso der Tatsache, dass nicht jedes Mitglied des Publikums mit seinem Verhalten den Annahmen entsprechen wird. Katz et al. (1974: 30) waren es selbst, die einer solchen Illusion entgegentraten:

> „(...) we have confronted the image of the beery, house-slippered, casual viewer of television with the notion of a more ‚active' audience - knowing that both images are true."

Die Konzeption des Konstrukts „Publikumsaktivität" mag hier bereits vorgezeichnet gewesen sein. Aber insbesondere die Arbeiten von Levy und Windahl haben den Prozess der Mediennutzung unter diesem Gesichtspunkt zu syste-matisieren versucht (vgl. Levy/Windahl 1985). Weitergehend hat die Involve-mentforschung in einer Vielzahl von Analysen bestätigen können, dass es nicht nur unterschiedliche Nutzungsintensitäten zu beobachten gibt, sondern auch wechselnde Aufmerksamkeitsgrade, die sich in entsprechenden Verarbeitungen der Medieninhalte niederschlagen (vgl. zusammenfassend Donnerstag 1996).

Ebenfalls prozessorientiert und nicht auf punktuelle Beobachtungen ausge-richtet sind Arbeiten, die in Erfahrung bringen wollen, ob Diskrepanzen zwi-schen gesuchten und erhaltenen Gratifikationen zu einer Änderung in der Wahl der Mittel führen. Unter Bezugnahme auf die Erwartungs-x-Wert-Theorie von Ajzen und Fishbein wird die Wahrscheinlichkeit der Inanspruch-nahme eines spezifischen Medienangebots als Funktion der erwarteten Gratifi-kationen und der Bewertung bzw. Bedeutung dieser Gratifikationen betrachtet. Diese Theorie ist nach Rosengren (1996: 21) für analytische Zwecke geeignet, weil sie „eine sehr allgemeine sozialpsychologische Theorie mit breiter An-wendbarkeit in allen menschlichen Fragen ist."[5]

Die Theorie kann beispielsweise erklären helfen, warum nicht alle Beloh-nungen gleich wertvoll sind. Das Verhalten resultiert aus der Einschätzung des Handlungserfolgs und der Bewertung der ausstehenden Gratifikation. Vor diesem Hintergrund ließe sich nachvollziehen, dass es Menschen gibt, die nied-rigere Belohnungswerte höheren Belohnungswerten vorziehen, weil sie die Wahrscheinlichkeit des Erfolgs eines komplexen Programms eher gering ein-schätzen. Als externer Beobachter mag man zu anderen Ergebnissen kommen, aber die Rationalität wird hier aus der Sicht des Akteurs bestimmt. Coleman (1991, 1992: 22) hat bezüglich dieser Diskussion um Rationalität und Irrationa-lität angemerkt:

> „Dass vieles üblicherweise als nicht rational oder irrational bezeichnet wird, liegt (...) einfach daran, weil die Betrachter nicht die Sichtweise des Akteurs entdeckt haben, von der aus die Handlung rational ist."

Lassen sich erneute und kontinuierliche Nutzungen bestimmter Medienange-bote beobachten, kann dies aber auch das Resultat eines relativ konstanten Befriedigungsniveaus sein. Ebenso gut mag die Frustrationstoleranz des Me-diennutzers so hoch sein, dass ihn selbst der tägliche Ärger über den Leitartikel seiner Tageszeitung nicht zum Wechsel des Abonnements oder zum dauerhaf-ten Verzicht führt. In allgemeinerer Form illustriert diese mögliche Reaktion einen Sachverhalt, den Blumler et al. (1985: 259) wie folgt beschrieben haben:

---

5   Siehe hierzu auch die Ausführungen zum Mikro-Makro-Modell in Kapitel 2 des vorliegen-den Beitrags.

„(...) the individual must pursue goals in a communications arena, where he or
she is the target of a host of organized interests, whose aims are not necessarily
those of the audience member (...)."

Das aktive Publikum ist demzufolge nicht mit einem autonomen Publikum
gleichzusetzen. Dieses Wechselspiel von Angebot und Nachfrage und die
Problematik einer isolierten Betrachtung der Mediennutzung, also eine Heraus-
lösung aus dem Fluss von Alltagshandlungen, machen Verallgemeinerungen
bzw. Generalisierungen zu einem Unterfangen, das stets mit Widerspruch
rechnen muss. Im Grunde genommen ist dieses Komplexitätsproblem aber
kein Spezifikum der Medienforschung. Es ist letztlich auch weniger dieses
Vielfaltsargument gewesen, dass der Kritik immer wieder als Reibungsfläche
diente, sondern die Überbetonung von Rationalität und Aktivität des Publikums.

Eine Auseinandersetzung mit diesen Annahmen führt in das Zentrum der
Diskussion um (Zweck-)Rationalität und weitergehend zu „Kompromissen",
die keine völlige Verabschiedung vom „rational man" nahe legen.

4   Zweckrationalität und Mediennutzung: The „active audience" revisited

Der Nutzen- und Belohnungsansatz und weitergehend alle Theorien, die von
der Kommunikationswissenschaft zur Erklärung von Mediennutzung herangezogen werden, treffen zwar immer auch Annahmen über die Bedeutung sozialer Faktoren, sind letztlich aber eher als mikrotheoretische Ansätze zu bezeichnen. Beansprucht wird, dass sich wiederkehrende und wandelnde Struktur-
merkmale (im Bereich der Mediennutzung zum Beispiel Lesefrequenzen, Einschaltquoten, verschiedene Varianten der Sender- und Sendungsloyalität) als
Resultat unterschiedlich motivierter Handlungen erklären lassen. Wenn unterschiedlich motivierte Handlungen vorliegen, liegt es nahe, auch von unterschiedlich klaren Zielvorstellungen auszugehen. Das betrifft die Frage, wie
eindeutig sich Präferenzen bestimmen lassen. Situationsunabhängige Antworten tendieren dazu, die jeweiligen Rahmenbedingungen außer Acht zu lassen
und Zweckrationalität als invariant zu definieren. Dabei ist von zentraler Bedeutung, dass man den effizienten Einsatz knapper Ressourcen in unterschiedlichen Handlungsfeldern präzisiert. Es geht somit darum festzustellen, welche
Anstrengungen die Akteure auf sich nehmen, um eine für den jeweiligen
Zweck optimale Entscheidung aus den ihnen zur Verfügung stehenden Angeboten zu treffen. Es geht nicht um situationsunabhängige Entscheidungsmo-

delle, sondern darum, die Logik der Selektion an der Logik der Situation zu messen.

> Auch im Rahmen der Erklärung von Mediennutzung gilt es festzustellen, welche Anstrengungen die Akteure auf sich nehmen, um eine für den jeweiligen Zweck optimale Entscheidung aus den ihnen zur Verfügung stehenden Angeboten zu treffen. Es geht nicht um situationsunabhängige Entscheidungsmodelle, sondern darum, die Logik der Selektion an der Logik der Situation zu messen.

Der Idealtypus des „homo oeconomicus" wird - folgt man Esser (1993: 236) - dadurch definiert,

> „(...) dass er seinen individuellen Nutzen auf der Grundlage vollkommener Information und stabiler und geordneter Präferenzen im Rahmen gegebener Restriktionen maximier(t)."

Restriktionen können zeitlicher (Zeitbudget), ökonomischer (Kaufkraft), sozialer (Orientierung an bzw. Berücksichtigung der Interessen anderer) oder normativer Art (geltende Normen) sein. Die Anwendung auf bestimmte Handlungsfelder erfordert nun eine Verknüpfung der Situationsdefinition mit dem Modell der rationalen Wahl (vgl. Lindenberg 1990: 271).

Entscheidungen für oder gegen die Wahl bestimmter Medienangebote sind häufig als so genannte low cost decisions zu bezeichnen, weil die Opportunitätskosten der Festlegung auf eine Alternative sehr gering sind (vgl. Mensch 2000; Jäckel 1992). Der Aufwand, der in eine Entscheidungsfindung investiert wird, orientiert sich an den Folgekosten einer nicht-optimalen Entscheidung. Diese Folgekosten dürften in der Praxis der Mediennutzung kurzfristig hoch, aber langfristig niedrig sein, da die Folgen einer nicht-optimalen Entscheidung unter Umständen schon im Zuge der Nutzung korrigiert werden können (vgl. ausführlich hierzu Jäckel 1996a: 79 ff.).

Entscheidungen für oder gegen die Wahl bestimmter Medienangebote sind häufig als so genannte low cost decisions zu bezeichnen,
weil die Opportunitätskosten der Festlegung auf eine Alternative
sehr gering sind. Der Aufwand, der in eine Entscheidungsfindung
investiert wird, orientiert sich an den Folgekosten einer nicht-
optimalen Entscheidung.

Entscheidungen für die Nutzung bestimmter Medieninhalte sind jederzeit re-
versibel. Man kann aus- oder umschalten, das Buch oder die Zeitung zur Seite
legen, sich einem anderen Artikel zuwenden, auf eine andere Website surfen
usw. Hinzu kommt eine hinreichende Transparenz der Kosten. Die monetären
Kosten im Falle von Büchern, Zeitungen und Zeitschriften sind überschaubar,
im Falle des gebührenfinanzierten Rundfunks sind die regelmäßig anfallenden
Ausgaben kalkulierbar und unabhängig von der Nutzungsintensität konstant.
Insgesamt ist im Vergleich zu anderen Wahlsituationen die individuelle
und/oder kollektive Bedeutung der Nutzung des einen oder anderen konkreten
Medienangebots gering. Diese Entscheidungstheorie greift gleichwohl nicht,
wenn es um grundsätzliche Fragen des dauerhaften Verzichts geht.

Des Weiteren handelt es sich bei konkreten Medieninhalten häufig nur um
Detailidiosynkrasien, das heißt bestimmte Genres, Formate und Themen werden an verschiedenen Stellen zwar mehr oder weniger unterschiedlich behandelt, tauchen aber mehrfach auf. Es gibt beispielsweise verschiedene Gameshows, die sich ähneln, die Themen verschiedener Nachrichtensendungen
unterscheiden sich aufgrund eines endlichen Selektionsrepertoires eher gering-
fügig usw. Behauptungen über eine geringe Varianz des Medienangebots bleiben dennoch häufig sehr umstritten. Wer auf Homogenisierungstendenzen
hinweist, wird der Aufforderung zu differenzieren begegnen. Das Sprichwort,
dass der Teufel bekanntlich im Detail steckt, ist in solchen Diskussionen keineswegs untypisch. Die Wahrnehmung der Situation ist unterschiedlich und
kann daher auch eine Varianz in der Publikumsaktivität selbst begründen.
Wenn eine hohe Bindung an Medienangebote vorliegt, können auch Details
entscheidungsrelevant werden, ebenso im Falle einer sehr intentionalen und
selektiven Nutzung.

In den überwiegenden Fällen sind die Annahmen über die möglichen Gratifikationen das Resultat von Erwartungen, die unterschiedlich entstanden sein
können. Es kann sich um eigene Nutzungserfahrungen handeln, um Empfeh-
lungen Dritter, um das Resultat von ursprünglich nicht intendierten Ereignissen, an denen man zufällig beteiligt war. Für die Rezeption von Medienangeboten ist eine zu genaue Kenntnis dessen, was einen erwarten wird, darüber hin-

aus ein eher nutzungshemmender Faktor. Viele Gratifikationen stellen sich im Zuge der Mediennutzung ein und wirken über einen eher kurzen Zeitraum nach.

Rezipienten erwarten Interessantes, Abwechslungsreiches, Spannendes und sind dankbar für Überraschungen unterschiedlichster Art. Vorausplanen lassen sich diese Belohnungen nicht, im übertragenen Sinne kommt auch hier der Appetit beim Essen.

> Für die Rezeption von Medienangeboten kann eine zu genaue Kenntnis dessen, was einen erwarten wird, ein eher nutzungshemmender Faktor sein. Rezipienten erwarten Interessantes, Abwechslungsreiches, Spannendes und sind dankbar für Überraschungen unterschiedlichster Art.

Auf die Frage, ob das Publikum mehr Interaktivität wünsche, antwortete Schönbach (1998: 18):

> „Die überwiegende Mehrheit wird einfach ein professionell gefilmtes Fußballspiel, eine zuverlässige Nachrichtensendung oder einen Spielfilm sehen und bequem sein wollen - im Sinne von ‚Lasst mich in Ruhe!', aber auch im Sinne von ‚Überrascht mich!' oder auch ‚Erklärt mir bitte die Welt! Sagt mir, was zu tun ist!'"

Weitergehend sind infolgedessen auch Situationen zu berücksichtigen, in denen Rationalität und Kontrolle von Affekten zurückgewiesen wird zugunsten der Wahrnehmung entsprechender Freiräume, die das Ausleben von Emotionen gestatten. Das entspricht durchaus einer Intention. Die Präferenzen werden nicht exakt benannt, sondern werden allenfalls umschrieben. Da Medienangebote Erfahrungsgüter sind, darf mit Zunahme dieses Entscheidungskriteriums davon ausgegangen werden, dass intuitives Wissen (zum Beispiel guter Journalist, guter Regisseur) eine bedeutende Rolle spielt.

Gerade die Diskussion um die Vielfalt des Angebots hat gezeigt, dass die Wahrnehmung des Rahmens und darauf folgende Reaktionen nicht den erwarteten Individualisierungsschub zur Folge hatten. Stattdessen kann beobachtet werden,

- dass die Inflation des Angebots in der Summe eher eine Entwertung mit sich gebracht hat. Während Inhaltsanalysen auf die Ausweitung der Angebote in allen Interessensbereichen hinweisen, ist die Bereitschaft des Publikums zur Wahrnehmung der konkurrierenden Angebote nicht nur aus zeitlichen Gründen begrenzt. Neuman (1991: 95f.) stellte beispielsweise fest:

„Even though one might wish to explore all the variables before selecting one product among many, often people satisfice rather than maximize their information."

- dass vorstrukturierte Angebote umso wichtiger werden, Dauerselektion wird in low-cost-Situationen selten sein. Das Publikum weiß, dass es umworben wird. Die Macht des Verbrauchers, von der Katona (1962) bereits in den 60er Jahren gesprochen hat, verpflichtet die Anbieter zu immer neuen Experimenten, zur Erhöhung der Eigenwerbung, zur Instrumentalisierung des Medieneinsatzes zum Zwecke der Aufmerksamkeitserzeugung (vgl. auch Beck 2001). Zugleich resultiert für Anbieter ein Einlassen auf Dauerkundschaft und wechselnde Kundschaft. Gelegentliche Nutzungen nehmen auf Märkten zu, die neben so genannten Mainstreamingangeboten in unterschiedlichen Nuancierungen Spezialisierung praktizieren. Die Portfoliostrategie ist eine Antwort auf Publika, die sich für vieles hinreichend interessieren;

- dass die Tendenz zur Verspartung des Angebots zu einer Unterschätzung der gezielten Nutzung von Medienprodukten führt, weil in jenen Verbreitungskanälen, die auf größere Publika ausgerichtet sind, die entsprechenden Angebote weniger wahrgenommen werden;

- dass ein Übermaß an Angeboten als Informationskosten wahrgenommen wird und ein Bedürfnis nach Gewohnheiten mit dem bewussten Verzicht auf vollständige Information einhergeht. Die Programmierung des „audience flow" und zahlreiche ergänzende Versuche der Programmbindung („Hier sind Sie richtig") greifen als Verstärkungsinstrumente.

5   Eine Theorie der Nutzungsgrenzen

Der hier vorgeschlagene Blick auf das Mediennutzungsverhalten der Rezipienten plädiert für eine Beachtung der Präferenzen bei gleichzeitigem Hinweis auf ihre häufig diffuse Grundstruktur.

 Der hier vorgeschlagene Blick auf das Mediennutzungsverhalten der Rezipienten plädiert für eine Beachtung der Präferenzen bei gleichzeitigem Hinweis auf ihre häufig diffuse Grundstruktur.

Selbstverständlich gibt es Medienanbieter, die aus gutem Grund von ihrem Publikum behaupten, dass es sich durch eine sehr zielgerichtete Nutzung auszeichnet. Ebenso ließe sich einwenden, dass letztlich die jeweilige Befindlichkeit (physische und psychische Verfassung) mal das eine (habituelle, passive), mal das andere (selektive, aktive) Verhalten nahe legt. Die Aufforderung zu differenzieren kann somit auch hier berechtigterweise eingebracht werden. Gibt es nicht Viel- und Wenigseher? Ist nicht auch ein Blick auf Medienkompetenzen erforderlich, die es den einen leichter machen, eine gezielte Nutzung zu realisieren als anderen? Schönbach (1998: 18), der einleitend mit seiner Illusion des hyperaktiven Publikums zitiert wurde, hat auf diese Frage der Medienkompetenz ebenfalls hingewiesen. Aber es ist daran zu erinnern, dass hier lediglich für ein wahrscheinliches Entscheidungsmodell plädiert wird, das Varianz zulässt und keineswegs Homogenität unterstellt. Es geht um die Grenzen eines Spezialisierungs- und Individualisierungsschubs, der strukturell („Welche Inhalte werden angeboten?" und „Wie unterschiedlich können Inhalte sein?") und individuell („Will ich denn immer aufs Neue wählen?" und „Wie wird ausgewählt?") bestimmt werden kann. Der Aufforderung, zu differenzieren, kann auf der Ebene der Handlungstheorie nicht entsprochen werden, weil sie in der Regel ein Kalkül beschreibt. Es bedarf der Vorschaltung von Brückenannahmen, die die Bedingungen des Handelns präzisieren. In Kapitel 2 dieses Beitrags sind hierzu einige Ausführungen gemacht worden (vgl. ausführlich hierzu Jäckel/Reinhardt 2001). Aus soziologischer Sicht wäre somit nun doch wieder die Frage zu stellen, ob auch soziale Strukturen wirken, indem sie beispielsweise den Rahmen für die Entfaltung von Interessen vorgeben. Dieser Effekt würde sich dann über selbst auferlegte oder verinnerlichte „constraints" entfalten, die im Zuge des Hineinwachsens in die Gesellschaft als besonders nahe liegende Orientierungshilfen wahrgenommen werden.

Sollte jedoch der vielfach thematisierte Bindungsverlust an sozialmoralische Milieus oder Wertegemeinschaften bzw. die Paradoxie einer „Gesellschaft der Individuen" zutreffen, würde die Frage nach dem gesellschaftlichen Einfluss zunächst irritieren. Die Dauersuche nach dem Einmaligen wäre die Folge, würde aber nach und nach verdeutlichen, dass der „Kult des Individuums" ohne gesellschaftlichen Einfluss kaum vorstellbar ist (vgl. auch Durkheim 1992). In der Euphorie der Individualisierungsdebatte wurde darüber hinaus gelegentlich übersehen, dass neben der Selbstverwirklichung auch das Bedürfnis nach Orientierung und Sicherheit geblieben ist. Während das Bedürfnis nach sozialer Distinktion unerschöpfliche Wege der Realisierung zu beschreiten scheint, wird die Nachahmung als Befreiung von Selektionszwängen erlebt. Überführt man dieses Grundprinzip der Vergesellschaftung in das zugrunde liegende Menschenbild, dann ist Lindenbergs Vorschlag als fruchtbar zu bezeichnen. Mit dem Akronym RREEMM wird ein „resourceful", „restricted", „expecting", „evaluating" und „maximizing man" vorgestellt. Eine Zuordnung dieser Beschreibungen in ein Mikro-Makro-Modell führt zu dem Ergebnis, dass „resourceful", „evaluating" und „maximizing" der Mikroebene, „restricted" und „expecting" der Makroebene zugeordnet werden. Restriktionen beschreiben die Randbedingungen, Erwartungen den „Horizont möglicher Ereignisse (...), auf die hin maximierend ausgewählt wird (...)." (Hennen/Rein 1994: 221) Wenn sich diese Maximierungsstrategien aber bereits an bestehenden Angeboten, Programmen oder Kulturmustern orientieren, ist eine Ergänzung dieses Akronyms sinnvoll, das das beschriebene Interesse „mit sozial-kulturellen Regeln verbindet" (Hennen/Springer 1996: 35). Hierfür wird die Integration des Begriffs „enabling" vorgeschlagen (RREE[E]MM) (vgl. Hennen/Springer 1996: 35).

Sozial-kulturelle Regeln können Vorbilder, Rezepte für bestimmte Problemlösungen, bewährte Traditionen oder typische Verhaltensweisen sein, die in das Alltagshandeln hineinwirken und Muster der Lebensführung hervorbringen, die Verwandtschaften aufweisen, ohne letztlich völlige Deckungsgleichheit zu erzielen. In dem weiten Feld der Möglichkeiten gibt es nicht nur Vorlieben und Interessen, sondern auch Grenzen des Geschmacks oder Angebote, mit denen man nicht „heimisch" werden kann. Sie legen die Menschen in ihren Präferenzen und Handlungen nicht endgültig fest, sondern gewähren Spielräume für Individualität. Aber die Spielräume haben auch einen - sprichwörtlich gesprochen - Tellerrand, über dessen Grenzen hinauszuschauen ungewöhnlich und untypisch zugleich ist. Bourdieu hat diese Verknüpfung von Struktur und Praxis beschrieben und mit dem Habitus-Konzept eine Brückenannahme formuliert. Der Habitus macht das Handeln der Menschen zwar nicht exakt berechenbar, markiert aber eine Nähe bzw. Distanz zu unterschiedlichsten Phänomenen des Alltags. Als „nicht gewähltes Prinzip aller Wahlen" (Bohn/Hahn 1999: 259) reicht sein Einfluss in den Prozess der Aneignung von Ideen und Objekten hinein, indem beispielsweise die Empfindungen und Beurteilungen konsequent einer bestimmten ästhetischen Grundhaltung folgen. Im Zuge des Hineinwachsens in eine Gesellschaft werden unterschiedliche Formen der Vertrautheit mit Hervorbringungen der Umwelt bzw. mit (alltags-) kulturellen Objekten vermittelt und verinnerlicht (vgl. hierzu ausführlich Jäckel/Reinhardt 2001 sowie Bourdieu 1984: 171 ff.).

Da hier von Freiräumen die Rede ist, müssen Idiosynkrasien in Kauf genommen werden. Auch lassen sich diese Grenzen des Handelns nicht exakt benennen. So ist es ja auch kaum möglich zu sagen, dass Schicht A an einem bestimmten Punkt einer hierarchischen Ordnung endet. Unter Bezugnahme auf den Schichtbegriff von Theodor Geiger (1891-1952) hat Geißler diesbezüglich die so genannte Überlappungshypothese formuliert (1996: 333). Klassen, Schichten, Milieus und alle anderen sozialstrukturanalytischen Kategorien sind

> „in der Realität der modernen Sozialstruktur keine Gruppierungen mit klaren Grenzen. In diesem Sinne sind sie keine ‚Realtypen' oder ‚Realbegriffe', sondern vielmehr heuristische Instrumente, deren Charakter eher an den Weberschen Idealtypus erinnert."

Bezüglich schichtspezifischer Verhaltens- und Einstellungsmuster wird mit der so genannten Staffelungshypothese eine Annahme formuliert, die in besonderer Weise eine Antwort auf die Frage gibt, wie sich soziale Strukturen auf Handlungen auswirken können:

> „In einem Modell der konzentrischen Kreise lässt sich diese Staffelung wie folgt denken: Ein Kern von stark schichtspezifischen Segmenten ist umgeben von Zonen mittlerer und schwach schichtspezifischer Segmente und diese schließlich von einem Ring schichtneutraler Segmente." (Geißler 1996: 334)

Am Beispiel der Mediennutzung (hier: Fernsehnutzung) ließe sich dies wie folgt verdeutlichen (s. Abbildung 4):

Im Zentrum des Modells sind Angebote platziert, die in der Lage sind, Schichten zu differenzieren, am Rande Angebote, die so populär und/oder allgemein sind, dass sie sich hinsichtlich sozialstruktureller Einflüsse als neutral erweisen. Das Beispiel der Fernsehnutzung soll illustrieren, dass insbesondere auf der Ebene der Quantität, mehr noch aber auf der Ebene von Genrepräferenzen Differenzierung wahrscheinlicher wird. Es lässt sich weitgehend auch für den Hörfunk adaptieren, muss aber die höhere Nebenbei-Nutzung in bestimmten Situationen (zum Beispiel Autofahrten) berücksichtigen. Letztlich wirkt aber auch hier die Präzisierung des Genres differenzierend (vgl. die Studie von Winterhoff-Spurk/Koch 2000, insbesondere 80 ff.).

Abbildung 4:   *Die Staffelungshypothese am Beispiel der Mediennutzung*

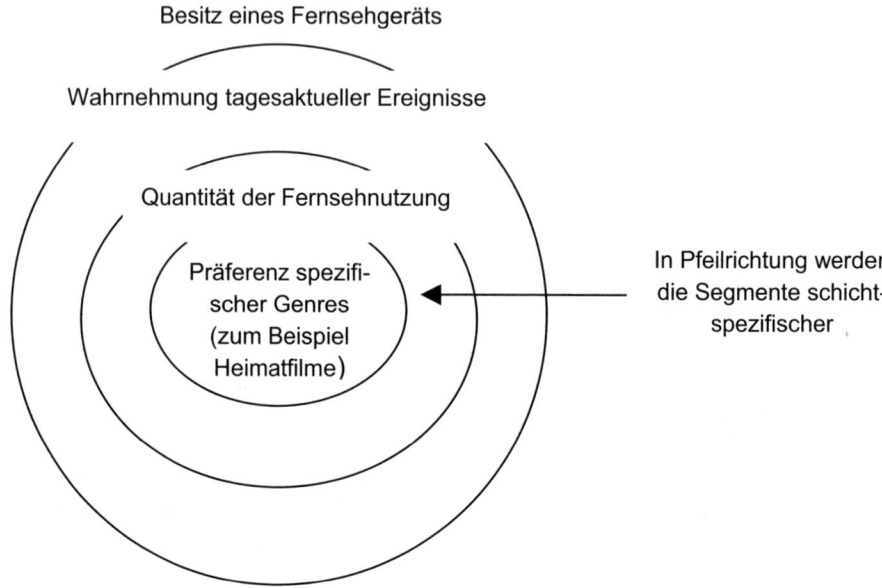

Quelle: Eigene Erstellung in Anlehnung an Geißler 1996

Für die Tageszeitung (vgl. hierzu auch Schönbach 1999) könnte das äußerste Kreissegment mit „Abonnement einer regionalen Tageszeitung" beschrieben werden; über die Regelmäßigkeit der Lektüre und die Einbindung überregionaler Angebote wird das Differenzierungspotenzial steigen bis hin zur Lesepräferenz ausführlicher und sehr spezifischer Artikel. Im Falle des Internets ist angesichts der „Lebenszeit" dieses Mediums auf der Ebene des generellen Zugangs keine Schichtneutralität zu konstatieren. Auf der Ebene der Medienverwendung hingegen werden sich unterschiedliche Formen der Medienkompetenz und Zweckmäßigkeit als Unterscheidungsmerkmale anbieten (vgl. die Analysen in Boehnke/Döring 2001).

Es kann somit eine lohnenswerte Aufgabe sein, die sozialstrukturelle Vermittlung von Grenzen der Mediennutzung systematisch zu analysieren. Wie stark sie mit sozialstrukturellen Kategorien variiert, wird insbesondere auch davon abhängen, auf welche Analyseebene man sich begibt, beispielsweise die Nutzung bestimmter Medien, Genres oder Sendungen. Wenn man die Wahlhandlungen mit den jeweiligen Rahmenbedingungen verknüpfen will, ist ein Blick auf Präferenzen und Motive, aber auch auf kognitive (zum Beispiel Bildungs- und Informationsniveau) Fähigkeiten nichtsdestotrotz ein wichtiger Brückenpfeiler.

Kommentierte Literaturhinweise

Jäckel, Michael (1996a): Wahlfreiheit in der Fernsehnutzung. Eine soziologische Analyse zur Individualisierung der Massenkommunikation, Opladen: Westdeutscher Verlag

Umfassende Analysen zur Zukunft der Massenkommunikation. Kombination medienökonomischer und mediensoziologischer Perspektiven.

McQuail, Denis (1997): Audience Analysis, Thousand Oaks: Sage

Neuman, W. Russell (1991): The Future of the Mass Audience, New York: Cambridge University Press

Rosengren, Karl Erik et al. (1985): Media Gratifications Research. Current Perspectives, Beverly Hills u.a.: Sage

Nach wie vor wichtige Aufsatzsammlung zum Nutzen- und Belohnungsansatz.

Webster, James G./Patricia F. Phalen (1997): The Mass Audience. Rediscovering the dominant Model, Mahwah/New Jersey: Erlbaum

Kompakte und mit empirischen Beispielen illustrierte Analysen des Wechselverhältnisses von Medienangebot und Medienrezeption.

Medienökonomie und Cultural Studies

Udo Göttlich

Der Beitrag geht dem Verhältnis von Cultural Studies und Medienökonomie, genauer der Behandlung medienökonomischer Fragen nach. Dazu verfolgt er die Entwicklungsgeschichte des kulturalistischen und materialistischen Zugangs zum Kreislaufprozess von Kultur und Gesellschaft. Dieses in den Cultural Studies über unterschiedliche Entwicklungsstufen von Johnson, du Gay und Hall entwickelte Modell dient der In-Beziehungsetzung von kultureller und gesellschaftlicher Produktion und Reproduktion, an der die Medien (im weiteren Sinne des Begriffs) einen maßgeblichen Anteil haben. Analytisch weist der Zugang über die Beschränkungen eines materialistischen, auf die Kritik der polit-ökonomischen Verhältnisse bezogenen Ansatzes durch den Einbezug von semiotischen Fragen und hegemonialen Strategien auf dem Gebiet der Kultur hinaus. Der Zugang der Studies steht für ein kulturwissenschaftliches Modell, das ökonomische Fragen und Probleme auf eigenständige Weise in seine Erklärungen integriert und ökonomisches Wissen gezielt einsetzt.

1 Entwicklungslinien der Cultural Studies

„Is anyone else bored with this debate?", so fragte Lawrence Grossberg Mitte der 90er Jahre mit Bezug auf den von Nicholas Garnham unterstellten Gegensatz von Cultural Studies und Politischer Ökonomie und konzentrierte sich auf eine Veranschaulichung der Cultural Studies-Perspektive, an der, so Grossberg, die Kritik der Auslassung der ökonomischen Bedingungen und Verhältnisse sogar vorbeigehe (vgl. Garnham 1995 und 1995a; Grossberg 1995).

Eine solche Gegensätzlichkeit wurde bereits seit dem Ende der 80er Jahre vor allem mit Blick auf die Fortentwicklung der Cultural Studies behauptet, die sich nach einer Phase intensiver Auseinandersetzung mit der Hegemonietheorie Gramscis mit der Hinwendung zu poststrukturalistischen Deutungsansätzen gesellschaftlicher Integration nun scheinbar zu einem unkritischen Populismus mauserte. Rückblickend darf man diese Debatte getrost der durch Jim McGui-

gan (1992) mit seinem Buch „Cultural Populism" gestifteten Aufregung zuschreiben, die von einer grundsätzlichen Kritik der poststrukturalistischen
Wendung innerhalb der Cultural Studies ausging, die sich in weiteren Büchern,
wie zum Beispiel „Cultural Studies in Question" (Ferguson/Golding 1997)
fortsetzte. Aber bereits auf dem Gipfel der von McGuigan angestoßenen Debatte, in der es auch um eine Klärung des Verhältnisses von Cultural Studies
und Ökonomie als Ausweg aus der unterstellten „Orientierungskrise" medienkritischer Ansätze zu gehen schien, erfolgte die Publikation der Buchreihe
„Culture, Media and Identities", mit der nun wiederum deutlich wurde, das
Cultural Studies und (Politische) Ökonomie doch mehr als nur eine lose Ver-
wandtschaft miteinander teilen. Ersichtlich wurde weiterhin - und das nicht erst
mit der Publikation dieser Buchreihe zu den Open University Kursen -, dass
die den Cultural Studies unterstellte Auslassung ökonomischer Fragen wesentlich aus dem Sachverhalt hervorging, dass sie die Behandlung ökonomischer
Fragen nicht von Seiten einer Kritik der Politischen Ökonomie aus angingen,
wie es im westlichen Marxismus der Vor- und Nachkriegszeit mit seinen unterschiedlichen Schwerpunktsetzungen in der Kritik der Klassengesellschaft üblich war - und auch in Verlängerung dieser Tradition wohl erwartet wurde -,
sondern von Seiten der kulturellen Folgen: Das heißt, ökonomische Prozesse
wurden und werden als kulturelle Phänomene mit gesellschaftlichen und institutionellen bzw. Macht betreffenden Konsequenzen angesehen und vorwiegend von textueller Seite aus erschlossen und behandelt.

> Ökonomische Prozesse wurden und werden als kulturelle Phäno-
> mene mit gesellschaftlichen und institutionellen bzw. Macht betref-
> fenden Konsequenzen angesehen und vorwiegend von textueller
> Seite aus erschlossen und behandelt.

Die Befassung mit medienökonomischen Fragen innerhalb der Cultural Studies
liegt in dem für die Theoriebildung maßgeblichen kulturalistischen und strukturalistischen Paradigma auf spezifische Art eingeschlossen (vgl. Hall 1999) und
führt zu einer eigenständigen Behandlung ökonomischer Probleme, die freilich
von den meisten Vertretern der Linken - wenn man so sagen will - als unor-
thodox angesehen wird und daher auch die entsprechende Kritik auf sich ge-
zogen hat.

    Bereits der erste Band der oben genannten Reihe mit dem Titel „Doing
Cultural Studies: The Story of the Sony Walkman" (1997) machte deutlich, dass
medienökonomische Fragen und Problemstellungen zur Produktions- und
Konsumtionsseite einen zentralen Schwerpunkt der Auseinandersetzung bil-

den, aber eben mit Blick auf kulturelle Bedeutungspraxen verfolgt werden, mit denen sie artikuliert sind und die sie zugleich auch ermöglichen.

> Cultural Studies machen deutlich, dass medienökonomische Fragen und Problemstellungen zur Produktions- und Konsumtionsseite einen zentralen Schwerpunkt der Auseinandersetzung bilden, aber eben mit Blick auf kulturelle Bedeutungspraxen verfolgt werden.

Das wiederum heißt - wie weiter unten zu erläutern sein wird - dass sich in den Analysen der Cultural Studies Annahmen zu verschiedenen „Kreislaufprozessen" (das heißt Elemente im Kreislaufprozess der Kultur) durchdringen und überlagern und die Diskussion nie allein aus der Perspektive eines Prozesses erfolgen kann, sondern immer mit Blick auf die jeweiligen Artikulationen unterschiedlicher Ebenen bzw. Kreisläufe erfolgt, worunter dann auch medienökonomische Fragen in einer postfordistischen Ökonomie fallen.

Erst recht deutlich wird diese Inbeziehungsetzung unterschiedlicher Elemente des Kreislaufs in dem Band „Production of Culture/Culture of Production" (1997). Das Verhältnis der „production of culture" und der „culture of production" wird als dialektischer Zusammenhang (obwohl es diesen Begriff in den Cultural Studies so nicht gibt) durchmessen, wobei die textuelle Analyse gleichrangig im Kontext der Behandlung medienökonomischer, das heißt produktions- und konsumtionsbezogener Fragen erfolgt.

> Das Verhältnis der „production of culture" und der „culture of production" wird als dialektischer Zusammenhang (obwohl es diesen Begriff in den Cultural Studies so nicht gibt) durchmessen, wobei die textuelle Analyse gleichrangig im Kontext der Behandlung medienökonomischer, das heißt produktions- und konsumtionsbezogener Fragen erfolgt.

Aus der Perspektive der Cultural Studies, wie sie insbesondere in der genannten Buchreihe zum Tragen kommt, ließe sich somit die Medienökonomie wegen ihrer beinahe ausschließlichen Beschränkung auf produktionsspezifische Fragen kritisieren, wodurch der kulturelle Wandel im Postfordismus, der bis hinein in die Alltagswelt reicht, nach Ansicht der Cultural Studies-Vertreter nicht erfasst werden kann.

Mit Blick auf diese Cultural Studies-spezifische Ausrichtung gilt es allerdings zu fragen, ob die von Garnham, McGuigan und anderen formulierte Kritik mit dieser Konzeption bereits abgewiesen, also ausgeräumt ist. Worauf zielte sie und was für Erwartungen richten sich an die Cultural Studies und deren Kultur- und Medienanalyse, wenn offenbar doch ein Bruch bzw. ein Verlust der ökonomischen Perspektive angemerkt werden konnte?

Der hier vorgelegte Beitrag wird sich zur Klärung des Verhältnisses von Cultural Studies und Medienökonomie zunächst mit den zentralen Annahmen auseinandersetzen, die dieses Feld innerhalb der Cultural Studies auszeichnen. Der Schwerpunkt der Betrachtung wird dazu auf den Arbeiten und Beiträgen aus den 80er und 90er Jahren liegen, wobei die Grundlagen und zentralen Merkmale der jeweiligen Theorie diskutiert werden sollen.

Vor dem Hintergrund der Kritik und der sich aus ihr ergebenden Herausforderungen soll dann diskutiert werden, was die Cultural Studies leisten und wo die Möglichkeiten für die Thematisierung und Analyse der Medienentwicklung in (medien-)ökonomischer Hinsicht liegen. Dazu wird das Beispiel der Veränderung der Unterhaltungsproduktion im Fall von Big Brother gewählt. Gezeigt werden soll, welche Kreislaufprozesse sich bei der Etablierung neuer Unterhaltungsformate durchdringen und welche Erklärungen aus dem Cultural Studies-Modell für die Veränderung der Fernsehproduktion in medienökonomischer Hinsicht abgeleitet werden können.

Somit folgt dieser Beitrag nicht der Ausrichtung, die mit der von Grossberg rhetorisch gegebenen Antwort vorgezeichnet ist, dass man sich innerhalb der Cultural Studies gelangweilt von einer von unterschiedlicher Seite verstärkt geforderten Ausrichtung auf die Ökonomie zeigen müsse. Durchaus sind im Selbstverständnis Grossbergs diese Probleme keineswegs marginalisiert und werden auch nicht durch eine andere Zugangsweise schlicht übergangen, sondern stehen im Hintergrund der Überlegungen und Analysen, die dann allerdings auf die Erklärung kultureller Bedeutungspraxen und deren Einbindung in hegemoniale Prozesse in der Postmoderne bezogen sind. Die folgenden Ausführungen versuchen einen Eindruck von dieser Ausrichtung zu vermitteln.

> Medienökonomische Probleme stehen im Hintergrund der Überlegungen und Analysen, die dann allerdings auf die Erklärung kultureller Bedeutungspraxen und deren Einbindung in hegemoniale Prozesse in der Postmoderne bezogen sind.

2   Cultural Studies und Politische Ökonomie

Die für die späten 70er und frühen 80er Jahre einschlägigste Formulierung des Verhältnisses von Medienökonomie und Cultural Studies findet sich unzweifelhaft in Richard Johnsons (1986/1987) maßgeblichem Aufsatz „What is Cultural Studies anyway?". Das dort erstmals dargelegte Kreislaufmodell zur kulturellen Produktion und Reproduktion bündelte wie in einem Brennspiegel die Debatten, Fragen und Kritiken der 70er Jahre am Birminghamer Centre for Contemporary Cultural Studies (CCCS).

Unzweifelhaft sucht Johnson den Weg über eine Vermittlungstheorie, die die unterschiedlichen gesellschaftlichen Erscheinungen kultureller Produktion, worunter auch die Medien fallen, in einen Zusammenhang zu bringen verspricht. In diesem Kontext hat die Frage der Produktion und Reproduktion von Kultur in den Cultural Studies auch unzweifelhaft marxistische Wurzeln. Seit den 70er Jahren jedoch hat sich innerhalb der Cultural Studies die Beschäftigung mit Fragen kultureller Produktion vor allem unter dem Einfluss des Strukturalismus aufgefächert bzw. ausgeweitet, so dass aufgrund dieser theoretischen Besonderheit die „Produktivität" von Zeichensystemen gegenüber der Rolle ökonomischer Faktoren deutlicher in den Vordergrund getreten ist (vgl. Göttlich 1999 und 1999a). An dieser Weggabelung setzt Johnson nun an und formuliert einen ersten Vermittlungsversuch, der darin besteht, das produktionstheoretische Paradigma der kulturalistischen Ausrichtung innerhalb der Cultural Studies wieder deutlicher mit texttheoretischen Untersuchungen in der Folge der strukturalistischen und poststrukturalistischen Einflüsse zu verbinden, also die Leistung beider Paradigmen zu nutzen.

Johnson sah in der bereits von Hall (1999) als paradigmatisch für die Cultural Studies begriffenen Ausdifferenzierung die Gefahr, dass die Analyse kultureller Lebensweisen aus dem Blick verloren werden könnte. Kompliziert wird die Vermittlung nach Johnson an dieser Stelle nun dadurch, dass für beide Paradigmen gilt, dass in ihnen „Erscheinungsformen kultureller Kreisläufe" (Johnson 1999: 180) zu verzeichnen sind, die allerdings nicht jeweils über produktionstheoretische oder ökonomische Ketten miteinander vermittelbar sind. Zudem sind die jeweiligen paradigmatischen Bezüge bereichsspezifisch, so dass sie nicht ohne weiteres in das jeweils andere Paradigma zu integrieren waren.

Die sich in Johnsons Vermittlungsmodell ergebende Verbindung von Cultural Studies und Ökonomie lässt sich als Reaktion auf eine wissenschaftliche Problemstellung umreißen, in deren Folge es den Cultural Studies um die kulturelle Komponente an der Produktion und Reproduktion der Gesellschaft sowie der Repräsentation und Bedeutungsgehalte kultureller Produkte geht.

> Die sich in Johnsons Vermittlungsmodell ergebende Verbindung von Cultural Studies und Ökonomie lässt sich als Reaktion auf eine wissenschaftliche Problemstellung umreißen, in deren Folge es den Cultural Studies um die kulturelle Komponente an der Produktion und Reproduktion der Gesellschaft sowie der Repräsentation und Bedeutungsgehalte kultureller Produkte geht.

> „Ganz sicher wurden die Cultural Studies durch das, was wir, auf paradoxe Weise, die Wiedergeburt eines modernen Marxismus nennen können, ebenso geprägt wie durch die transnationalen Einflüsse, die so typisch für die siebziger Jahre waren." (Johnson 1999: 141)

In diesem Prozess ist die Kritik der Politischen Ökonomie, wie sie in den Arbeiten von Marx und Engels zugrunde gelegt ist, auf eigenständige Art reformuliert worden, das heißt, sie ist auf die Analyse der subjektiven Seite bezogen und besteht in einer Analyse und Beobachtung der Taktiken des Alltags.[1] Es handelt sich aber keineswegs um eine Verkehrung der Perspektive, sondern um eine andere Zugangsweise zur Vermittlungsfrage, die für die traditionelle Kritik der Politischen Ökonomie als auch einer an gesellschaftlichen und kulturellen Strukturbildungen interessierenden wissenschaftlichen Perspektive maßgeblich ist.

Bei diesem Gedanken anzusetzen, heißt zu erkennen, dass Johnsons Modell des Kreislaufs der kulturellen Produktion und Reproduktion beide Denkhaltungen gegenläufig in sich vereint, aber die Gegenläufigkeit in einem Kreislaufprozess aufhebt. Auch die Politische Ökonomie des historischen Materialismus ist als Kreislauf konzipiert, allerdings setzt sie den Hebel bei einer Seite der Veränderung der Verhältnisse an. Die Cultural Studies verorten diesen Hebel aber nicht nur auf dieser Seite, sondern zugleich auch auf der Ebene der Taktiken des Alltags und der Alltagspraxen und der Aneignungsweisen von Medien. Hier ist der Ort, an dem sich Produkte und Angebote insofern bewähren müssen, als dass mit ihnen die Reproduktion des kulturellen Systems ansetzt, indem auch die Reproduktion der Produktionsseite über Kultur gesteuert wird.

> Hier ist der Ort, an dem sich die Produkte und Angebote bewähren müssen, da sich über ihn die Reproduktion des kulturellen Systems vermittelt, das dann wiederum in die Reproduktion der Produktionsseite eingreift.

---

1   Die Verwendung ,subjektiv' erfolgt hier in Anlehnung an Johnsons Verwendung des Begriffs.

Wie sieht nun die Vermittlung einer solchen Perspektive mit der Perspektive der Medienökonomie aus? Zunächst gilt es dazu das Modell, das Johnson formuliert hat, weiter zu veranschaulichen (s. Abbildung 1).

Abbildung 1:   *Johnsons Kreislaufmodell der Kultur*

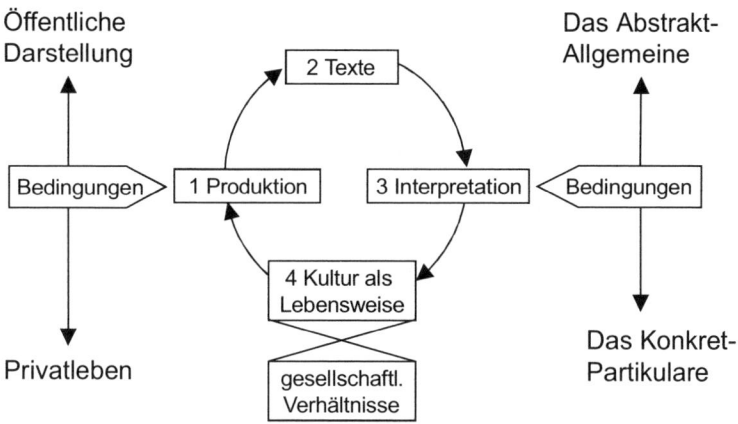

Quelle: Johnson 1999: 148

Nach Johnson (1999) steht jeder Kasten in der Abbildung für ein Element des Kreislaufs, in dem alle Elemente voneinander abhängig, zugleich aber von den anderen unterschieden sind, was die Notwendigkeit der Vermittlung begründet. Befindet man sich bei einem Element, etwa der Interpretation, also auf der Ebene von Texten, die auf Bedeutungspraxen verweisen, so ist nicht erkennbar, was bei den anderen Elementen, etwa der Produktion, geschieht bzw. bereits geschehen ist. Johnson (1999: 149) hat die daraus erwachsende analytische Anforderung folgendermaßen zusammengefasst: „Prozesse verschwinden in Resultaten. (...) So werden zum Beispiel alle Kulturprodukte notwendigerweise produziert, aber die Produktionsbedingungen lassen sich aus ihrer Analyse als ‚Texte' nicht erschließen."

Um die Transformationen auf den einzelnen Ebenen zu verstehen, müssen also die Bedingungen jedes der Elemente von einer Analyse der jeweiligen Resultate her aufgeschlossen werden und auf die Bedingungen ihrer Genese oder des Prozesses, in denen die Elemente ihre spezifische Rolle und Funktion einnehmen, befragt werden.

Im Kreislaufmodell werden die Bedingungen jedes der Elemente von einer Analyse der jeweiligen Resultate her aufgeschlossen und auf die Bedingungen ihrer Genese oder des Prozesses, in denen die Elemente ihre spezifische Rolle und Funktion einnehmen, befragt.

Perspektivisch heißt das, es geht sowohl um Aspekte der „production of culture", was dem engeren ökonomischen Blickpunkt entspricht, als auch um Aspekte der „culture of production", die im Kreislaufmodell aufeinander bezogen und dabei integriert werden.

 Perspektivisch heißt das, es geht sowohl um Aspekte der „production of culture", was dem engeren ökonomischen Blickpunkt entspricht, als auch um Aspekte der „culture of production", die im Kreislaufmodell aufeinander bezogen und dabei integriert werden.

Das Interesse an der „culture of production" lässt sich nährungsweise als Interesse an den Produktionsverhältnissen umschreiben, wobei Johnsons Arbeiten am Umschlagspunkt der fordistischen zur postfordistischen Ökonomie angesiedelt sind.

Zur Analyse dieser Entwicklung und ihrer „Folgen" wird in den Cultural Studies das Artikulationskonzept herangezogen, mit dessen Hilfe die integrierende Forderung eingelöst wird. Mit diesem methodischen Konzept werden Ökonomie und Produktion zunächst anhand ihrer „Artikulation" in Bedeutungspraxen erfasst und die Analyse ist auf die Einbettung in kulturelle Prozesse (Kultur als Lebensweise) orientiert.

An dieser Stelle hat sich innerhalb der neueren Arbeiten von Hall und du Gay (1997) der Begriff der „cultural economy" etabliert, mit dem angezeigt werden soll, welche Rolle die Kultur und die kulturelle Produktion für die global agierende Medienindustrie hat. Aber das ist nur ein Aspekt des Beziehungsverhältnisses, das mit dem Artikulationskonzept erschlossen wird. Die mit Johnsons Modell angestoßene Vermittlung spielt auch in dem von Hall und du Gay zur Grundlage ihrer Arbeiten gemachten Kreislaufmodell der Kultur, das uns weiter unten zur Erklärung der Entstehung der neuen Formate des „factual entertainment" noch ausführlicher beschäftigen wird, eine Rolle, wobei ihr Ansatz in einem nochmals erweiterten theoretischen Konzept aufgehoben ist, das den Ausgangspunkt für die weiterführende Betrachtung der postfordistischen Ökonomie in den 90er Jahren bildet.

3 Das Artikulationskonzept

Zentral für das in aktuellen Cultural Studies-Analysen zur Anwendung kommende theoretische Konzept der Artikulation ist, dass es von einem materialistischen Verständnis der Rolle und Funktion von Produktionsweisen (modes of production) ausgeht, diese aber nicht in einem orthodox-materialistischen Sinne wirksam sieht. Es geht nicht um die Ableitung von Folgen, sondern um ein Verständnis von Kontexten und Formationen, in denen eine bestimmte Verbindung (conjuncture) materieller und ideologischer Gegebenheiten die (strukturalen) Bedingungen für gesellschaftliche und kulturelle Praxen bilden.

> Es geht nicht um die Ableitung von Folgen, sondern um ein Verständnis von Kontexten und Formationen, in denen eine bestimmte Verbindung (conjuncture) materieller und ideologischer Gegebenheiten die (strukturalen) Bedingungen für gesellschaftliche und kulturelle Praxen bilden.

„Anders ausgedrückt, die Formation selbst stellt den unterschiedlichen Gruppen mit ihrem jeweils anderen Verhältnis zur Formation eine Reihe unterschiedlicher Positionen zur Verfügung" (Grossberg 1999: 218), die es jeweils in ihrer eigenen Ausprägung und in ihrem Verhältnis zueinander zu bestimmen gilt.

Wie John Hartley zum Artikulationskonzept ausführt (vgl. Hartley 1992, zit. nach O' Sullivan et al. 1994: 17f.), geht es um die Analyse besonderer historischer Konfigurationen oder Formationen, die die strukturalen Bedingungen sozialer Praxen, Ereignisse oder kultureller Zeugnisse wie zum Beispiel Texte hervorbringen, was angesichts globaler Differenzierungsprozesse ein nicht trivialer Erkenntnisanspruch ist. Kommt hier doch der für die Cultural Studies maßgebliche Kontextualismus zum Tragen.

Vor allem in Halls Kritik kommt zur Einlösung dieses Zugangs dem Artikulationskonzept eine zentrale - epistemologische, theoriepolitische und strategische - Rolle zu. Beschreibt und umschließt es doch jenes Korrespondenz- bzw. Vermittlungsverhältnis im (angelsächsischen) Doppelsinn von speaking einerseits und jointing oder connecting andererseits und bildet sozusagen das theoretische Äquivalent für die Realisierung der Cultural Studies-typischen Kontextualität, die auch jeweils methodische Entscheidungen fordert, wenn - wie unter anderem Hall formuliert hat - „(...) die Form einer Verbindung, die aus differenten Elementen - unter bestimmten Bedingungen - eine Einheit macht" aufgeschlossen werden soll. Zumal es sich um Verknüpfungen handelt, „(...) die nicht notwendig, determiniert, absolut oder essentiell für alle Zeiten (sind)." Daher gilt es zu fragen „(...) unter welchen Umständen (...) eine Verbindung geschmiedet oder gemacht werden" (Grossberg 1996: 141; Übersetzung aus dem Englischen durch den Autor) kann und wie man ihr in der Empirie nachkommt. In anderen Worten ausgedrückt bedeutet das:

> „Was in den Cultural Studies artikuliert werden kann, sind (...) groß angelegte soziale Kräfte (besonders Produktionsweisen) in ihrer zu einer bestimmten Zeit gegebenen besonderen Konfiguriertheit oder Formation, also eine Zusammensetzung, die die strukturellen Determinanten einer bestimmten Praxis, eines Textes oder eines Ereignisses darstellt." (O'Sullivan et al. 1994: 17)[2]

 Was in den Cultural Studies artikuliert werden kann, sind (...) groß angelegte soziale Kräfte (besonders Produktionsweisen) in ihrer zu einer bestimmten Zeit gegebenen besonderen Konfiguriertheit oder Formation, also eine Zusammensetzung, die die strukturellen Determinanten einer bestimmten Praxis, eines Textes oder eines Ereignisses darstellt.

Wendet man dieses Konzept zum Beispiel wie Grossberg (1999: 233) auf die Analyse der zeitgenössischen (Populär-)Kultur an, dann erscheint diese als Artikulation von Beziehungen, die das Populäre zunächst einmal historisch in sehr unterschiedlichen Formen und Gebieten konstituiert haben. Dazu gehören Beziehungen zu so unterschiedlichen Feldern wie Arbeit, Religion, Moralität und Politik, die zunächst einmal artikuliert werden müssen, um zu belegen, dass die Kategorie des Populären nicht auf die gleiche Art und Weise in jeder historischen Situation zu finden ist oder dass es unwandelbare Formen populären Vergnügens oder gefühlsmäßiger Einstellungen gäbe. Das Populäre kann nur dann historisch verstanden werden, wenn es als Artikulation bestimmter Haltungen oder (politischer) Einstellungen gedacht wird, die sich unter anderem in Stilen (Repräsentationen) ausdrücken und auf einer bestimmten Mittelwahl beruhen. Dabei überlagern sich in einer Kultur neue Artikulationen des Populären mit älteren. Zusammen bilden sie den Kontext der Populärkultur. Die Machtbeziehungen, die in einem solchen Raum bzw. Kontext vorliegen und auf die es in der Analyse ebenfalls ankommt, lassen sich von den sozialen und kulturellen Praxen aus artikulieren, was aber jeweils einen spezifischen

---

2   Produktionsweisen werden auch in diesem Fall nicht in ihrem engeren, auf ökonomische Aspekte beschränkten Umfang verstanden, sondern als kulturelle Ausdrucksweise, die sich im Schnittpunkt einzelner Elemente des Kreislaufprozesses von unterschiedlicher Seite zeigen.

perspektivischen Zuschnitt bedeutet, der ökonomische Entwicklungen und Fragen nicht im Zentrum hat, wohl aber als kulturelle Form betrachtet.

> Die Machtbeziehungen, die in einem solchen Raum bzw. Kontext vorliegen und auf die es in der Analyse ebenfalls ankommt, lassen sich von den sozialen und kulturellen Praxen aus artikulieren, was aber jeweils einen spezifischen perspektivischen Zuschnitt bedeutet, der ökonomische Entwicklungen und Fragen nicht im Zentrum hat, wohl aber als kulturelle Form betrachtet.

Für die Cultural Studies wird der Kontext und damit auch das konkrete wissenschaftliche Problem - sozusagen von zwei Seiten - erst mit dem Verfahren der Artikulation hergestellt, was zugleich auf die rekonstruktive Haltung in der Kulturanalyse und Kulturkritik verweist. Artikulation ist ein Modell, das eine „nicht lineare expansive Praxis der Herstellung von Verbindungen" (Grossberg 1994: 26) beschreibt. Es deutet auf die Möglichkeit hin, wie im Spiel der Differenzen, Bedeutungen oder Entsprechungen erst Relationen geknüpft werden müssen, die in die Interpretation eingehen.

Das Konzept der Artikulation muss somit - wie an anderer Stelle ausgeführt (vgl. Göttlich 1999) - als ein pars pro toto für die Praxis der Cultural Studies genommen werden, weil es einerseits auf die Wichtigkeit von Bedeutungsunterschieden verweist, die sich in spezifischen gesellschaftlichen bzw. medialen Situationen ergeben, und andererseits eine Selbstverpflichtung dafür enthält, wie auf sich verändernde gesellschaftliche und politische Bedingungen mit fortgesetzten theoriepolitischen Verschiebungen zu reagieren ist (vgl. Göttlich 1999: 63). Oder anders formuliert: Als das Charakteristikum der Cultural Studies und ihrer unterschiedlichen Formationen kann die Analyse kultureller Kontexte als die Erforschung und Kritik der Bedingungen der Möglichkeiten kultureller Selbstvergewisserung von Einzelpersonen sowie von gesellschaftlichen Gruppen und Schichten in ihrem Alltag und ihrer kulturellen Praxis unter sich wandelnden Machtkonstellationen gesehen werden (vgl. Göttlich/Winter 1999: 26), die vorwiegend anhand von kulturellen Repräsentationen erfolgt.

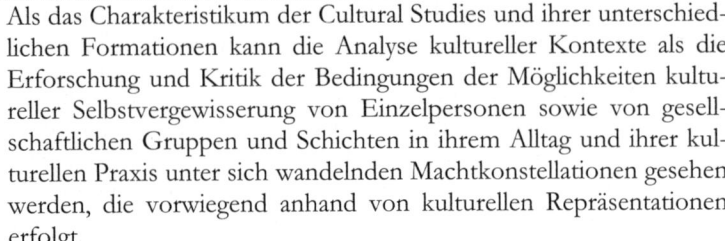

Als das Charakteristikum der Cultural Studies und ihrer unterschiedlichen Formationen kann die Analyse kultureller Kontexte als die Erforschung und Kritik der Bedingungen der Möglichkeiten kultureller Selbstvergewisserung von Einzelpersonen sowie von gesellschaftlichen Gruppen und Schichten in ihrem Alltag und ihrer kulturellen Praxis unter sich wandelnden Machtkonstellationen gesehen werden, die vorwiegend anhand von kulturellen Repräsentationen erfolgt.

Für diese spielen, um es noch einmal an dieser Stelle aus der Perspektive des Artikulationskonzepts zu resümieren, ökonomische Momente eine Rolle, aber eine gleichursächliche und keine vorangehende oder gar eine allein determinierende Kraft.

An dieser Ausrichtung macht sich nun die eingangs erwähnte Kritik fest, die sich daran entfacht, dass die Cultural Studies die Brücken zur Politischen Ökonomie abgebrochen, ja sogar im wörtlichen Sinne verbrannt hätten (vgl. Garnham 1997: 56). Solange eine solche Kritik aber an der Perspektive des Artikulationskonzepts vorbeisieht, mit dem die verschiedenen Ebenen integriert werden, ist sie zumindest verkürzend. Die Kritik unterstellt, dass die Studies - wie etwa an den Arbeiten John Fiskes zu sehen sei - nicht die kapitalistischen Produktionsverhältnisse, sondern allein die Konsumtionsverhältnisse in den Blick bekämen, womit sich bewahrheitet, dass sie die grundsätzliche kapitalistische Lebensweise nicht als problematisch ansehen würden (vgl. Garnham 1997: 60). Die politische Implikation dieses Vorwurfs an die Cultural Studies geht sogar noch weiter, wenn Garnham (1997: 60) folgert:

> „This in its turn has played politically into the hands of a Right whose ideological assault has been structured in large part around an effort to persuade people to construct themselves as consumers in opposition to producers."

Die Struktur dieses Arguments oder eigentlich dieser Klasse von Argumenten ist bekannt und hat ihre Tradition in der Kritik der Politischen Ökonomie. Deshalb verwundert auch nicht die Art der Kritik an den Cultural Studies, sondern sie war zu erwarten. Aus der Sicht der Cultural Studies wäre angesichts dieser Argumentationsstruktur nun zu klären, ob denn nun die in der Kritik der politischen Ökonomie fußende Analyse die Besonderheiten der globalen Medienentwicklung mit ihren kulturellen Auswirkungen überhaupt in den Blick bekommen kann, oder ob eine solche Perspektive nicht weiterhin zu eng an der Basis/Überbaukonzeption hängt, die die Studies in Richtung der kulturalistischen und strukturalistischen Sichtweise verlassen haben - mit allen bekannten Problemen, aus denen die Kritik übrigens gleichfalls herrührt. Der eigentliche Ausgangspunkt der Kritik greift daher auch angebliche Vernachlässigungen der Produktionsseite an. Denn mit dieser „Auslassung" werde von den Cultural Studies zwangsläufig übersehen, dass

> „(...) once a mode (of production, U.G.) is established, the general interest of the human agents living within it in their own material survival and reproduction will tend to ensure that human actions are so co-ordinated as to maintain it. (...) Thus there is a strong inertia in modes of production. This in its turn will entail the modification of cultural practices to this end." (Garnham 1997: 61)

Und in dieser Kritik an den Studies ist es nur konsequent, wenn Garnham (1997: 72) formuliert dass:

> „(...) political economists find it hard to understand how, within a capitalist social formation, one can study cultural practices and their political effectivity - the ways in which people make sense of their lives and then act in the light of that understanding - without focusing attention on how the resources for cultural practice, both material and symbolic, are made available in stucturally determined ways through the institutions and circuits of commodified cultural production, distribution and consumption."

Die nochmalige Beschäftigung mit dem Kreislaufmodell - diesmal bezogen auf ein Beispiel Johnsons und dann auf ein weiteres, das eine Etappe der aktuellen Fernsehentwicklung thematisiert - wird zu zeigen haben, ob diese Kritik an der Konzentration auf die Konsumtionsseite und der Artikulation kultureller Verhältnisse zutrifft.

4 Der Kreislaufprozess der Kultur

Die Überlegungen zum Kreislaufmodell, dem die Nähe der Cultural Studies zum ökonomischen Paradigma zu entnehmen ist, hat Johnson in seinem bereits angesprochenen maßgeblichen Aufsatz anhand des Mini-Cooper-Automobils illustriert. Das Modell verbindet in diesem Beispiel zwei entscheidende Ebenen miteinander. Johnson betont zunächst, dass viele Kulturprodukte die Form kapitalistischer Waren annehmen, womit „der Kreislauf ein Kreislauf des Kapitals und seiner erweiterten Reproduktion und zugleich ein Kreislauf der Produktion und Zirkulation subjektiver Formen" ist (Johnson 1999: 149f.). Diese in marxistischen Terms ausgesprochene Selbstverständlichkeit ist nun nach Ansicht Johnsons in bisherigen Analysen in der Tradition einer Kritik der Politischen Ökonomie nicht in letzter Konsequenz ausgeführt worden, vor allem wenn es darum geht, den Einfluss der subjektiven Formen auf die kultu-

relle Lebensweise zu bestimmen. Folgen wir zum Verständnis dieser Differenz
dem Beispiel Johnsons zum Mini-Metro und den mit diesem Beispiel verbundenen Fragen, mit denen Johnson (1999: 150) selber in die „Windungen" des
Kreislaufmodells einführt:

> „Ich habe dieses Auto gewählt, weil es eine Standardware des Spätkapitalismus
> ist, das mit einer besonders großen Anzahl von Bedeutungen aufgeladen ist. Der
> Mini-Metro-Pkw hat nämlich die britische Automobilindustrie gerettet, weil er
> Konkurrenten vom Markt vertrieb und British Leylands sich verschärfende
> Probleme der Arbeitsdisziplin im industriellen Sektor lösen konnte. Er signali-
> sierte, dass Bedrohungen nationaler wie internationaler Provenienz gemeistert
> werden können. Bemerkenswerte Anzeigenkampagnen begleiteten seinen Start.
> In einem TV-Spot verfolgte eine Gruppe von Mini-Metros eine Bande von Im-
> portautos bis zu den Kreidefelsen von Dover (und offensichtlich darüber hin-
> aus). Vom Strand aus flohen die ausländischen Fabrikate in einem Gefährt, das
> einem militärischen Landefahrzeug ziemlich ähnlich sah. Das war die Umkeh-
> rung von Dünkirchen mit der Mini-Metro als Nationalhelden. Natürlich würde
> ich unter anderem diese Formen - nationales Heldenepos, allgemeine Erinne-
> rungen an den Zweiten Weltkrieg, innere/äußere Bedrohung - isolieren und ei-
> ner näheren formalen Untersuchung unterziehen. Aber schon an diesem Punkt
> ergeben sich interessante Fragen nach der Bedeutung des ‚Textes', bzw. des
> Rohmaterials solcher Abstraktionen."

Mit dieser letzten Wendung eröffnet Johnson nun als Charakteristikum der
Cultural Studies-Analyse ökonomischer Kreislaufprozesse das Feld der Dis-
kursanalyse, mit der die Transformationen in ihrer lebensweltlichen und kulturellen Einbettung verfolgt werden. Ziel ist nicht allein die Bestimmung der
ökonomischen Verhältnisse bei der Verfestigung der Klassenverhältnisse, sondern die im kulturellen Kreislauf beobachtbaren Formveränderungen ökonomischer Momente. In dürren theoretischen Worten heißt das:

> „Der Kreislauf schließt Bewegungen zwischen der öffentlichen und der privaten
> Sphäre ebenso ein wie Bewegungen zwischen konkreteren und abstrakteren
> Formen. Diese beiden Pole hängen eng miteinander zusammen: Private Formen
> sind konkreter und in ihrem Referenzbereich partikular, öffentliche Formen sind
> abstrakter, aber auf ein breiteres Spektrum bezogen." (Johnson 1999: 151)

In diese Richtung weitergedacht macht Johnson erneut auf die für die Cultural
Studies maßgebliche Scheidelinie von Kulturalismus und Strukturalismus aufmerksam, mit der er nun die Herausforderung gestellt sieht, textuelle, sprich
symbolhafte Momente einer Kultur wieder mit dem Produktionsparadigma
zusammenzubringen. Insofern ist Johnson (1999: 156) sicher,

„(...) dass der Begriff des Textes - als etwas, das wir isolieren, fixieren, aufspießen und untersuchen können -, von der extensiven Zirkulation kultureller Produkte abhängt, die von ihren unmittelbaren Produktionsbedingungen getrennt worden sind und vor ihrer Konsumtion eine Art von kurzem Schwebezustand genießen."

Diese Bestimmung macht erneut auf die Kritikpunkte aufmerksam, warum Ökonomie und Cultural Studies von interessierter Seite eher als Gegensatz und nicht als aufeinander beziehbar angesehen werden. Probleme der dominanten Ideologie, gesellschaftlicher und kultureller Hegemonie sowie ökonomischer Macht werden nämlich durchaus von beiden Richtungen behandelt und analysiert. Allein die in der Tradition der Kritik der Politischen Ökonomie stehenden Vertreter interpretieren ihre Befunde vor dem Hintergrund der Klassengesellschaft, während die Cultural Studies die Reproduktion der sozialen Ordnung durch die Brille strukturalistischer und poststrukturalistischer Theorien verfolgen. Das Problem stellt weniger die Reproduktion als Wechselspiel aus Produktion und Konsumtion, sondern die Repräsentation sozialer Ordnung und individueller Identität als ein Schlüsselprozess im Kreislauf der Kultur dar.

> Das Problem stellt weniger die Reproduktion als Wechselspiel aus Produktion und Konsumtion, sondern die Repräsentation sozialer Ordnung und individueller Identität als ein Schlüsselprozess im Kreislauf der Kultur dar.

Auf diese Ausdifferenzierung haben Hall und du Gay mit ihrer Weiterentwicklung des Kreislaufmodells reagiert.

Auffällig an ihrem Modell ist, dass die bei Johnson noch als extern identifizierbaren Bedingungen nun mit in den Kreislauf eingewandert und dort in den Elementen der „representation" und „consumption" auf der einen und der „regulation" und „identity" auf der anderen Seite aufgehoben sind. Letztere beinhalten die gesellschaftlichen Verhältnisse sowohl auf der strukturalen als auch der individuellen/kulturellen Ebene, in die die Kultur als Lebensweise in diesem Modell eingeht. Die Faktoren der „öffentlichen Darstellung" und des „abstrakt allgemeinen" als externe Bedingung sind in die „representation" eingewandert und die Faktoren des „Privatlebens" und des „konkret partikularen" sind in das Element der „consumption" eingewandert. Freilich geht diese Übertragung der Dimensionen des einen Modells in das andere Modell nicht restlos auf. Das liegt nicht zuletzt daran, dass beide Modelle eigenständige Reaktionsweisen auf den Entwicklungsstand der gesellschaftlichen Produktionsverhältnisse darstellen. Vor diesem Hintergrund bezeichnet die modelltheoretische Entwicklung den Übergang von der fordistischen zur postfordistischen

Ökonomie mit ihren kulturellen Folgen. Als eine Folge ist die Interdependenz insgesamt umfangreicher und in sich geschlossener gedacht als in dem Modell Johnsons, in dem die externen Bedingungen noch nicht über das Artikulationskonzept vermittelt waren. Johnsons Modell war noch deutlicher an historisch-materialistischen Konzepten orientiert als dasjenige du Gays und Halls, deren Konzeption eindeutig auch auf der Epistemologie des Artikulationskonzepts ruht.

Abbildung 2:   Kreislaufmodell der Kultur (circuit of culture)

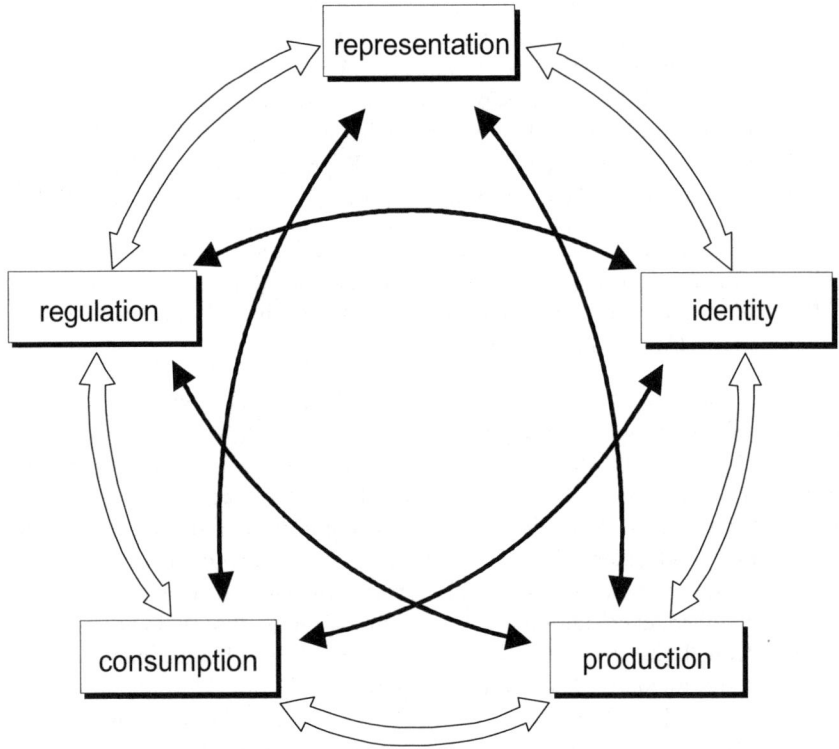

Quelle: du Gay/Hall 1997: 3

Die in diesem Schaubild gedachte Vermittlung des „circuit of culture" soll im Folgenden dazu herangezogen werden, die Entwicklung von factual entertainment-Formaten im Fernsehen der ausgehenden 90er Jahre zu diskutieren. Die

Entwicklung des Fernsehens muss zwangsläufig mit der postfordistischen Ökonomie im Zusammenhang gedacht werden. Von diesem Erklärungsansatz ausgehend sollen dann abschließend die Leistungen und die Defizite des medienökonomischen Zugangs innerhalb der Cultural Studies bestimmt werden.

5 Unterhaltungsproduktion, factual entertainment und Eventisierung

Vor dem Hintergrund des bisher dargelegten Verhältnisses von Cultural Studies und Ökonomie gilt es nun zu erörtern, welche Leistung sich mit dieser Cultural Studies-Perspektive in der Behandlung aktueller medienökonomischer Probleme und Fragestellungen verbinden. Dazu werde ich im Folgenden auf die Entwicklung der neuen Real Life-Formate im europäischen Fernsehen eingehen und zeigen, welche Erklärung die Cultural Studies zur Entstehung dieses Genres aus der Perspektive des Kreislaufmodells - also der Thematisierung von Fragen der „production of culture" und derjenigen der „culture of production" - erlauben. Die Entstehung dieses neuen Genres lässt sich nicht nur vor dem Hintergrund der Fragmentierung des Publikums erklären, sondern hängt auch aufs engste mit kulturellen und gesellschaftlichen Veränderungen zusammen, die sich an einem spezifischen Verhältnis von Öffentlichkeit und Privatheit zeigen. Bezogen auf das Modell vom Kreislaufprozess der Kultur wird deutlich, dass auch die Erklärungen für Wandlungsprozesse an jedem Punkt des Kreislaufprozesses mit einem eigenständigen Zugang anzusetzen haben, wobei die Produkte von Prozessen, die für jedes Element im Kreislaufprozess anders sein können, aufeinander zu beziehen sind.

> Bezogen auf das Modell vom Kreislaufprozess der Kultur wird deutlich, dass auch die Erklärungen für Wandlungsprozesse an jedem Punkt des Kreislaufprozesses mit einem eigenständigen Zugang anzusetzen haben, wobei die Produkte von Prozessen, die für jedes Element im Kreislaufprozess anders sein können, aufeinander zu beziehen sind.

Das folgende Beispiel soll daher die Reichweite des Kreislaufmodells für die Analyse medienökonomischer Fragen anwendungsbezogen illustrieren helfen.[3]

---

3   Vgl. zu den nachfolgenden Ausführungen auch Göttlich (2001), wobei im hier vorliegenden Rahmen die Frage der Reproduktion des Alltags und die Rolle der Alltagsdramatisierung ausgelassen wurde. Zentral ist im vorliegenden Zusammenhang die Illustration des Kreislaufmodells und des Artikulationskonzepts.

Die Einführung des Formates Big Brother in den Niederlanden im Jahr 1999 und der daran anschließende Erfolg in weiteren europäischen Ländern, vor allem in Deutschland im Folgejahr, hat für weite gesellschaftliche Kreise deutlich gemacht, dass das Fernsehgeschäft und die Programmierung heutzutage - nicht zuletzt als Folge kultureller und gesellschaftlicher Differenzierung, die wesentlich auch auf die Veränderung der globalen Ökonomie zurückgeführt werden kann - in einem zeitlich kürzeren Wechselverhältnis mit Veränderungen auf der Publikumsseite stehen als noch zu Beginn der 90er Jahre. Dieses Wechselverhältnis zeigt sich auf Anbieter- und Produzentenseite vor allem darin, dass die Frage nach dem Publikum nicht nur immer neu gestellt, sondern mit der Zuschneidung neuer Angebote auch stets von neuem zu beantworten gesucht wird. Das Kalkül von Big Brother besteht in einer zielgruppengerichteten Ansprache, als deren Folge die bislang drei deutschen Staffeln jeweils verschiedene Publikumssegmente adressiert haben, um die für diese Sendeform beständigsten Publikumsgruppen zu isolieren und für die Ziele des Marketing und der Senderbindung gezielt ansprechen zu können. Die erste Staffel von Big Brother hat es dabei deutlicher als die nachfolgenden beiden Staffeln vermocht, ein vorwiegend junges und aufstiegsorientiertes Milieu anzusprechen und für eine gewisse Zeit an sich zu binden. Deutlich wurde diese Leistung vor allem an dem Profil der Nutzer, die das Internetangebot zu Big Brother aufsuchten (vgl. Trepte/Baumann/Borges 2000: 554). Aus der Perspektive des Artikulationskonzepts betrachtet gibt es Big Brother nicht als unverwechselbares Fernsehformat, sondern die Sendung hat zu unterschiedlichen Zeiten jeweils eine andere Artikulation erfahren und möglich gemacht. Für die medienökonomische Analyse des kulturellen Kreislaufs stellt das bereits eine entscheidende Beobachtung dar, die zunächst einmal den Blick der ökonomischen Perspektive auf die Erklärung des kulturellen Umfelds und die dort anzutreffenden Repräsentationen des Phänomens als Programmereignis lenkt.

Da die Fernsehanbieter aus der Konkurrenzsituation heraus spezifische Strategien entwickeln, ihr Angebot, vor allem das der Fernsehunterhaltung, dem jugendlichen Publikum darzubieten, ist die Beachtung dieses Wechselverhältnisses von Zuschaueradressierung und Mediennutzung für die Fernsehproduzenten viel versprechend. In den letzten Jahren haben sich bereits eine Reihe von Strategien etabliert, die auf Erfahrungen der Daily Soap-Produktion zurückgreifen und die dort nicht nur Zuschauerbindungen mit unterschiedlichem Erfolg erprobten, sondern auch die Soaps und deren Produktionsweise nachhaltig verändert haben. Da scheint es nur konsequent, auch bei der Produktion der Real Life-Formate an diese Erfahrungen anzuschließen und die Umsetzung dieser Strategien zu forcieren. Zu diesen Strategien gehören:

- die Schaffung eines Stammpublikums und damit verbunden
- die für die Senderbindung zentrale Organisation des „audience flow";
- die Einbindung neuer Technologien (sowohl im Bereich der Übertragung als auch des Abrufs) als Antwort auf die neuen Nutzungsmöglichkeiten, vor allem durch das Internet;
- die Ausbildung eines Senderimages durch die Nutzung bestimmter Produktfamilien, wobei einzelne Genres zum Anker für die unterschiedlichen jugendlichen Publikumsschichten werden;
- die Erprobung neuer Werbestrategien und -konzepte, die weit über das konkrete Programmangebot hinausreichen und in die Schaffung zusätzlicher populärkultureller Ereignisse und Events münden;
- die Ansprache von Lebensstilen durch die Verwendung unterschiedlicher populärkultureller bzw. jugendkultureller Codes (vgl. Göttlich/Nieland 1998).

Da das Fernsehen als zentraler Ort der TV-Produktion und -Distribution trotz der fortschreitenden medialen Ausdifferenzierung als Knotenpunkt im Netzwerk neuer Medientechniken bislang nicht übersprungen werden kann, ist die angebotsbezogene Vernetzung der verschiedenen Produkte auf den unterschiedlichen Ebenen der Wertschöpfungskette gefragt. Mit einem Seitenblick auf die kulturwissenschaftliche Dimension dieser Entwicklung lässt sich folgern, dass die Individualisierung erstaunliche Möglichkeiten für die Ausweitung der Wertschöpfungskette schafft, die über die Nutzung „klassischer" Ressourcen hinausgeht und nun auch die Individuen konsequent dem „business" zuschlägt. Das ist zum einen medienhistorisch, zum anderen produktionstechnisch und programmstrukturell zentral. Die Rezipienten werden nicht nur als Konsumenten einem industriell und kommerziell erweiterten Angebotsspektrum ausgesetzt, sondern auch als Akteure dem Programm und den Genres selbst in einem neuen Sinne zugeschlagen. Produktionstechnisch und programmstrukturell haben wir es mit Besonderheiten des „Kult-Marketing" zu tun, die bis in einzelne Programmangebote hineinreichen. Daher erhielt man auf großen Programmstrecken von RTL und RTL 2 den Eindruck, dass die Sendung Big Brother nur deswegen in das Programm genommen wurde, weil sich im hauseigenen Reportagemagazin explosiv bis hin zu diversen Extra-

Sendungen wie Big Brother - Der Talk oder Big Brother - Die Reportage auf das Format rekurrieren ließ.[4]

Diese an anderer Stelle auch als Selbstreferenzialität bezeichnete Strategie bietet augenscheinlich die beste Möglichkeit, billig zu produzieren und die eigenen Produkte auf vielfältigen Programmplätzen unterzubringen. Damit erscheint nicht nur ein Fernsehen am Horizont, das die Wirklichkeit, über die es berichtet, bis in den kleinsten Winkel hinein selbst entworfen hat und kontrolliert, sondern der im Kreislaufmodell betonte Aspekt der Repräsentation als dasjenige Moment, das die öffentliche Darstellung bestimmt, tritt als medienökonomisch relevante Größe in den Vordergrund.

> Damit erscheint nicht nur ein Fernsehen am Horizont, das die Wirklichkeit, über die es berichtet, bis in den kleinsten Winkel hinein selbst entworfen hat und kontrolliert, sondern der im Kreislaufmodell betonte Aspekt der Repräsentation als dasjenige Moment, das die öffentliche Darstellung bestimmt, tritt als medienökonomisch relevante Größe in den Vordergrund.

Vor diesem Hintergrund ist auch die Verbindung der Sendung mit dem Internet von Bedeutung, wobei das Real Life-Format nicht zufällig eine seiner Wurzeln in der Verwendung von Web Cams findet. Big Brother und andere Ableger dieser neuen Spielart des Reality TV stehen in diesem Horizont für den Ausbau des Fernsehens in Richtung eines multimedialen Event- bzw. Ereignisangebots· (vgl. dazu die begriffliche Einordnung von Mikos et al. 2000: 13). Die multimediale „Integration", die in einer hier weiter interessierenden Entgrenzung von verschiedenen Medien besteht, hat auch Konsequenzen für die Durchdringung der Grenzflächen von medialer Inszenierung, kultureller Produktion und Alltag, was von der Produktionsseite aus wieder auf die kulturwissenschaftliche Ausgangsfrage der Cultural Studies zurückweist und Momente der Identitätsbildung in den Vordergrund der Analyse bringt.

Im Zuge der Etablierung neuer Hybridformate vermischen sich die Ziele der Fernsehproduktion und die Rolle und Stellung der Sender in der Öffentlichkeit. Diese Entwicklung ist nicht zuletzt mit den Orientierungsbedürfnissen der Individuen verbunden, denen die Teilnahme an bestimmten Ereignissen soziale Distinktion beschert. Auch diese Entwicklung rückt wieder die Verschränkung von Alltagsinszenierung, also der symbolischen Vermittlung von

---

4   Diese Verschränkung wurde von RTL bereits in Spiel- und Gameshows erprobt, in denen die Darsteller verschiedener Soaps gegeneinander angetreten sind. Die Shows wurden am Samstagabend ausgestrahlt und füllten damit einen herausragenden Sendeplatz.

Alltagsszenen mit dem Alltag der Zuschauer, in den Vordergrund. Diese Beziehung lässt sich, so der hier zu formulierende Einwand der Cultural Studies, aber nicht thematisieren, wenn man allein von der Produktionsseite und deren medienökonomischen Bedingungen die Genese des neuen Formats zu erklären sucht. Die Antwort liegt vielmehr darin, dass diese Produktion zunächst eine Antwort auf die geänderten Alltagssituationen und Lebensweisen darstellte und erst dann an produktionsspezifische Erfordernisse angepasst werden musste. Diese nun waren in den Grundelementen bereits von Vorläuferformaten her bekannt. Von den Vorläuferformaten ausgehend lässt sich aber nicht die alltagskulturelle Relevanz von Big Brother erklären.

6 Grundelemente der Real Life Soaps

Talkshows und Doku Soaps stellen einen Moment der neuen Real Life Soap-Entwicklung dar, die sich zugleich auch an Vorbildern wie Daily Soaps, Spielshows und Darstellungsformen aus dem Internet orientieren. Mikos et al. (2000: 28) erkennen in diesen Formaten und insbesondere in Big Brother „eine nach den Darstellungsweisen und der Dramaturgie von Soap Operas inszenierte verhaltens- und persönlichkeitsorientierte Spielshow", die auf einer „Echtzeit-Inszenierung" mit einem straffen Regelkatalog beruht. In diesem Sinne handele es sich um ein „um die Inszenierung von Authentizität bemühtes, auf die Alltagswelt von Zuschauern und Kandidaten Bezug nehmendes Format, das zum performativen Realitätsfernsehen gezählt werden kann" (Mikos et al. 2000: 28).

Bereits Keppler (1994) hat mit dem Begriff des performativen Realitätsfernsehens nicht nur auf die veränderten Wirklichkeiten des Fernsehens aufmerksam gemacht, wozu sie sich auf die Anfang der 90er Jahre noch neuen Angebote Traumhochzeit (RTL, seit 1992), Verzeih mir (RTL, 1992-1994), Nur die Liebe zählt (RTL, 1992-1993) und auf das schon bekannte Format Verstehen Sie Spaß (ARD, seit 1983) bezog. Sie hat zugleich auch Rückschlüsse auf die Veränderung der gegenwärtigen Wirklichkeit in ihre Betrachtung mit einbezogen. Dazu gehört vor allem der Umstand, dass die Kandidaten oder Spielpartner als „Akteure ihres eigenen Lebens" auftreten, worauf Kepplers Ansicht nach der Performativitätsbegriff am nachhaltigsten verweist (vgl. Keppler 1994: 7).

Für die Produktion entstehen durch die Mitwirkung alltäglicher Personen als Akteure ihres eigenen Lebens vom Casting bis hin zur inszenatorischen und dramaturgischen Umsetzung einschneidende Folgen, die nicht mehr mit einem

Zusammenschnitt einzelner Sequenzen wie im Reality TV verglichen bzw. mit diesen Mitteln bewältigt werden können. Das Setting birgt zum Beispiel unkontrollierbare Situationen und die angezielte Dauer der Ausstrahlung bzw. Aufzeichnung überfordert jedes inszenatorische Konzept. Die in Big Brother immer wieder eingebrachten Spielsituationen erinnern an Versuche, die Inszenierung zumindest zu rahmen und dienen dem Zusammenschnitt der Tagesereignisse als Materialbasis. Vergleichbares gilt für die Routinesettings, etwa die Gespräche im Besprechungszimmer und die Nominierung. Aus einer medienökonomischen Analyse sind diese Erfordernisse nicht mehr wegzudenken, aber sie sind in der Anlage des Zugangs, gerade auch was die Beachtung produktionsrelevanter Größen anbelangt, kaum realisiert.

Die für die Produktion ebenfalls zentrale Frage, ob die Bereitschaft der Kandidaten, als Akteure des eigenen Lebens aufzutreten, von diesen Formaten bloß aufgegriffen oder erst geschaffen wurde und ob die Akteure nicht in eine Doppelrolle aus Selbstbild und Fernsehfigur geraten, berührt wieder die Grenzfläche der Einwirkung des Fernsehens auf das Leben und die Wirklichkeit. Diese Fragen zu entscheiden fällt ebenfalls nicht leicht, da Entwicklungen miteinander in Beziehung gebracht werden müssen, die auf unterschiedlichen gesellschaftlichen und kulturellen Feldern stattgefunden haben. Somit verspricht eine Ausweitung der bisherigen medienökonomischen Perspektive auf den Zugang der Cultural Studies durchaus auch eine Erweiterung.

Medienökonomische Antworten auf die Veränderungen gibt es zwar bislang schon zahlreiche. Mal sind sie moderateren, mal deterministischen Charakters. Für die Medien- und Kommunikationswissenschaft kommen jedoch nur Erklärungen in Betracht, die den kulturellen Ort der Medien und ihrer Produktion in der Gegenwartskultur bestimmen und diesen eingrenzen helfen. Es handelt sich um Fragen der Alltagsdramatisierung, um die Veränderung öffentlicher Kommunikation, kurz den Öffentlichkeitswandel sowie um die Rolle des Kult-Marketing und dem von dieser Entwicklung ausgehenden Einfluss auf die Produktion. Der in dieser Kette angesprochene Vermittlungsprozess von Repräsentation, Identität und Produktion wäre in den 80er Jahren, als noch eine vollkommen andere kulturelle Einbettung des Fernsehens in den Alltag der Konsumenten gegeben war, durchaus anders zu konstruieren gewesen. Somit zeigt sich auch in diesem Fall die bereits exemplarisch etwa von Grossberg am Beispiel der Populärkultur durchgespielte analytische Bandbreite des Artikulationskonzepts und des medienökonomischen Konzepts der Cultural Studies.

Auch die unterschiedlichen Rollendefinitionen und Zielbestimmungen bei öffentlich-rechtlich und privatwirtschaftlich organisierten Sendern können bei der Stellung und Verbreitung der neuen Formate nicht unberücksichtigt bleiben. Ib Bondebjerg (1996) sieht in der Entwicklung der von ihm als „true-life-story" bezeichneten Fernsehgenres eine Demokratisierung der mit dem öffentlich-rechtlichen System verbundenen Öffentlichkeitsvorstellung, die vor allem in ihrer Frühphase mit der Formulierung des Bildungs-, Unterhaltungs- und Informationsauftrags patriarchalische Aufgaben beanspruchte und verfolgte. Diese Beobachtung und Bewertung ist allerdings auf das englische Fernsehen bezogen. Dort werden die nun als factual television bezeichneten Formate verstärkt auch von der BBC produziert und gesendet. Für Deutschland sind gerade vor dem Hintergrund der dualen Konkurrenz mit ihren anders gelagerten juristischen und institutionellen Regelungen andere Entwicklungen ausschlaggebend. Die Verbreitung der neuen Genres geht hierzulande wie bereits seit den Tagen des Reality TV vor allem auf die privat-kommerziellen Sender zurück, bei denen es somit auch die längsten Produktionserfahrungen gibt.

7   Fernsehproduktion und Eventisierung

Als eine Erklärungsmöglichkeit für die bislang geschilderten Prozesse, die alle bei einer Veränderung der Fernsehproduktion ansetzen, greift - wie gesagt - die Rolle des Kult-Marketing, das mittlerweile einen maßgeblichen Einflussfaktor auf die Fernsehproduktion darstellt. Das Phänomen besteht dabei nicht allein im bereits für Soaps charakteristischen Einsatz von sendebegleitenden Maßnahmen bis hin zur Durchführung spezieller Events, vielmehr werden jugendkulturelle Szenen nicht nur zum Ziel, sondern selbst zum Ausgangspunkt der Inszenierung. Während fiktionale Produkte diese Mitinszenierung durch die Zurschaustellung von Lifestyleattributen, Moden, Marken und Musik leisten, bietet Big Brother eine eigenständige Bühne, auf der die verschiedenen Kandidaten ihre Szenezugehörigkeiten und Lifestyleorientierungen einbringen und in Spielsituationen ausagieren können. Für die Zuschauer eröffnet sich die Möglichkeit zur emotionalen Bindung an die Sendung und ihre Kandidaten. Die sich ausbildenden unterschiedlichen Eventgemeinschaften fungieren nach Herbert Willems als

„‚Spiegel' (...) der Selbstinszenierungen, die die Dramatisierung von Individualität und Distinktion als symbolische bzw. ‚ästhetische' Gestaltung der und in der Gemeinschaft bezwecken. Die Event-Gemeinschaft schafft - mit Rückwirkungen auf Selbstbild und Identität - eine Bühne, auf der das Individuum Qualitäten demonstrieren und erzeugen kann, die in anderen (System-)Kontexten nicht interessieren oder deren ‚Entfaltung' stören würde: Qualitäten des Körpers, des ‚Charakters', der Geschlechtlichkeit, der Phantasie usw. So kann jede ‚graue System-Maus' vor anderen dramatisches Format gewinnen und sich selbst als jemand mit solchem Format erleben, zum Beispiel als Held oder Virtuose." (Willems 2000: 55)

Diese Entwicklung verweist auf ein weiteres medientheoretisches Problem, das sich aus dem Umstand ergibt, dass die Alltagswahrnehmung unmittelbar mit Medienwahrnehmung verknüpft ist, ja, dass die Dramatisierung des Alltagslebens und die Präsentation von Dramen über den Alltag zentrale Merkmale der Fernsehkultur darstellen. Der Art und Weise der Alltagspräsentation in den Serien, Serials und factual entertainment-Programmen sind dabei Hinweise zur Funktion und Rolle dieser Genres zu entnehmen, die eben nicht einen neutralen Alltag zeigen, sondern mit Werbestrategien, Szenen und Events eng verbunden sind.

Für die aktuellen Ausprägungen des Kult-Marketing und der Bindungswirkung der sich in ihrem Umfeld ausbildenden Eventgemeinschaften stehen in erster Linie die Pop(-musik)karrieren der Ex-Bewohner aus Big Brother. So hatte Zlatko binnen weniger Wochen zwei Singles in den Charts und war mit dem Ex-Containerbewohner Jürgen an Songs beteiligt. Die Merchandisingprodukte zur Sendung waren schnell nahezu überall präsent. Ein Fanmagazin wurde verlegt und die öffentlichen Auftritte der ehemaligen Akteure auf ganz unterschiedlichen Events und Veranstaltungen nahmen kein Ende. Schließlich muss die Berichterstattung der Boulevardmagazine als ein zentraler Beschleuniger des Kults um Big Brother genannt werden.

Mit dieser Entwicklung gelangen wir an einen Punkt, der sich als der entscheidende Effekt darstellen wird, an dem sich nicht nur die Fernsehentwicklung zukünftig orientieren wird, sondern der auch eine Steigerung der bereits im Umfeld der Daily Soaps entwickelten Marketingstrategien als Basis der Fernsehproduktion darstellt. Es handelt sich um die bereits angesprochene „Eventisierung" der Alltagskommunikation mit entsprechenden im Fernsehen geschaffenen und vom Fernsehen ausgehenden Ereignissen, die eine entscheidende Veränderung der öffentlichen Rolle und Bedeutung des Mediums darstellen. Diese Blickrichtung stimmt nun wieder auf ein Argument Grossbergs gegen die Kritiker am Zugang der Cultural Studies ein:

> „Certainly, cultural studies often write more about how systems of domination are lived than about the systems of domination themselves, and I agree that more work on the latter needs to be done. But without such work on how domination is lived, the Left is likely to fall back on old assumptions - and old generalizations at fairly high levels of abstraction - about the masses and everyday life." (Grossberg 1995: 75)

Der Begriff der Eventisierung bezeichnet hierbei zum einen die oben bereits angesprochene Veralltäglichung außeralltäglicher Ereignisse - diese müssen meistens erst geschaffen werden - und steht zum anderen für die damit erreichte Multiplizierung der Angebotspalette, die von einem Format ausgehend in unterschiedliche Produktionen ausstrahlt. Zwar stehen Events in einer „sich verlängernden Reihe außeralltäglicher Sozialräume, in denen Gegenalltägliches praktiziert wird" (Willems 2000: 68), wobei die Massenmedien als Verstärker fungieren, dennoch ist die Rückbindung in den Alltag heute nicht mehr an bestimmte Anlässe, Daten oder Termine gebunden, sondern geschieht beinahe unterschiedslos zu jeder möglichen Stunde.[5] Und darum stellen die Veränderungen im Alltag zunächst den Problemschwerpunkt dar, in den man mit den Cultural Studies tiefer eindringen kann, um medienökonomische Auswirkungen zu behandeln als mit (medien-)ökonomischen Theorien alleine. In diesem Sinne haben die Studies ökonomische Fragen ihrem Selbstverständnis nach bereits in sich aufgehoben und behandelt.

 Und darum stellen die Veränderungen im Alltag zunächst den Problemschwerpunkt dar, in den man mit den Cultural Studies tiefer eindringen kann, um medienökonomische Auswirkungen zu behandeln als mit (medien-)ökonomischen Theorien alleine. In diesem Sinne haben die Studies ökonomische Fragen ihrem Selbstverständnis nach bereits in sich aufgehoben und behandelt.

Und aus diesem Selbstverständnis heraus kann Grossberg zu folgendem, die Beziehung von Medienökonomie und Cultural Studies bezeichnenden Befund kommen, der zum einen die Kritik nochmals abwehrt und zum anderen bestehende Verbindungspunkte aufwertet:

---

5   An diesem Beispiel zeigt sich, dass die von Winter (2001) vorgeschlagene Konzentration auf Prozesse der Produktion und Allokation von Medienangeboten durch ein globales Medienmanagement auf eine Engführung der Cultural Studies und ihrer Art der Behandlung medienökonomischer Fragen und Problemstellungen hinausläuft, zumal die Entstehung der neuen „factual entertainment-Formate" keineswegs allein auf die Rolle und den Einfluss eines global agierenden Medienmanagements zurückgeführt werden kann. Außerdem werden von Winter Fragen der Bedeutungsproduktion und kultureller Bedeutungspraxen wie im Fall der Events, aber auch anderer Prozesse, die tief in die Alltagskultur hineinreichen, ausgelassen.

„So I must decline the invitation to reconcile, and point out that we don't need a divorce because we were never married. I would hope instead that we could learn to live together, if not in the same neighborhood, at least in the same region. We might not like each other's taste or travel the same routes, but we can share a sense of the geography of power and the power of geography." (Grossberg 1995: 80)

8   Resümee

Wie die Darlegung des Verhältnisses von Cultural Studies und Medienökonomie gezeigt hat, bildet die ökonomische Perspektive ein Element unter weiteren kulturanalytischen Problemstellungen in dieser Forschungsformation. So finden sich in den meisten Abhandlungen und Anwendungen keine eigenständigen Einlassungen auf medienökonomische Fragen, sondern wir finden eine Einbindung in ein Kreislaufmodell zur Analyse von Kulturprozessen. Von daher läuft die gegen die Cultural Studies gerichtete Kritik, die ökonomische Auslassungen unterstellt, auf eine Vereinseitigung ihres Potenzials hinaus. Aber, so musste gefragt werden, ist die Kritik mit der Konzentration auf die Analyse von im weitesten Sinne kulturwissenschaftlichen Fragen zugleich auch ausgeräumt? Muss man sich also - wie Grossberg rhetorisch fragte - gelangweilt von dieser Kritik zeigen?

Zur Beantwortung hat der Beitrag unterschiedliche Beobachtungen zusammengetragen, die unter der Perspektive einer kulturwissenschaftlichen Kommunikationsforschung den Zusammenhang von medialer Produktion und kultureller sowie gesellschaftlicher Reproduktion betreffen. Dazu wurde auf das theoretische Modell in der Fassung von Johnson, Hall und du Gay rekurriert, das in seinen Wurzeln auf die materialistischen Produktions- und Reproduktionstheorien in der „Frühphase" der Cultural Studies zurückgeht. Ein Anwendungsbezug dieses Modells wurde dann an einem aktuellen Beispiel der Fernsehentwicklung diskutiert, wobei allerdings nur Ausschnitte behandelt werden konnten.

Die anhand dieses Beispiels erörterte Frage nach der mit dem Medienwandel bewirkten Veränderung in der Reproduktion des Alltags und des Verhältnisses von Öffentlichkeit und Privatheit, die in der Medien- und Kommunikationswissenschaft mit Blick auf das Modell des Fernsehens als einem kulturellen Forum oder auch mit Blick auf Orientierungs- und Identifikationsfragen behandelt wird, konnte in einen theoretischen Rahmen eingebunden werden, der nicht kausalanalytisch verfährt, sondern die Vieldimensionalität von Entwicklungen auf unterschiedlichen Ebenen in Beziehung miteinander bringt.

Die Analyse des Kreislaufprozesses bietet somit die Möglichkeit, die medienökonomisch induzierten Veränderungen in der Reproduktion des Alltags zu thematisieren, ohne dazu aber auf das Feld der Medienökonomie beschränkt zu sein. Durch die angesprochene Hybridisierung werden zwar weiterhin Entwicklungen zu untersuchen sein, die den Imperativen der Reproduktion des kommerziellen Systems folgen, die aber auf den unterschiedlichen gesellschaftlichen und kulturellen Ebenen ihre eigenen Resultate haben, die gleichfalls eigenständige Entwicklungen anstoßen. So folgen etwa die Formen der Alltagsdramatisierung in den neuen Unterhaltungsgenres eigenen formalen Prinzipien, die sich nicht umstandslos als symbolische Verdichtungen im Sinne einer Widerspiegelung des Alltags von Alltagsmenschen interpretieren lassen, um damit als von der Produktionsseite kalkuliert eingesetzte Mittel zur Publikumsbindung zu wirken.

Die Frage der Reproduktion des Alltags hat sich an die im Kreislaufmodell dargestellten Wechselwirkungen anzunähern und diese analytisch zu verfolgen. Der vorliegende Beitrag konnte ausgehend von den auf die Produktion bezogenen Ausschnitten diese Entwicklung thematisieren und ihr Einmünden in die Eventisierung als einen aktuellen Aspekt der Alltagsdramatisierung fassen, womit mit der Anwendung des Artikulationskonzepts das Verhältnis von Medienökonomie und kulturwissenschaftlicher Perspektive, wie es in den Cultural Studies durchgeführt wird, thematisiert werden konnte. Dieses Verhältnis ist kein fixes und folgt den mit dem Artikulationskonzept gegebenen Möglichkeiten, die vielperspektivisch angelegt sind. Die im Untersuchungsdesign gesetzte Schwerpunktsetzung lässt sich dann zwar mit Blick auf theoretische oder methodische Defizite bezüglich der Erfassung ökonomischer Aspekte und Probleme kritisieren, aber diese Kritik kann von den Studies durchaus zurückgegeben werden, wenn die ökonomischen Perspektiven die Dimensionen der Alltagskultur nicht in den Blick bekommen. Das ist nicht als Aufforderung zur Verstärkung der gegenseitigen Kritik zu verstehen, sondern als Einladung zur transdisziplinären Zusammenschau und Diskussion forschungspraktischer Probleme.

Kommentierte Literaturhinweise

Bei der Buchreihe „Culture, Media and Identities" handelt es sich um eine sechs Bände umfassende Lehrbuchreihe zu den Open University Kursen D318 in Milton Keynes, in denen die für die Analyse des Kreislaufprozesses von Kultur und Gesellschaft grundlegenden Elemente thematisiert sind.

Der erste Band mit dem Titel „Doing Cultural Studies. The Story of the Sony Walkman" behandelt an der Geschichte eben dieses Walkmans exemplarisch die Prozesse, die sich orientiert an den unterschiedlichen Ebenen des Kreislaufmodells bei der Erklärung der Erfolgsgeschichte dieser Technologie aufrufen lassen. Die weiteren Bände der Reihe bieten mit ihren inhaltlich strukturierten und aufeinander abgestimmten Aufsätzen zu den Themenbereichen „Representation", „Identity and Difference", „Production of Culture/Cultures of Production", „Consumption and Every Day Life" sowie „Media and Cultural Regulation" eine grundlegende Einführung in die Arbeits- und Denkweise der Cultural Studies.

Medienökonomie und Medienkultur

Ulrich Saxer

Spannungen zwischen Medienökonomik und Medienkultur belasten zumal die Produktion und Diffusion von Medien-Anspruchskultur. Diese stellt ja ein besonders qualifiziertes, kostspieliges, schwer monetarisierbares und wenig nachgefragtes Medienangebot dar, dessen Legitimationsgrundlage, vor allem im öffentlich-rechtlichen Rundfunk, zudem immer prekärer wird. Elitekulturelle Medienangebote deshalb in populärkulturelle zu überführen, gefährdet indes deren Identität. Andererseits fördert die Schule durch Vermittlung höherer Medienkompetenz die Nachfrage nach anspruchsvolleren Medienangeboten erst in bescheidenem Maße. Immerhin bleibt auch in Zukunft das weiter expandierende Mediensystem auf qualifizierte Zulieferungen der kulturellen Institution angewiesen.

1 Bezugsrahmen

Die heiratsstiftende Kopula „und" im Titel sorgt für die entsprechende Verwirrung, die mit solchen Verbindungen regelmäßig einhergeht. Medienökonomie und Medienkultur stehen ja in einem höchst vieldeutigen, widersprüchlichen und komplexen Verhältnis zueinander, so dass man sich zuerst fragen muss, was damit überhaupt bezeichnet wird: Die Beziehung von zwei gesellschaftlichen Subsystemen zueinander, falls „Kultur" sachgerecht als solches konzipiert werden kann? Eine bestimmte Modalität medienökonomischer Produktion, nämlich die oder eine kulturwirtschaftliche? Oder schließlich das Verhältnis von Medien-Produktionsstrukturen und der spezifischen Angebotspalette „Kulturelles"?

Bereits diese Unsicherheiten über die kulturwissenschaftliche Perspektive von Medienökonomie verraten einen generell problematischen Diskussionsstand in diesem ganz offenkundig schlecht definierten und organisierten Feld (vgl. Saxer 1998). Dies beginnt schon damit, dass sich dieses Beziehungsgeflecht nicht überzeugend begrenzen lässt und mithin eine Endlos- und Leerlaufdiskussion droht: Welchem sozialen Phänomen ist nicht auch eine wirtschaftliche und kulturelle Dimension eigen? Und als „Medien" werden ebenso oft die gut oder schlecht honorierten Vermittler mit dem Jenseits wie das dabei zirkulierende Geld selbst oder aber zum Beispiel das Fernsehen verstanden. An allgemein konsentierten Grundbegriffen mangelt es in diesem Gegenstandsbereich gleichermaßen wie an unwidersprochenen Annahmen, denn zu allem Überfluss scheint in dieser materiell wie spirituell intensiv werthaltigen Materie jede Position ideologisierbar zu sein. Diese Konstellation hat in erster Linie zur Folge, dass, anders als in besser strukturierten Diskussionsfeldern, namentlich sozialwissenschaftlichen, es hier weitgehend an allgemein akzeptierten Basistheorien und Bezugsrahmen wie ebenso an qualifizierten empirischen Untersuchungen und methodologischer Reflektiertheit weitestgehend fehlt. Einzig am Diskussionsbedarf wird nicht gezweifelt.

Die folgenden Ausführungen können also keinesfalls mit ungeteilter Zustimmung rechnen. Sie wollen auch nicht mehr, als tentativ dieses Feld auf einer theoretischen Grundlage strukturieren, die zwar ihre Wurzeln primär in der Sozialwissenschaft, aber auch Konzepte und Thesen entwickelt hat, die geeignet sind, Ökonomie, Kultur und Medien in einen mehr als bloß arbiträren Bezugsrahmen zu bringen. Als ein solcher wird ein funktionalistisch-systemtheoretischer gewählt, der als mainstream-approach eine gewisse Zustimmung von wirtschafts- und kultur-, aber auch von kommunikationswissenschaftlicher Seite gewinnen sollte.

Entsprechend ist hier von „Wirtschaft" als jenem gesellschaftlichen System die Rede, das die Versorgung der Gesellschaftsmitglieder mit Gütern und Dienstleistungen sicherstellt, von „Kultur" als jenem, das den Sinnhorizont der Gesellschaft generiert, und von „Medien" als von komplexen, institutionalisierten Systemen um organisierte Kommunikationskanäle von spezifischem Leistungsvermögen, deren Hauptprodukt Publizität für Personen und Sachverhalte ist.

> Entsprechend ist hier von „Wirtschaft" als jenem gesellschaftlichen System die Rede, das die Versorgung der Gesellschaftsmitglieder mit Gütern und Dienstleistungen sicherstellt, von „Kultur" als jenem, das den Sinnhorizont der Gesellschaft generiert, und von „Medien" als von komplexen, institutionalisierten Systemen um organisierte Kommunikationskanäle von spezifischem Leistungsvermögen, deren Hauptprodukt Publizität für Personen und Sachverhalte ist.

Diese funktionale Grobcharakterisierung der drei hier involvierten Hauptsysteme ist weiter dahin zu präzisieren, dass diese gemäß systemtheoretischer Grundannahme (vgl. Luhmann 1997) zugleich als Kommunikationssysteme operieren, die durch die Generierung und Vermittlung von Bedeutungen konstituiert sind, und zwar über je typische Steuerungsmechanismen, nämlich Codes bzw. Zeichensysteme. In Analogie zur Sprache sind diese binär, das heißt als Ja-/Nein-Funktionen strukturiert. Entsprechend lautet der Basiscode des Wirtschaftssystems gemäß seinem Steuerungsmedium Geld bezahlen/nicht bezahlen, derjenige von Kultur sinnhaft/sinnlos und derjenige von Medien öffentlich/nicht öffentlich. Dieser zentrale Mechanismus hält diese Systeme intern funktionsfähig, allerdings um den Preis der Abschließung gegen außen. In Gesellschaften, die durch unablässig fortschreitende funktionale Differenzierung gekennzeichnet und damit auf Interpenetration angewiesen sind, wirkt sich solch dauernde Selektivität und Selbstreferentialität der Subsysteme zu Lasten der Integration und damit der Funktionsfähigkeit des sozialen Ganzen aus (vgl. u.a. Siegert 1996: 48-50).

Zwischen den Systemen müssen daher Konvertierungsinstanzen entwickelt werden, „Messfühler" (vgl. Siegert 1996: 45) gewissermaßen, die sensibel auf gegenseitige externe Problemkonstellationen reagieren, die Unterschiede der jeweiligen Systemcodes zu überbrücken helfen und funktionale, also für die involvierten Systeme profitable Beziehungen ermöglichen. Für ganz oder teilweise über den Werbemarkt finanzierte Medien leistet die Publikums- bzw. Leserschaftsforschung weitgehend oder doch in mancher Hinsicht diesen Dienst. Bei Medien wie dem Buch oder den Tonträgern, für die die Rezipienten praktisch den ganzen Marktpreis bezahlen müssen (vgl. Kiefer 1998a: 235), greift dieses Instrument in seiner heutigen einseitig auf die Bedürfnisse des Akteurs Werbewirtschaft zugeschnittenen Ausprägung hingegen kaum. Namentlich im Gefolge der besonders geringen Verträglichkeit von anspruchsvollen Kulturcodes, zum Beispiel der Elitekunst oder der Wissenschaft, und kommerziellen Zeichensystemen sind wegen Diskrepanzen des Stils mithin zusätzliche Vermittlungsstrukturen zwischen Kultur und Wirtschaft erforderlich.

Dank ihrem spezifischen Leistungsvermögen, nämlich Öffentlichkeit in immer komplexeren Gesellschaften zu schaffen und zuzuteilen, sind Medien in diesen funktional immer unentbehrlicher geworden, expandieren entsprechend, sind aber, wiewohl institutionalisiert, nur schwer zu steuern. An Konstellationen, in die Medienkommunikation funktional, aber auch dysfunktional, also problemlösend bzw. -schaffend eingreifen kann, lassen sich drei elementare erkennen, „elementar", weil jedes soziale System mit ihnen konfrontiert ist. Jedes muss ja Optima des Bewertens, des Wissens und des Verteilens realisieren. Alle haben sie nämlich

(1) Qualitäts- und Zustimmungsprobleme,
(2) Definitions- und Orientierungsprobleme und
(3) Zirkulations- und Zuteilungsprobleme zu lösen.

Entscheidend ist, dass natürlich auch das Mediensystem diese drei Aufgaben zu meistern hat, was es seinerseits auch in Abhängigkeit von anderen Systemen bringt.

Unter den skizzierten Bedingungen kann es nicht erstaunen, dass bisweilen die Vermittlung zwischen den Systemen Ökonomie und Kultur ihrer großen strukturellen Verschiedenheiten und ihrer je anderen funktionalen Eigenlogiken wegen besondere Schwierigkeiten bereitet. Schon wieweit die Monetarisierung kultureller Leistungen überhaupt - im wahrsten Sinne des Wortes - „Sinn macht", einen strukturell und funktional kulturgerechten Konvertierungsprozess konstituiert, ist denn auch überaus umstritten. Profit als Quintessenz erfolgreichen Wirtschaftens und Optima des Wahren, Schönen und Guten als Zielobjekte der zentralen kulturellen Institutionen Wissenschaft, Kunst und Religion sind - ohne jedes Werturteil - strukturell offenbar von ganz anderer Komplexität, was natürlich wieder völlig verschiedene Handlungsperspektiven zeitigt.

Das Verhältnis von Medienökonomie und Medienkultur kann mithin nur vor dem Hintergrund eines zumindest rudimentären Vergleichs der Systeme Wirtschaft, Kultur und Medien adäquat analysiert werden. Dazu ist Folgendes festzuhalten:

▪ Markt, Wettbewerb und Unternehmen bilden die drei Hauptinstitutionen des Systems Wirtschaft, dauernde gesellschaftliche Regelungsmuster also, die sich auf wichtige Bedürfnisse beziehen und auf bestimmten Sinndeutungen und korrespondierenden Erwartungen und Verhaltensweisen beruhen. Das Insgesamt der Interaktionen zwischen diesen Institutionen bzw. ihren Akteuren konstituiert das Ökonomiesystem, dessen Eigenlogik im Gefolge ihrer Selbstreferentialität gerade hinsichtlich des Verhältnisses zur Kultur große Probleme schafft. Nicht nur „vergisst (es) Akteure und Dinge, die nicht zahlen oder bezahlt werden können", sondern es „legitimiert (auch U.S.) unsoziales Verhalten, indem Geld als Steuerungsmedium von der Ebene konkreter Akteure und deren Relevanzkriterien abstrahiert" (vgl. Siegert 1996: 48).

- An Kultur ist bereits der Systemcharakter umstritten. Hier wird er indes vorausgesetzt, als Kultur die entscheidenden Merkmale funktionaler Systeme, nämlich funktionale Definiertheit, Organisiertheit, Sinnhaftigkeit und Abgrenzbarkeit gegenüber der Umwelt erfüllt. Organisiert ist Kultur ebenfalls, wie bereits angedeutet, gemäß Institutionen. Dabei bereitet schon ihre lose Strukturierung im Vergleich zu derjenigen der Wirtschaft ständig Schwierigkeiten, so bei der Zurechnung solch komplexer Handlungskonstellationen wie Freizeit oder wohl nur sekundär auf Sinngenerierung angelegten wie dem Sport zu einem als System aufgefassten kulturellen Ganzen. Entsprechend variieren die Definitionen von „Kultur" von sehr restriktiven, nämlich auf Hochkultur eingeschränkten, bis zu sehr weiten Konzeptionen, die mit „Kultur" einfach „Lebensstile" meinen. Je nachdem wird natürlich auch die Thematik dieses Beitrages enger oder umfassender (vgl. Saxer 1998).

- Die oben gegebene Definition von Medien macht diese dadurch, dass sie deren institutionellen Charakter erwähnt, mit den Systemen der Wirtschaft und Kultur besser vergleichbar. Zugleich muss aber das heikle medienpolitische Problem der Rahmenbedingungen dieses institutionellen Funktionierens hervorgehoben werden: Nicht nur von der Sache her, sondern auch in Bezug auf ihre funktionelle Ausrichtung wirft die Institutionalisierung von Medienkommunikation ständig Fragen auf. So versteht die europäische Medienökonomik, als Lehre von den „Medien als Institutionen und wirtschaftliche Organisationen, ihren sozialen Umwelten und die Interaktion damit", Medien, zumal den Rundfunk, primär als Kulturfaktor, die amerikanische hingegen, aus ihrem ganz anderen gesellschaftlichen Horizont heraus, stärker als ökonomische Größe (vgl. Kiefer 2001: 10, 13). Das Verhältnis von Medienökonomie und -kultur ist auch darum innerhalb einer gesamtgesellschaftlichen Bedingungskonstellation zu situieren. Im Übrigen ist ein auf Kommunikationstechnik unter Vernachlässigung der organisatorischen Dimension verkürztes Medienkonzept ebenso verfehlt wie eines, das nicht den komplexen systemischen Charakter von Medien einbezieht.

Aufgrund dieser zugegebenermaßen beschwerlichen theoretisch-begrifflichen Konzeptualisierung lässt sich nun endlich der Analysegegenstand präzise genug fassen und zugleich eingrenzen. Von dem Insgesamt der Medienprodukte werden hier nur diejenigen unter medienökonomischer Perspektive anvisiert, die in ihrem Inhalt auf irgendwelche kulturellen Institutionen verweisen, also einem vergleichsweise weiten Kulturbegriff entsprechen, und dort die besonders intensiv problematisierten elitekulturellen Schöpfungen beleuchtet. An Medien werden dabei gemäß bisheriger kommunikationswissenschaftlicher Schwerpunktbildung in erster Linie die traditionellen Massen- und Spezialmedien berücksichtigt, allerdings auch die zunehmende Intermedialität der Medienproduktion und -rezeption. Dabei gilt es nicht, in erster Linie das überkomplexe Interaktionsfeld systematisch theoretisch zu durchdringen, sondern möglichst viele relevante Dimensionen zumindest anzusprechen.

2 Rahmenbedingungen

Das Verhältnis von Kultur, Medien und Wirtschaft ist durch drei verschiedene Kreisläufe zwischen Anbietern und Nachfragern bestimmt, die dergestalt in produktive Beziehungen zueinander gebracht werden müssen, dass daraus ein ökonomisch tragbarer Transfer von medialen Kulturprodukten resultiert. An der Wurzel der damit verbundenen Probleme liegen ein Paradoxon bzw. eine mehrfache Knappheit, die überwunden werden müssen. Auf der einen Seite ist da dasjenige, was wirtschaftswissenschaftlich als „Kostenkrankheit" der Kulturproduktion (vgl. Kiefer 1998: 98) diagnostiziert wird. Damit ist der mangelnde Produktivitätszuwachs auf diesem Sektor gemeint, das heißt dass die Menge des Produzierten je Arbeitsstunde, zum Beispiel von Gemälden, im Vergleich zu produktiveren Wirtschaftssektoren stagniert und dadurch in Relation zu diesen teurer wird. Auf der anderen Seite wächst die Diskrepanz zwischen verfügbaren Medienkanälen und ausreichend qualifiziertem kreativem Potenzial, diese zu füllen, und von ständig zunehmendem Medienangebot und der Nachfrage bzw. Aufmerksamkeit dafür (vgl. u.a. Wehmeier 1998: 249).

Über den Code der Wirtschaft bezahlen/nichtbezahlen allein ist das erste Dilemma nicht lösbar (vgl. u.a. Ludwig 1998). Zum Missverhältnis von Medienproduktivität, Nachfrage nach dieser und ihrer kreativen Alimentierung soll lediglich festgehalten werden, dass das Mediensystem auch in Zukunft auf die Zulieferungen aus dem Kultursystem angewiesen bleiben wird und nicht nur dieses auf mediale Vermittlungsleistungen. Die „Kostenkrankheit" bedarf also dringend der Heilung bzw. Kompensation durch zusätzliche Mechanismen. Solche sind in erster Linie die Generierung von Prestige, die direkte oder indirekte externe wirtschaftliche Förderung der Produktion und medialen Vermittlung von Kulturangeboten und ihre Einpassung in den populärkulturellen Verbreitungskreislauf.

Da in pluralistischen Gesellschaften (vgl. Langenbucher 1999) keine kulturellen Hierarchien mehr unbestrittene Zustimmung finden, wird auch elitären

Kulturmustern nicht mehr ohne weiteres höhere Geltung zugebilligt. Das Bemühen, für sie, zumal in einem öffentlich-rechtlichen und damit demokratisch kontrollierten Rundfunk, höhere Kosten geltend zu machen, leidet daher zunehmend unter einem Legitimationsdefizit, wird vielfach als weitere Bevorzugung einer ohnehin schon privilegierten Minderheit empfunden und kann daher auf immer weniger Verständnis zählen. Besondere diesbezügliche Anstrengungen der Medien-Öffentlichkeitsarbeit, zum Beispiel die Präsentation von Kultur als „Ereignis", tun daher not, und entsprechende Querfinanzierungen (vgl. Ludwig 1998) werden häufig mit Prestigeerwägungen, namentlich auch im Rahmen des Kulturauftrags des öffentlich-rechtlichen Rundfunks, gerechtfertigt (vgl. u.a. Schwarzkopf 1998). Da Prestige aber unter diesen Bedingungen nur fallweise zuerkannt wird und mithin eine instabile Größe ist, kann es leicht zerschlissen werden, etwa durch die Instrumentalisierung elitekultureller Symbole durch Wirtschaftswerbung. Die Bestrebungen, qualifizierten Kulturangeboten als so genannten meritorischen, gemeinwohldienlichen Gütern besondere Geltung und Nachfrage zu verschaffen (vgl. Kiefer 2001: 136 ff.), werden allein schon auf diese Weise, durch solch banale „Privatisierung", durchkreuzt.

Auch die Einpassung anspruchsvoller Kulturmuster in den populärkulturellen Verbreitungskreislauf als weitere Hauptstrategie, vermehrt Nachfrage und damit bessere Rentabilität zu erzeugen, kann als deren schleichende Demeritorisierung, durch Verwandlung in private Konsumgüter, interpretiert werden (vgl. Heinrich 1999: 43; Kiefer 1994: 433). Drei Idealtypen von Kulturorganisation lassen sich ja erkennen: Elitekultur als die Kultur von Eliten für Eliten, Volkskultur als diejenige von Nichteliten für Nichteliten und Populärkultur als die Kultur von Eliten für Nichteliten.

 Drei Idealtypen von Kulturorganisation lassen sich erkennen: Elitekultur als die Kultur von Eliten für Eliten, Volkskultur als diejenige von Nichteliten für Nichteliten und Populärkultur als die Kultur von Eliten für Nichteliten.

Elitekultur ist die Kultur von Gebildeten, Reichen, Mächtigen für ihresgleichen, Volkskultur als Kultur vom Volk für das Volk hingegen ist nicht den Entlastungswerten der Muße und der geschmacklichen und intellektuellen Differenzierung bzw. der Distanzgewinnung von der Umwelt verpflichtet, vielmehr dem Bemühen, durch verbindliche expressiv-funktionale Muster und Rituale zu überleben. In der Populärkultur endlich, dem expansivsten Typ von Kulturorganisation in der Moderne, verbreiten kulturelle, politische und vor allem auch wirtschaftliche Eliten maßgeblich mittels Massenmedien leicht nachvollziehbare Kulturmuster an heterogene nicht-elitäre Publika bzw. Konsumenten.

Der populärkulturelle Verbreitungskreislauf kann sich denn auch nur etablieren, wenn das Angebot, als Akzeptanz - und nicht als Anspruchskultur konzipiert, die Präferenzen, aber auch die Vorurteile der anvisierten Massen-Abnehmerschaft einkalkuliert. Muster der Elitekultur müssen mithin bei ihrer Einpassung in den populärkulturellen Verbreitungszirkel entdifferenziert und diejenigen der (alten) Volkskultur entauthentisiert, folklorisiert werden (vgl. Schmid-Kunz 1995). Die zweite Hauptstrategie verhilft ihnen mithin nur unter Preisgabe ihres Spezifischen, also ihrer elite- und volkskulturellen Identität, zu Nachfragegewinnen. Auch im Gefolge des Abbaus des Schichtungssystems in den modernen Gesellschaften und den daraus resultierenden größeren Spielräumen für individualisiertere Verhaltensweisen sind die drei kulturellen Verbreitungskreisläufe gegeneinander durchlässiger und damit sowohl in den zirkulierenden Angeboten als auch in der Zusammensetzung der Nachfrager unspezifischer und heterogener geworden. Nutzer von populärkulturellen Angeboten finden sich zum Beispiel zunehmend auch unter kulturellen Eliten.

Die Schwierigkeiten medienexterner Förderer von Anspruchskultur werden unter diesen Umständen größer. Als Realisatoren dieser dritten Hauptstrategie, der Kostenkrankheit von Anspruchskultur beizukommen, fungieren auf der einen Seite der Staat, auf der anderen die Wirtschaft, der erstere als Hauptverantwortlicher für das Erziehungs- und Bildungswesen und in Gestalt von entsprechenden kulturpolitischen Programmen, die letztere in Form von Werbung und Kultursponsoring (vgl. Herger 1996). Beide sind also ins wirtschaftliche Überleben von Elite- bzw. Medien-Anspruchskultur im Rahmen ihrer funktionalen Gesamtausrichtung und eines spezifischen Engagements involviert. Erwägungen, wieweit sich dieses mit dem jeweiligen Hauptgeschäft, Ausbildung/Bildung bzw. Gewinnerzielung verträgt, werden, je knapper die jeweiligen allgemeinen Ressourcen sind, desto vordringlicher und mit ihnen die Fragen nach Unterstützungs- und Förderungswürdigkeit: Wie „meritorisch" sind schwer nachvollziehbare elitekulturelle Hervorbringungen, wie - im weiteren Sinn - profitabel Zuwendungen der Wirtschaft an kaum nachgefragte, umstrittene, gegebenenfalls schockierende kulturelle Hervorbringungen?

Die Folgen sind unübersehbar (vgl. Langenbucher 1999). Der Staat gerät zweifach in Legitimationsprobleme, wenn er seine Förderungsfähigkeit auf Elitekultur beschränkt. Seit längerem hat er denn auch seine Schulen nicht bloß dem „guten" Buch geöffnet, sondern auch für Comics, und seine Museen Werken, die gar keine Werke mehr sein wollen, sondern Happenings bzw.

Events. Und die Wirtschaft verwahrt sich in ihrer Sorge um ein werbefreundliches Programmumfeld zunehmend gegen Beiträge, die ihre Kunden verstimmen könnten, und setzt bei der Nutzung der distributiven Produktivität von Massenmedien (vgl. Kiefer 2001: 163f.) lieber auf Sport- (vgl. Gaustad 2000) denn auf Kultursponsoring. Die Massenmedien wiederum, staatlich allmählich weniger von einem etwaigen Kulturauftrag gefordert als von wachsender behördlicher Nachgiebigkeit gegenüber populistischen Ansprüchen auf kulturelle Gleichberechtigung und einer Wirtschaft, die sich vermehrt auf Shareholder- denn auf (kulturelle) Stakeholder-Values beruft, sind mehr und mehr versucht, sich bloß noch als Vermittler von Populärkultur zu definieren und Elitekultur möglichst an einschlägige Spezialmedien zu delegieren (vgl. u.a. Saxer 1981).

Gesamtveränderungen der medienökonomischen Rahmenbedingungen und entsprechende Anpassungen der Medien werden denn auch kaum bezweifelt. Auf Seiten des Staates ist es vor allem die Zulassung auch privater Rundfunkanbieter und damit die Etablierung einer gemischten institutionellen Ordnung des Rundfunks. Im Verein mit den ohnehin privatwirtschaftlich geregelten Printmedien verschiebt sich die Medien-Institutionalisierungsbalance in Übereinstimmung mit weiteren gesamtgesellschaftlichen Trends noch stärker vom politischen zum ökonomischen System. Das Publikum andererseits hat sich ebenfalls gewandelt und ändert sich weiterhin in Richtung privatistischer Einstellungen und individualisierter oder zumindest situationsspezifischer Kultur- und Mediennutzungspräferenzen. Massenkommunikation zu realisieren wird unter diesen Bedingungen immer schwieriger, Marketing für Anspruchskultur immer unerlässlicher, um dieser - deren Herstellungskosten unverändert hoch sind - im fragmentarisierten Publikum eine wenigstens mehr denn minimale Nachfrage zu verschaffen. Dass die Institution der Kunstkritik sich mehr und mehr zu Kunstpromotion entwickelt und verengt (vgl. Saxer 1995: 121), symbolisiert als Phänomen diesen Wandel ebenso wie es ihn weiter vorantreibt.

3 Involvierte Systeme und Interaktionen

3.1 Involvierte Akteure/Systeme

Ursprünglich war der Staat als institutionalisierender Garant von Medien-Kulturqualität imperativ dermaßen präsent, dass in der Ära des Monopolfernsehens die Programmverantwortlichen sich an die Maxime halten konnten: „Wir senden, was die Leute sehen wollen sollen." (vgl. Brunst 2000: 75) Umso geringer waren lange Zeit seine institutionellen Bemühungen, die Rezeptionskompetenz der Schüler für dieses neue Medium und überhaupt für alle Medien außer für das Buch zu verbessern (vgl. Eschenauer 1989). Dank intensiveren medienpädagogischen Bemühungen wäre eine breitere Nachfrage nach Medien-Anspruchskultur zumindest möglich, wenn auch im Zuge der Pluralisierung der Eliten und der Individualisierung der Lebensstile geschmackliche Differenzierung und höhere formale Bildung weniger zusammengehen als ehedem. Die Hoffnungen von Medienpädagogen und Kulturschaffenden, höhere Medienkompetenz zeitige auch qualifiziertere Nutzerselektivität (vgl. Bertelsmann Stiftung 1992), mache aus der „Laufkundschaft" (Wiesand 1991: 55) Stammkunden für elitekulturelle Medienangebote, dürften sich daher auch bei verstärkten schulischen Investitionen in die Förderung von media literacy nur bedingt erfüllen.

Medienkonsum, außer zu Aus- und Fortbildungszwecken, wird eben vom Publikum als entlastendes Teilzeitvergnügen, seit neuerem selbst auch am Arbeitsplatz, interpretiert und praktiziert und zudem als Niedrigkostengut eingeschätzt und behandelt (vgl. Kiefer 1998a). Damit kontrastiert die verbreitete Bereitschaft, erklecklichen finanziellen und mentalen Aufwand, den letzteren in Gestalt von angespannter Aufmerksamkeit und hohem emotionalen Involvement (vgl. Franck 1998), für den Besuch von elitekulturellen Festivals oder von Popkonzerten und damit gekoppeltem Merchandising zu leisten. Für Elitekultur scheint indes die Nachfrage generell nach wie vor recht exklusiv zu sein. Dies geht insbesondere zu Lasten von Fernseh-Anspruchskultur, die nur zu zehn Prozent überhaupt genutzt wird (vgl. Frank/Maletzke/Müller-Sachse 1991: 384), und zwar regelmäßig nur von hochkulturell generell Aufgeschlossenen. So wirkt sich eben der Umstand aus, dass kulturelle Interessen in einem systemischen Zusammenhang zueinander stehen, elitekulturelle zumal sich gegenseitig stützen müssen (vgl. Gryspeerdt 1974).

Die primäre Zielgruppe kulturpolitischer Bemühungen sollte denn auch die in der ARD/ZDF-Kulturstudie etwas abschätzig als „Laufkundschaft" titulierte heterogene Gruppe beschränkt motivierter kultureller Flaneure bilden, nicht unansprechbar auch durch Medien-Anspruchskultur, aber von bloß flackernder Aufmerksamkeit und leicht von dieser abzuschrecken. Es sind denn auch weniger finanzielle denn mentale Barrieren, die von dieser ausschließen, wie die Ausgabebereitschaft für Sport- und Popanlässe beweist. Dem Image von Elitekultur, eben als anspruchsvoller, kommt dabei eine Schlüsselposition bei der Nachfragestimulierung und vor allem -dämpfung, und damit auch in ökonomischer Hinsicht, zu. Im Gefolge dieses Umstandes wird die distributive Produktivität von Medienkommunikation mehr oder weniger genutzt. Schon frühe Experimente des Soziologen Theodor Geiger haben zum Beispiel gezeigt, dass es vor allem das Etikett „klassische Musik" war, das von vornherein Personen von bescheidenerem Bildungsstatus abschreckte; anders gelabelled fanden dieselben Musikgenres durchaus deren Gefallen (vgl. Geiger 1950/51). Und was vom Kulturkanal „Arte" übertragen wird, stimuliert von vornherein weniger Nachfrage, als wenn es von den öffentlich-rechtlichen Hauptprogrammen ausgestrahlt wird (vgl. Schwarzkopf 1998: 250).

Die Wirtschaft als zentraler oder bei privaten Medienunternehmungen alleiniger Finanzier von Medienangeboten begegnet dieser immer komplexeren Angebots- und Nachfragekonstellation auf den Medienmärkten mit zunehmend differenzierten Werbestrategien, darunter eben Sponsoring, und wachsenden Investitionen in die Markterkundung. Mit steigender Unentbehrlichkeit der Werbewirtschaft für das ökonomische Überleben von Medienorganisationen erhöht sich natürlich, wiewohl von diesen dementiert, deren Gewicht in den medienunternehmerischen Entscheidungsprozessen, und dabei kommt der Marktforschung immer größere Bedeutung zu. Von den Kriterien, gemäß denen die Inserenten ihre Werbebudgets aufstellen, werden ja auch die publizistischen Planungen der Medienverantwortlichen de facto mitbestimmt, wird diese bei der internen Zuteilung von Betriebsmitteln, bis hin zur Platzierung von Artikeln und Rundfunkprogrammen, diesen werbewirtschaftlichen Gesichtspunkten und Optionen Rechnung tragen (müssen). Die Struktur und das Funktionieren der Medien- bzw. Publikumsforschung sind dementsprechend für die Beziehungen zwischen Medien und Ökonomie von überragender Wichtigkeit, denn: „Empirische Medien- und Publikumsforschung ermöglicht kontinuierliche Konvertierungsprozesse zwischen den Steuerungsmedien Geld und Publizität und macht damit mediale bzw. ökonomische Kommunikation im jeweils anderen System anschlussfähig." (vgl. Siegert 1996: 50f.) Damit ist auch bereits festgestellt, dass Publikumsforschung, anders als ihr Name suggeriert, Publika nicht in ihrer vollen Rezipientenqualität anvisiert, sondern primär werbeorientiert, in erster Linie als Wirtschaftsobjekte und -subjekte.

Allerdings dürfen die Unterschiede der Institutionalisierung und damit Finanzierung zwischen den Medien nicht außer Acht gelassen werden. Für ausschließlich werbefinanzierte Medien mag eine solch eingeschränkte Konzeption vom Publikum als „coin of exchange" (vgl. Kiefer 2001: 351) zwischen Werbemarkt und Medien-Produktionsausrichtung, als potenzielle Werbekundschaft, und damit von Publikums- als Absatzforschung, genügen, für den öffentlich-rechtlichen Rundfunk als demokratisch kontrollierten auf die Dauer nicht. Dieser muss ja ebenso vor der Politik wie vor der Werbewirtschaft seine Leistungsfähigkeit ausweisen und damit auch die Mehrheitstauglichkeit seiner

Programme. Den populistischen Zumutungen einer kommerziell-politischen Rundfunk-„Quotendemokratie" steht indes nur noch der im Zuge der beschriebenen Entwicklungen selber zunehmend schwer legitimierbare Rundfunk-Kulturauftrag gegenüber. Und die kompensatorische Strategie der Prestigemehrung verliert gleichfalls an Effizienz.

Zu alledem kommt noch, dass Rezipienten über die Qualität von Medienangeboten nur wenig wissen können (vgl. Kiefer 2001: 336 ff.). Solche können ja von ihnen vor deren etwaiger Nutzung als hochkomplexe Offerten lediglich aufgrund des Images des jeweiligen Kommunikationskanals bzw. Artikel- oder Sendetyps und früherer eigener Erfahrungen eingeschätzt werden. Weil diese, mit Ausnahme der über den Marktpreis abzusetzenden Bücher, Kinoeintritte oder von Pay-TV, subjektiv als kostengünstig empfunden werden, begnügen sich die potenziellen Nachfrager gewöhnlich auch mit einem geringen diesbezüglichen Informationsaufwand, mit akzeptablen statt der besten Offerten. Umgekehrt ermutigt dies die Medienanbieter auch wieder nicht zu einem möglicherweise ruinösen Qualitätswettbewerb, der sich - ganz abgesehen vom stets unsicheren Durchsetzungserfolg entsprechender Innovationen - ja doch bloß selten auszahlt. Dies veranlasste Marie Luise Kiefer schon 1996, im Lichte der Langzeitstudie Massenkommunikation schwindende Chancen für anspruchsvolle Medien in Erwägung zu ziehen (vgl. Kiefer 1996). Der wachsenden Sicherheit der Medienanbieter über erfolgsträchtige Absatzstrategien steht die gleich bleibende Unkenntnis der Rezipienten über die Qualität dieser Offerten gegenüber. Und unter den Möglichkeiten, durch spezialisierte Dritte diese Informationsasymmetrie zu mildern (Kiefer 2001: 337), erbringt eben zum Beispiel die Kunstkritik mehr und mehr werbeähnliche statt qualifizierende Leistungen.

3.2 Interaktionen

Immerhin setzt sich in den Medienunternehmen unter dem Einfluss gnadenlos gewordener Konkurrenz und der Emanzipation der potenziellen Nachfrager allmählich die Einsicht in die Notwendigkeit ständiger weiterer Differenzierung der Absatzstrategien und Forschungsinstrumente durch:

> „Im Zuge dieser Entwicklung werden die bisher vorherrschenden sozialstruktu-
> rellen Erklärungsmuster für das Rezeptions- (und Konsum)verhalten zuneh-
> mend durch Ansätze der Lebensstilforschung abgelöst. Die Erkenntnisse aus
> dieser Forschung bilden dann die Basis für den Versuch, über Programmgestal-
> tung und Imagebildung der Sender die floatenden Zuschauerpräferenzen
> ‚sesshafter' zu machen und an den einzelnen Anbieter zu binden." (Schatz
> 1996a: 376)

Trotzdem bleiben deren Programmpräferenzen unweigerlich „die Informationen vergangener Perioden" (Jenöffi-Lochau 1997: 97), die zur Orientierung im
ständig anschwellenden und sich auch unablässig wandelnden Medienangebot
immer weniger genügen. Die Wissenskluft zwischen Medienanbietern und
Rezipienten, anders als vom Konzept des „aktiven Publikums" des Nutzenan-
satzes unterstellt, nimmt unter diesen Umständen zu statt ab.

Dieser Mechanismus, der sich zu Lasten der Nachfrage nach Medien-
Anspruchskultur auswirkt, lässt sich anscheinend mittels der bloß zwischen
Medien und Ökonomie vermittelnden Struktur Publikumsforschung nicht
durchkreuzen, sondern nur durch Interventionen des Staates und der Wirtschaft und die verstärkte Interaktion zwischen dem Kultur- und dem Mediensystem. Die symbiotischen Beziehungen zwischen den beiden, nämlich Funkti-
onskomplementaritäten als kulturgenerierende und diffundierende Akteure,
bieten hierzu vielerlei Möglichkeiten. Die Ausdifferenzierung entsprechender
Strukturen, die als spezifische Konvertierungsinstanzen zwischen besonders
komplexen Sinn schaffenden und diesem Publizität verleihenden Akteuren
fungieren, ist ja unerlässlich.

Zum ersten sind schon die vielfältigsten funktionalen Beziehungsfelder zwischen den beiden Systemen abgesteckt, wobei in Europa regelmäßig in erster
Linie der Staat mittels Steuergeldern auf mannigfache Weise als Kulturförderer
aktiv wird, in den USA stärker die Vielzahl privater Stiftungen dank Steuerbe-
freiung des sie alimentierenden Kapitals. Und beide bedienen sich natürlich für
die Erreichung ihrer Zwecke der distributiven Produktivität des Mediensystems. Zur Bewältigung der angesprochenen Legitimationsproblematik einer
Unterstützung von Theatern, Orchestern, Museen, wissenschaftlichen Vereini-
gungen etc. oder von Einzelwerken und ihren Schöpfern bleiben, bei aller
Überlappung der Motivationen, für den ersteren der Imperativ gemeinwohl-
verpflichteter Steuerverwaltung, für die letzteren der geltungsdienliche Einsatz
privater Wirtschaftsmittel wegleitend. Diese Förderungsintentionen werden bei
ihrer Konvertierung ins Mediensystem zwar systemtypisch modifiziert, schlagen aber auf die Rundfunkproduktion, sei es der öffentlich-rechtlichen europäischen Sender, sei es des amerikanischen public broadcasting, durch.

Die Eigenlogik von Kultur, kraft derer zum Beispiel Kunst institutionell als symbolische Experimentalsphäre zu fungieren vermag, hat sich also wiederum letztlich gegen diejenige von Politik und Wirtschaft zu behaupten. Schon in der originären Konzertkultur hat ja jegliche Form von musikalischem Avantgardismus gegenüber der traditionellen Symphonik einen schweren Stand, und erst recht in der medialen. Damit verschärft sich die Legitimationsproblematik der Sender auch noch im Bereich der E-Musik: Viel Geld gerade für die wenigsten Hörer (vgl. Krug 2000: 55). Und wie lassen sich überhaupt Aufwandsrelationen wie die folgende für den ARD-Hörfunk im Zeitalter von Kulturpluralismus und kultureller Gleichberechtigungsansprüche noch überzeugend rechtfertigen? „85 DM kostete 1998 die durchschnittliche Radiominute; für die leichte Musik genügten 23 DM, die Kultur brauchte 166 DM, die Bildung 391 und das Hörspiel 502." (Krug 2000: 58)

Zum zweiten kann, oder könnte, anspruchsvolle Kultur bzw. ihre Nachfrage vom Kultursystem aus institutionell wohl am nachhaltigsten über das Erziehungs- und Bildungssystem gefördert werden. In ökonomischer Perspektive gilt ja die These vom fallenden Grenznutzen wiederholter Konsumaktivitäten für elite-kulturelle Güter wie der Lektüre anspruchsvoller Belletristik nur sehr bedingt. Sie sind nicht weitgehend homogen, hochstandardisiert wie auch der Großteil der Medienproduktion, sondern regelmäßig Unikate, deren nutzenstiftende Leistung wie Anregung, Wohlbehagen etc. erst bei einschlägigen erworbenen Kompetenzen erfahrbar wird und zu weiterem Konsum anreizt (vgl. Kiefer 2001: 221). Dazu kommt der erwähnte systemische Zusammenhang qualifizierter Kulturinteressen, die sich mithin gegenseitig abstützen (müssen) und so insgesamt entsprechendes Vorwissen zu ihrer vollen Gratifikation, eben Bildung, voraussetzen. Das prinzipielle Hindernis bleibt aber, dass auch dann Medien-Anspruchskultur in einem Rezeptionskontext von Entlastung, Zerstreuung, Unverbindlichkeit und Wohlfeilheit sich gegen leichter nachvollziehbare Medienangebote durchsetzen muss.

Zum dritten bleiben in der weiteren Steigerung der distributiven Produktivität der Medien selber zusätzliche Möglichkeiten, die Palette elitekultureller Angebote zu bereichern und deren Nachfrage zu vermehren. Da lässt sich einmal die Vielfalt entsprechender Kommunikationskanäle vergrößern, immer vorausgesetzt, diese trügen sich als Spezialmedien für exklusive Rezipientenschaften auch wirtschaftlich oder fänden zusätzliche Sponsoren. Neben solcher Differenzierung des Mediensystems sind innovativere Marketingstrategien für diese besonderen Medienprodukte denkbar, etwa - wie Geigers Experiment demonstriert hat - schon bei ihrer Ankündigung. Innerhalb der ohnehin immer intensiveren Werbung des Mediensystems für sich selbst (vgl. Kiefer 2001: 353) sind entsprechend gesteigerte Anstrengungen auch für diese nicht leicht zu bewerbenden Angebote unerlässlich. Schließlich gibt es viele Chancen intermedialer, aber auch zeitlich gestaffelter Mehrfachverwertung: Vom Hardcover zum Taschenbuch über das Drehbuch zum Film und dessen Abspielen in Erstaufführungs- und dann in Reprisenkinos bis zur Fernsehausstrahlung und zur Videokassette sind die Möglichkeiten intermedialer Vielfachvermarktung ein und desselben künstlerischen Einfalls praktisch unbegrenzt und diejenigen, ihn zu recyclen, unter anderem in Gestalt musikalischer Oldies, nicht minder.

Allerdings können auch solche Strategien, die Elitekultur in massenmediale Medienkommunikation zu verwandeln suchen, die spezifischen Strukturen und Mechanismen, also die Eigenlogiken, denen diese Systeme verpflichtet sind, nur bedingt in die anvisierten funktionalen Beziehungen bringen. Der Qualifikations- und Zustimmungsbedarf von Elitekultur und Mediensystemen, ihre Selektionscodes und ihre Distributionsmechanismen unterscheiden sich elementar. Zudem kann natürlich Medienkultur den elite- oder volkskulturellen Kult des Originals bzw. des Authentischen gerade nicht befriedigen; vor allem in der Massenkommunikation ist vielmehr, früheren Kopistenwerkstätten zum Trotz, endgültig „das Kunstwerk im Zeitalter seiner technischen Reproduzierbarkeit" (vgl. Benjamin 1955: 366 ff.) angelangt. Tendenziell werden denn auch die ruhigen Gemälde in den Museen von den unablässigen Bewegungen der sie einfangenden Fernsehkameras gewissermaßen zertrümmert und das habituelle Theaterpublikum beurteilt Theaterübertragungen im Fernsehen durchgängig als Surrogat einer prinzipiell höher bewerteten, authentischen Theatererfahrung vor Ort (vgl. Frank/Maletzke/Müller-Sachse 1991: 220). Opern schließlich schrumpfen unter dem Diktat der Medien-Nachrichtenfaktoren und Zeitkomprimierung auf „Highlights".

Die Konvertierung von elitekulturellem Original und seiner Erfahrung in andere Medialitäten kann also mit Qualitätseinbußen verbunden sein oder wird zumindest häufig so empfunden. Darum ist auch die Sensibilität von Repräsentanten kultureller Organisationen gegenüber allzu wirtschaftsbetonten Formen von Kulturwerbung als Stilbruch ausgeprägt. Als Möglichkeit, eigenständige und nicht bloß übernommene Medien-Anspruchskultur zu schaffen, darf denn auch die Entwicklung und Pflege spezifischer Ausdrucksformen (Codes) nicht außer Acht gelassen werden, die die besonderen Vorzüge eines Mediums am eindringlichsten zur Geltung bringen. Das Mäzenatentum des öffentlich-rechtlichen Rundfunks (vgl. Saxer 1981) in Gestalt von Aufträgen für Kompositionen und Hör- und Fernsehspielen verdient hier spezielle Erwähnung (vgl.

Wiesand 1991: 30). Umso symptomatischer erscheint die spätere Marginalisierung dieser besonders programmstrukturierenden, freilich auch kostspieligen Beiträge (vgl. Hickethier 1998) im Zuge überhand nehmender Flow-production (Kiefer 2001: 179). Wie eben schon der Goethe-Verleger G. J. Göschen angemerkt hat: „(...) ein Krämer kann kein Mäzen sein."

4 Zur ökonomischen und kulturellen Qualität von Medienprodukten

Immer wieder treten also mögliche Spannungen zwischen ökonomischen und kulturellen Qualitäten von Medienprodukten auf. Diese beginnen bei den Unzulänglichkeiten der Zuschreibung kultureller Qualität durch die Rezipienten. Mit dem Qualifikationsproblem ist mithin auch das diesbezügliche Definitions- bzw. Orientierungsproblem einzeln wie auch im Zusammenwirken von Wirtschaft, Kultur und Medien nicht ausreichend funktional gemeistert. Dies hat natürlich auch Auswirkungen auf die Ver- bzw. Zuteilung dieses Gutes, dessen Monetarisierbarkeit, das heißt angemessene Umsetzung in den Code bezahlen/nichtbezahlen, in mehrfacher Hinsicht Schwierigkeiten bereitet. Schon der Unterschied zwischen unmittelbarer und aufgeschobener Gratifikation durch verschiedene Genres, also vor allem zwischen unterhaltenden und bildenden Beiträgen, wirft elementare Kalkulationsprobleme für alle Beteiligten, Unternehmer wie potenzielle Nachfrager, auf.

Elitekulturelle Güter, darunter auch Medien-Anspruchskultur, erweisen sich mithin auch als nur beschränkt markttauglich und wettbewerbsfähig. Damit, durch zwei der drei Hauptinstitutionen des Systems Wirtschaft nur unzulänglich bearbeitbar, konfrontieren sie auch die dritte, die Unternehmungen, mit besonders kniffligen Aufgaben:

- Wirtschaftswissenschaftlich gilt, dass Medien keine gut funktionierenden Märkte konstituieren. Hauptgrund für das häufige Marktversagen ist, neben der nur partiellen Monetarisierbarkeit und der erwähnten Informationsasymmetrie, dass es sich bei dem auf ihnen getauschten Gut grundsätzlich nicht um ein privates mit entsprechenden Eigentumsmöglichkeiten, sondern um ein öffentliches, meritorisches und damit gesellschaftlich besonders wünschenswertes Gut handelt, bei Bildungsfernsehen zum Beispiel (vgl. Karmasin 1998: 114 ff.). Die Konsequenzen von Marktversagen sind freilich umstritten, und so auch die Strategien, einem solchen beizukommen. Schon die Abgrenzung relevanter Märkte ist ja bei der Komplexität und Heterogenität von Medienprodukten überaus schwierig, was regelmäßig die Zielgerechtheit von Förderungsprogrammen beeinträchtigt. Der Preis als Koordinationsmittel funktioniert auf dem Medienmarkt auch dementsprechend wenig differenziert. So funktioniert auch der Markt für Medien-Anspruchskultur nur sehr unvollkommen.

- Dies umso mehr, als die Eigenart von elitekulturellen Gütern - besondere Komplexität, Anspruchshöhe, Kostspieligkeit der Produktion und, als a-vantgardistische Schöpfung, vielfältiges Innovationspotenzial - deren Wettbewerbschancen vermindert, zumal auch unter den gewandelten Rahmenbedingungen. Einen Massenmarkt mit ihnen in ihrer originalen Gestalt zu etablieren, ist dementsprechend fast ausgeschlossen. Das spezifische Problemlösungsvermögen der Medien, massenhaft Publizität zuzuteilen, erweist sich gerade in diesem Bereich zugleich als Problemverursacher, als dadurch eher imitatorische denn innovative Wettbewerbsprozesse stimuliert und ein leistungsgerechtes Einkommen auf diesem Markt kaum erzielt werden kann. Dieses ist ja stark durch attribuierte Qualitäten der getauschten Güter und Irrationalismen der Preisbildung - vornehmlich Prestige- und Liebhaberpreise - bestimmt. Zudem beeinträchtigt die Standardisierung elitekultureller Güter deren besonders ausgeprägten Unikatcharakter. Entsprechend gegensätzlich werden im Mediensektor Maßnahmen zur Wettbewerbsoptimierung beurteilt. Von der Pressekonzentration werden Einbußen an Meinungsvielfalt befürchtet, von der Monopolisierung oder zumindest Oligopolisierung des Rundfunks erhofft(e) man sich hingegen die Garantierung von politischem und kulturellem Pluralismus.

- Die Medienunternehmen stehen unter diesen Umständen vor der Frage, wieweit sie sich außer auf die Produktion von Akzeptanzkultur - die, gemäß bewährten Routinen gefertigt, nicht allzu kostspielig und deren Erfolg einigermaßen kalkulierbar ist - auch noch das viel größere Risiko für das Anbieten ungleich aufwändigerer, aber bei weitem weniger nachgefragter Medien-Anspruchskultur eingehen sollen. „Die im (teuren U.S.) Prototyp materialisierten kreativen Ideen und künstlerischen Leistungen werden ökonomisch wertvoll erst dann, wenn eine Nachfrage danach entsteht." (Kiefer 1998: 102) Wenn akzeptiert wird, dass Profit die Quintessenz erfolgreichen Wirtschaftens ist und ausschließlich die Eigenlogik des Wirtschaftssystems gelten soll, kann die Maxime nur allergrößte Zurückhaltung beim Anbieter von Medien-Anspruchskultur heißen.

Auswege aus dem Dilemma, das meritorische Gut Elitekultur vor seiner weiteren Marginalisierung im Medienangebot zu bewahren und doch gesamthaft ökonomisch vertretbare Bilanzen zu erwirtschaften, bieten sich auch innerhalb des Mediensystems selber an und nicht bloß von Seiten externer Förderer und Sponsoren aus Politik und Wirtschaft mit ihrem Gefährdungspotenzial medienkultureller Eigenständigkeit. Solche liegen wohl in einer diesbezüglichen Intensivierung und Differenzierung der Öffentlichkeitsarbeit, die die Profitabilität - im weiteren Sinn - von Mehraufwendungen für Medien-Anspruchskultur innovativ und zugleich zielgruppen- und stilgerecht darzutun weiß. Die einigermaßen akzeptierte Idee, dass Medien Kuppelprodukte sind (vgl. Kiefer 2001: 144f.) kann ja kreativ von der Verbindung von Redaktion und Werbung auf diejenige von Populär- und Elitekultur, von Medienakzeptanz- und -anspruchskultur übertragen werden. Schon der Buchhandel hebt schließlich regelmäßig hervor, dass seine Bestseller das „gute" Buch mittragen müssen (vgl. Ulmer 1999: 166f.)

Die Medienverantwortlichen, insbesondere diejenigen des öffentlichrechtlichen Rundfunks, sind mithin gefordert, ideenreichere Argumentationsstrategien zur Legitimation ihres Angebotes an Anspruchskultur als tatsächlich meritorischem Gut zu entwickeln. Mit den alten kulturkritischen Klagen und Rechtfertigungsreden über die Kulturqualität des eigenen Angebots, mit herkömmlichen Defensivstrategien also, ist ökonomisch immer weniger Staat zu machen. Medienökonomik wäre fürwahr Pflichtfach auch für Medienverantwortliche! Innerhalb der Medienorganisationen müssten ja zusätzliche Qualitätskriterien für die eigene elitekulturelle Produktion ausgearbeitet werden, möglichst mit ähnlichem Elan, aber unvergleichlich viel differenzierter. Es wäre nicht minder sorgfältig deutlich zu machen - so wie die Publikumsforschung den ökonomischen Wert eigener Medienproduktion als Werbeträger dartut - dass höhere Qualität den Grenznutzen nicht fallen lässt, vielmehr den Rezipienten als potenziellen Endnachfragern vielfältigen, ihnen aber noch zu wenig bewussten, weil vor allem langfristigen Gebrauchsnutzen zu vermitteln vermag. Deren höhere Medienkompetenz - dank entsprechend vermehrten schulischen Programmen - vermöchte umgekehrt solche zusätzlichen Investitionen durch mehr Nachfrage nach Medien-Anspruchskultur ökonomisch zumindest teilweise zu kompensieren.

Denn in systemische Zusammenhänge wie die hier gegebenen lässt sich erfolgreich auch wieder nur durch Maßnahmensysteme intervenieren. Dies gilt, wie schon das Beispiel der Leseförderung gezeigt hat (vgl. Saxer 1991: 12 ff.), gerade für Kulturförderung insgesamt. Elementare Systemgegensätze wie zwischen Ökonomie und Kultur bzw. Populär- und Elitekultur lassen sich freilich auch so nur fallweise überbrücken. Auch eine Medienforschung, die - außer überhaupt die notwendige differenzierte Auskunft über das Programmangebot zu vermitteln, wie zum Beispiel das Modell von Qualitätskontrolle im SWR (vgl. Blumers 2000: 5) -, nicht mehr in erster Linie Qualitätsvorsprünge der eigenen Produktion gegenüber derjenigen der Konkurrenz, wie zum Beispiel die vom öffentlich-rechtlichen Rundfunk in Deutschland initiierten Programmvergleiche (vgl. Krüger 1999) nachweisen soll, vermag dies, selbst im Verein mit entsprechenden kulturpolitischen Initiativen, verbesserter schulischer Medienerziehung und privatem Sponsoring nur recht bedingt zu leisten. Sollte beispielsweise Robert Musils Aperçu zutreffen - und vieles spricht dafür -, die Unsterblichkeit der großen Kunstwerke gründe in ihrer Unverdaulichkeit, so wird ein elementarer Widerspruch zu einer überwiegend auf Tageskonsum ausgerichteten Medienproduktion erkennbar, der nicht geheilt werden kann. Man sollte ihn auch nicht wegreden, sondern vermehrt die unterschiedlichen Wertigkeiten in möglichst produktive Beziehung zueinander bringen.

5 Fazit

Der Stand der Diskussion zum Verhältnis von Medienökonomie und Medienkultur ist nicht zufälligerweise unbefriedigend. Die Vernachlässigung der wirtschaftswissenschaftlichen Perspektive durch die Kommunikationswissenschaft, die intensive Wertigkeit und damit Ideologisierbarkeit kultureller Sachverhalte und die Überkomplexität der hier anzuvisierenden Systemkonstellation erschweren deren Analyse in hohem Maß. Medien-Anspruchskultur als besonders qualifiziertes, kostspieliges und vergleichsweise wenig nachgefragtes Medienangebot steht dabei im Zentrum hitziger Kontroversen und daher auch dieses Beitrags. Mithilfe eines funktionalistisch-systemtheoretischen Bezugsrahmens und eines ausreichend differenzierten Begriffs von Medium, in Verbindung mit medienökonomischen Grundkategorien lässt sich dieser Beobachtungsgegenstand zumindest tentativ gliedern, partiell erhellen und die diesbezügliche Diskussion dank Werturteilsabstinenz etwas versachlichen.

Zu Thesen verdichtet lassen sich die Hauptbefunde dieser Analyse wie folgt zusammenfassen:

(1) Der Wandel der ökonomisch-kulturellen Rahmengegebenheiten hat auch die Bedingungen der Produktion von Medien-Anspruchskultur stark verändert. Die Pluralisierung der Kulturmuster und die Relativierung ihrer Verbindlichkeit schmälern die Legitimationsbasis für die Verbreitung von Anspruchs- gegenüber solcher von Populärkultur für den demokratischen Staat als deren Förderer, die Wirtschaft als deren Sponsor und für die Medien selber, insbesondere für den öffentlich-rechtlichen Rundfunk. Der

Druck auf höhere Wirtschaftlichkeit und mehr politische Verteilungs-
gerechtigkeit wächst dementsprechend.

(2) Auch Medien-Anspruchskultur halten die Rezipienten für kostengünstig.
Dabei ist ökonomisch die Produktion von Kulturgütern wie deren Distribution von „Kostenkrankheit" betroffen, als ja auch die Nachfrage ihres
Anspruchs und ihres entsprechenden Images wegen sehr eingeschränkt ist.
Als meritorisches Gut schwer monetarisierbar ist sie wenig wettbewerbs-
und markttauglich und bildet mithin für die Medienunternehmer ein besonders hohes Risiko. Da ihr voller Gebrauchsnutzen weniger unmittelbar
erfahrbar ist als derjenige von Medien-Akzeptanzkultur, vermag auch die
herkömmliche Publikums- und Medienforschung den Nutzen für die Inserenten und Rezipienten nicht überzeugend darzutun.

(3) Die Strategien der Medienunternehmungen, mit dieser Problematik zu
Recht zu kommen, variieren gemäß ihrem Institutionalisierungsmodus.
Dem öffentlich-rechtlichen Rundfunk erwachsen aus seinem Kulturauftrag
größere Verpflichtungen zur Pflege von Elitekulturellem als dem privaten.
Während bei den ausschließlich werbefinanzierten Privaten die Tendenz
überwiegt, die Nachfragechancen ihres ohnehin kleineren diesbezüglichen
Angebots durch dessen Überführung in Medien-Akzeptanzkultur zu steigern, bemühen sich die Verantwortlichen des ersteren vor allem argumen-
tativ, die von ihnen offerierte Medien-Anspruchskultur zu legitimieren. Da
auch ihre Forschung sich nach wie vor primär auf Wirtschaftsobjekte und
-subjekte bezieht und nicht auf Publika im Vollsinn des Wortes, sind ihre
einschlägigen Werbebemühungen und Öffentlichkeitsarbeit nicht sehr wir-
kungsvoll, umso mehr als sie erst wenig von schulischen Anstrengungen
zur Verbesserung der allgemeinen Medienkompetenz unterstützt werden.
Angesichts der komplexen Systemzusammenhänge, in die es hier zu intervenieren gilt, versprechen im Übrigen nicht einzelne, sondern nur koordi-
nierte Maßnahmen längerfristigen Erfolg.

(4) Die Perspektiven für einen Erfolg sind ja nicht nur negativ. Wohl bestehen
elementare Gegensätze zwischen der Exklusivität elitekultureller Muster
und der hohen distributiven Produktivität des Mediensystems. Dieses
bleibt indes weiterhin, und bei steigendem allgemeinen Bildungsniveau
noch vermehrt, auch auf qualifizierte Zulieferungen der kulturellen Institutionen angewiesen. Dass andererseits für die Umsetzung dieser Zulieferungen in attraktive Medien-Anspruchskultur in Zukunft noch weitere
Verfahren entwickelt werden, braucht bei der Dynamik des Mediensystems
nicht bezweifelt zu werden.

Kommentierte Literaturhinweise

Frank, Bernward/Gerhard Maletzke/Karl H. Müller Sachse (1991) (Hg.): Kultur und Medien. Angebote - Interessen - Verhalten. Eine Studie der ARD/ZDF-Medienkommission, Baden-Baden: Nomos

Die Studie beleuchtet das Verhältnis von Medienökonomie und Medienkultur, aber auch die Konstituenten von Medienkultur überhaupt unter mannigfaltigen theoretischen Aspekten und dokumentiert das komplexe Beziehungsfeld mit einer großen Fülle empirischer Belege.

Kiefer, Marie Luise (1998): Die ökonomischen Zwangsjacken der Kultur: Wirtschaftliche Bedingungen der Kulturproduktion und -distribution durch Massenmedien, in: Ulrich Saxer (Hg.): Medien- und Kulturkommunikation (Publizistik Sonderheft 2), Opladen/Wiesbaden, Westdeutscher Verlag: 97-114

Das von der Autorin in ihrer „Medienökonomik" entwickelte theoretische Instrumentarium bewährt sich in der Anwendung auf die Medien-Kulturproduktion, indem es deren vielfältige ökonomische Paradoxien erklärt und so verstehbar macht.

Kiefer, Marie Luise (2001): Medienökonomik: Einführung in eine ökonomische Theorie der Medien, München/Wien: Oldenbourg

Die Verfasserin bringt Wirtschafts- und Kommunikationswissenschaft in eine solch vielseitige, für theoretische wie praktische Fragestellungen gleichermaßen hilfreiche Synthese, dass diese, komplementär zu Luhmanns soziologischer Fundierung, die medienökonomische Basis dieser Analyse bildet.

Luhmann, Niklas (1997): Die Gesellschaft der Gesellschaft, 2 Bde., Frankfurt a.M.: Suhrkamp

Der Autor bietet eine überaus umfassende, auch historisch gesättigte Einführung in die funktional-strukturelle Systemtheorie. Weil diese Gesellschaft primär als Kommunikationszusammenhang konzipiert ist, dient sie als soziologische Grundlage dieser Analyse über die Zusammenhänge zwischen Medienökonomie und Medienkultur.

Siegert, Gabriele (1996): Die Beziehung zwischen Medien und Ökonomie als systemtheoretisches Problem, in: Claudia Mast (Hg.): Markt - Macht - Medien: Publizistik zwischen gesellschaftlicher Verantwortung und ökonomischen Zielen, Konstanz, UVK-Medien: 43-55

Diese systemtheoretische Problematisierung der Beziehung zwischen Ökonomie und Medien konturiert die elementaren Spannungen, von denen insbesondere auch die Medien-Kulturproduktion geprägt ist.

Medienpolitik - Regulierung der öffentlichen Kommunikation

Gerhard Vowe

Um den prägenden Einfluss der Politik auf den Medienbereich angemessen berücksichtigen zu können, wird ein mehrdimensionales Modell der Medienpolitik auf der Basis eines ökonomischen Theorieansatzes entwickelt („Public Choice"). Im Mittelpunkt stehen bindende Entscheidungen. Sie fungieren als Regulierungen - als medienspezifische Festlegung von Bedingungen, unter denen öffentlich kommuniziert wird. Regulierungen entstehen in und aus der Interaktion der medienpolitischen Akteure. Sie bilden institutionalisierte Akteurskonstellationen, in denen sie ihre Interessen nach Maßgabe ihrer Ressourcen durchzusetzen versuchen. Die Regulierungen sind geprägt von publizistischen Interessen an der Maximierung des Einflusses auf die öffentliche Meinung. Dies dominiert auch die Regulierung der wirtschaftlichen Beziehungen und der Arbeitsbeziehungen. Die Entscheidungen stehen in einem stabilisierenden Rahmen aus politisch-rechtlichen Grundregeln. Diese Ordnungsentscheidungen sind wiederum in politisch-kulturellen Orientierungsmustern verankert, wie zum Beispiel dem dominanten Medienbild. Regulierung, Interaktion und Rahmen bilden einen Regelkreis: Die Regulierung geht aus der Interaktion hervor und wirkt auf sie zurück, so wie der Rahmen die Regulierung und die Interaktion prägt.

1   Einleitung

Ob es um die Zukunft der Kirch-Gruppe geht oder um den Zugang zum digitalen Fernsehen, um den Verkauf der Kabelnetze oder um die Besetzung von Spitzenpositionen in Medienorganisationen, um den Erwerb von Übertragungsrechten an Sportereignissen oder um die Neuregelung von Autorenrechten - immer stößt man auf eine enge Verknüpfung von medienökonomischen und medienpolitischen Momenten, und dies ist keineswegs ein Spezifikum der aktuellen Fälle. Der Medienbereich ist deutlich stärker von Politik geprägt als es andere Branchen sind. Dies gilt für Presse und Rundfunk ebenso wie für die Online-Kommunikation, für die Gegenwart ebenso wie für vergangene Epochen, für autoritäre politische Systeme ebenso wie für liberal-demokratische. Medienökonomische Prozesse sind durch politisch-publizistische Kalküle in hohem Maße beeinflusst; die politische Sensibilität gibt der Medienwirtschaft ein spezifisches Profil.

Um diese prägende Kraft der Medienpolitik angemessen in der Beschreibung, Erklärung und Voraussage von Medienentwicklungen berücksichtigen zu können, wird im Folgenden ein entscheidungstheoretisch basiertes mehrdimensionales Modell von Medienpolitik entwickelt, das den Kern von Politik, die kollektiv verbindlichen Entscheidungen, in den Mittelpunkt rückt (vgl. Parsons 1969: 352 ff.).

 Um diese prägende Kraft der Medienpolitik angemessen in der Beschreibung, Erklärung und Voraussage von Medienentwicklungen berücksichtigen zu können, wird im Folgenden ein entscheidungstheoretisch basiertes mehrdimensionales Modell von Medienpolitik entwickelt, das den Kern von Politik, die kollektiv verbindlichen Entscheidungen, in den Mittelpunkt rückt.

Dabei werden vier Aspekte unterschieden:[1]

- Unter substanziellem Aspekt stehen die Entscheidungsinhalte im Vordergrund: Entscheidungen werden als Regulierung gesehen (s. dazu Kapitel 2).

- Unter sozialem Aspekt stehen die Entscheidungsakteure im Vordergrund: Entscheidungen werden als Interaktion gesehen (s. dazu Kapitel 3).

- Unter zeitlichem Aspekt stehen die Entscheidungsprozesse im Vordergrund: Entscheidungen werden als Regelkreis gesehen (s. dazu Kapitel 4).

- Unter reflexivem Aspekt steht der Entscheidungsrahmen im Vordergrund: Entscheidungen werden als Ergebnis von Entscheidungen zweiter Ordnung gesehen (s. dazu Kapitel 5).

Die Übersicht zeigt, welches Bedingungsgefüge die Komponenten des Modells verbindet:

---

1   Der substanzielle Aspekt korrespondiert mit der „Policy-Dimension", der soziale mit der „Politics-Dimension" und der reflexive mit der „Polity-Dimension" des Politikbegriffs.

Abbildung 1:   *Struktur medienpolitischer Entscheidungen:*
                  Regulierung, Interaktion und Rahmen im Regelkreis

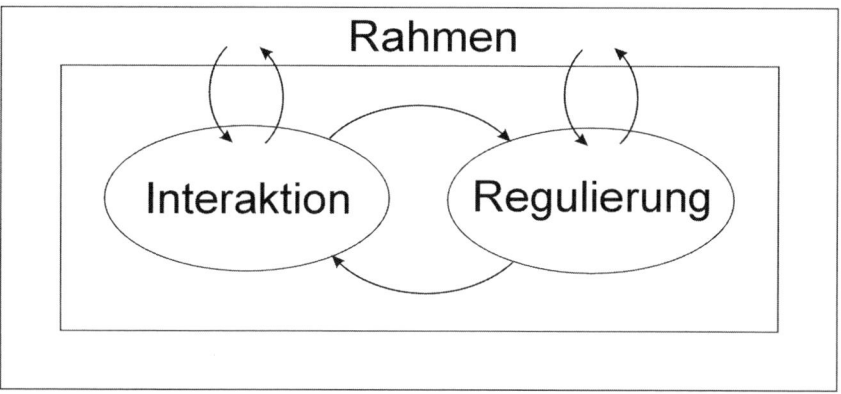

2   Medienpolitik als Regulierung der öffentlichen Kommunikation

Den substanziellen Kern von Medienpolitik bilden Regulierungen - verbindliche Entscheidungen über die Rahmenbedingungen, unter denen öffentlich kommuniziert wird, ob es zum Beispiel Fernsehdirektübertragungen aus Gerichtssälen geben darf oder nicht. Sie bilden eine spezifische Ergänzung der Regelungen, die für alle Wirtschaftsprozesse gelten, wie das Verbot unlauteren Wettbewerbs oder die Vorschriften für Unternehmensbilanzen. Diese Bedingungen fungieren als Begrenzungen für den Handlungsraum derjenigen, die in verschiedenen Rollen (Sprecher, Vermittler, Hörer etc.) und in verschiedenen Kontexten (Politik, Wirtschaft, Sport etc.) öffentlich kommunizieren. Regulierungen eröffnen den Kommunikationsakteuren damit Möglichkeiten und schließen andere aus.

Regulierungen der öffentlichen Kommunikation lassen sich vor allem danach unterscheiden, an welchem von drei Elementen der öffentlichen Kommunikation sie ansetzen:

- Regulierung der Teilnahme: Wer soll und wer soll nicht in bestimmten Rollen an der öffentlichen Kommunikation teilnehmen? Wer soll Zutritt zu den Märkten erhalten?

- Regulierung der Inhalte: Was soll und was soll nicht öffentlich kommuniziert werden?

■ Regulierung der Prozeduren: Wie soll und wie soll nicht öffentlich kommuniziert werden?

Im Folgenden wird die medienpolitische Regulierung segmentär, und zwar im Hinblick auf Medienbereiche differenziert. Die Schwerpunkte der Regulierung, aber auch die jeweiligen Akteurskonstellationen, die Prozessstrukturen und die Rahmenbedingungen differieren so stark von Medienbereich zu Medienbereich, dass man von Pressepolitik, Rundfunkpolitik und Onlinepolitik als voneinander deutlich unterscheidbaren Teilbereichen der Medienpolitik sprechen kann.[2]

> Im Folgenden wird die medienpolitische Regulierung segmentär, und zwar im Hinblick auf Medienbereiche differenziert. Die Schwerpunkte der Regulierung, aber auch die jeweiligen Akteurskonstellationen, die Prozessstrukturen und die Rahmenbedingungen differieren so stark von Medienbereich zu Medienbereich, dass man von Pressepolitik, Rundfunkpolitik und Onlinepolitik als voneinander deutlich unterscheidbaren Teilbereichen der Medienpolitik sprechen kann.

2.1   Regulierung im Pressebereich

Ausgangspunkt für die Regulierung der Teilnahme an der Pressekommunikation ist die eigentumspolitische Grundsatzentscheidung für eine privatwirtschaftliche Struktur der Presse. Die gesetzlich der Presse zugewiesene „öffentliche

---

2   Zu der jeweiligen Regulierungslage im Einzelnen siehe die Beiträge von Stöber, Beck, Rössler und Schulz/Jürgens in Bentele/Brosius/Jarren 2002. Die medienpolitisch herausragenden Ereignisse im Deutschland der Nachkriegszeit sind kommentiert in Schütz 1999 und Kopper 1992. Bei der Pressepolitik steht die Tageszeitung im Mittelpunkt, bei der Rundfunkpolitik das Fernsehen und bei der Onlinepolitik das World Wide Web (WWW). Die Politik im Hinblick auf Film, Buch, Tonträger usw. wird im Folgenden nicht behandelt, da die Schwerpunkte in der Medienpolitik nach der publizistischen Bedeutung gesetzt werden. Der Darstellung liegt eine Systematik nach Ansatzpunkten der Regulierung zugrunde (Teilnehmer, Inhalte, Prozeduren; vgl. Kopper/Rager/Lehmann et al. 1993). Implizit werden die Teilbereiche der Medienpolitik dann noch nach einem strategischen Gesichtspunkt differenziert und zwischen regulativen (Ge- und Verbote), performativen (staatliche Leistungen), ökonomischen (An- und Abreize) und kommunikativen (positive und negative Beeinflussung) Instrumenten unterschieden (die leitende Unterscheidung bei Jarren 1998: 617). Innerhalb der Medienbereiche können Regulierungen auf einzelne Phasen des Kommunikationsprozesses spezifiziert werden (Informationsbeschaffung, Medienproduktion, Distribution, Rezeption). Im Folgenden werden allein die deutschen Regulierungsverhältnisse dargestellt. Ein internationaler Vergleich kann ebensowenig geleistet werden wie die Einbettung in den historischen Kontext.

Aufgabe" - die freie Bildung einer öffentlichen Meinung zu Angelegenheiten allgemeinen Interesses - soll durch eine möglichst große Vielzahl konkurrierender Presseanbieter geschehen. Grundvoraussetzung dafür ist, dass jeder ein Pressemedium dem Publikum anbieten darf, ohne die Genehmigung durch eine staatliche oder außerstaatliche Instanz einholen zu müssen (Lizenzfreiheit). Soll jemandem der Zugang zum Publikationsmarkt untersagt werden, sind dafür hohe Hürden zu überwinden (zum Beispiel ein Parteiverbot durch das Bundesverfassungsgericht).

Allerdings ist der Wettbewerb zwischen Presseunternehmen erheblich beeinträchtigt: Bei den Tageszeitungen finden seit langem praktisch keine Marktzutritte mehr statt und es sinkt die Zahl der unabhängigen Verlage und der „Publizistischen Einheiten" (vgl. Stöber 2000; Schütz 1999). In Folge einer intensiven öffentlichen Diskussion in den 60er Jahren ist das kartellrechtliche Instrument der Fusionskontrolle speziell für die Presse verschärft worden: Bereits ein Zusammenschluss von Presseunternehmen mit einem gemeinsamen Umsatz von 25 Millionen Euro - im Unterschied zu 500 Millionen Euro in anderen Branchen - ist beim Bundeskartellamt anzeigepflichtig, das eine Fusion untersagen oder an Auflagen knüpfen kann, wenn eine - über Marktanteile definierte - marktbeherrschende Stellung entsteht oder verstärkt wird. Im Schatten dieser rechtlichen Regelung haben sich Kooperationsformen der Presseunternehmen unterhalb der Schwelle der Fusion (Marktabgrenzung, gemeinsame Infrastruktur) und informelle Verfahren der Abstimmung zwischen Kartellbehörden und Presseunternehmen - unter Vermittlung der Verbände - etabliert. Im Kartellrecht ist außerhalb der Fusionskontrolle nur die Möglichkeit gegeben, den ökonomischen Missbrauch einer marktbeherrschenden Stellung (zum Beispiel bei der Preisgestaltung) zu unterbinden, nicht aber gegen die marktbeherrschende Stellung selbst vorzugehen.

Im Vergleich zur wettbewerbspolitischen Regulierung kommt strukturpolitischen Eingriffen nur geringe Bedeutung zu. Die Subventionierung der Presse beschränkt sich auf einige Steuervergünstigungen und ist im Vergleich zu anderen Ländern und zu anderen Branchen zurückhaltend. Wichtiger für die Presseverlage sind rechtliche Schutzvorkehrungen gegen Konkurrenten auf dem Werbemarkt wie den Anzeigenblättern und den Gratiszeitungen. Auch dadurch ist es bislang weitgehend gelungen, ausländische Anbieter vom deutschen Pressemarkt fernzuhalten, während deutsche Anbieter vor allem auf osteuropäischen Märkten stark vertreten sind. Noch wichtiger für die Presse sind die territorialen und zeitlichen Beschränkungen der Werbezeit beim Rundfunk, während umgekehrt die Hürden für eine Beteiligung der Verleger am Rundfunk Stück für Stück niedriger gelegt wurden.

Die Gefahr, dass ein einzelner Akteur die publizistische Schlüsselfunktion der Nachrichtenselektion monopolisiert, ist dadurch gebannt, dass die führende deutsche Nachrichtenagentur als eine Genossenschaft der Verleger gegründet wurde, die zudem im Wettbewerb mit weltweit agierenden Agenturen steht. Vorschläge, die Pressedistribution analog dazu genossenschaftlich bzw. gemeinwirtschaftlich zu organisieren, konnten sich nicht durchsetzen.

Staatliche Eingriffe in die Inhalte politischer Berichterstattung sind an eng definierte Bedingungen gebunden (etwa zum Schutz des inneren Friedens oder bei Verunglimpfung des Staates). Auch für nicht-politische Presseinhalte gilt: Zwar hat die Presse zahlreiche Bestimmungen zu beachten, die sich aus dem Jugend-, dem Persönlichkeits- und dem Minderheitenschutz ergeben. Aber jede Einschränkung des Spielraums der Presse trifft auf heftigen Widerstand.

Im Hinblick auf die journalistische Recherche wird durch rechtliche Regelungen der Spielraum der Journalisten gegen staatliche Eingriffe geschützt; Beispiele sind der Quellenschutz durch das Zeugnisverweigerungsrecht und die Privilegierung der Journalisten bei behördlichen Auskünften. Im Gegenzug wird den Journalisten in den Landespressegesetzen eine Sorgfaltspflicht als Norm auferlegt: Nachrichten sind vor der Publikation „mit der äußersten, nach den Umständen gebotenen Sorgfalt" zu prüfen. Diese Rahmenregelungen zu den Prozeduren sind durch selbstregulative Vorkehrungen ergänzt worden: Der Presserat - eine Selbstkontrolleinrichtung der presserelevanten Verbände - kann bei Verstößen gegen den selbst auferlegten Pressekodex Rügen erteilen.

Fazit: Die regulativen Grenzen für die Presse sind weit gesteckt. Vieles, aber nicht alles wird der Selbstregulation auf dem Markt oder in Verbandsgremien überlassen. Dies kontrastiert scharf mit traditioneller pressepolitischer Praxis: Eine staatliche Steuerung von der Informationsbeschaffung über Presseproduktion und Distribution bis zur Rezeption kann nur noch an vergangenen Epochen studiert werden.

2.2   Regulierung im Rundfunkbereich

Sehr viel stärker als im Pressebereich wird reguliert,

- wer als Anbieter an der Rundfunkkommunikation teilnehmen darf und wer nicht;

- was Inhalt von Rundfunkkommunikation sein darf und was nicht;

- wie Rundfunkkommunikation ablaufen darf und wie nicht.[3]

Der Zugang ist für potenzielle Anbieter genau geregelt. Grundlage dafür sind die ersten drei Rundfunkurteile des Bundesverfassungsgerichts (Entscheidungen des Bundesverfassungsgerichts BVerfGE 12: 205 ff.; 31: 314 ff.; 57: 295 ff.), die auf der Basis eines publizistischen Verständnisses von Rundfunk (Funktion: Bildung öffentlicher Meinung) das Spektrum der Anbieter festgelegt hatten: Die öffentlich-rechtliche Form der Rundfunkanbieter wird vorgezogen, die privat-kommerzielle hingenommen und die staatliche ausgeschlossen. Nach zähem Ringen einigten sich 1984 die rundfunkpolitischen Hauptakteure - Landesregierungen, die beiden großen Parteien und Medienorganisationen - darauf, diesen Rahmen durch ein „duales Rundfunksystem" auszufüllen, mit dem öffentlich-rechtliche und privat-kommerzielle Rundfunkanbieter in ein geregeltes Verhältnis gestellt werden.

Öffentlich-rechtliche Anbieter sind weder Behörden noch Unternehmen. Sie werden durch Gesetz begründet, erfüllen aber die darin gesetzte „öffentliche Aufgabe" in Eigenverantwortung und ohne Gewinnorientierung. Mit dieser Konstruktion wird in Abkehr von der deutschen Tradition Rundfunk öffentlich, aber nicht staatlich organisiert, und eben dies staatsrechtlich garantiert. Die öffentlich-rechtlichen Anbieter sind föderal strukturiert - in einem weitgehend von landes- und parteipolitischen Interessen geprägten und seit jeher umstrittenen Zuschnitt. In ihrer Binnenstruktur ist der jeweilige Rundfunkrat von besonderer Bedeutung - ein Gremium, durch das die politischen Organisationen Einfluss auf die öffentlich-rechtlichen Anbieter nehmen.

Wer als privat-kommerzieller Anbieter auf den Rundfunkmarkt treten darf, wird in einem Zulassungsverfahren politisch entschieden. Vor allem dafür sind die Landesmedienanstalten gegründet worden - rechtlich eigenständige, aus der Rundfunkgebühr finanzierte Organisationen mit föderalem Zuschnitt. Sie werden von den Landesregierungen und den sie tragenden Parteien kontrolliert, und zwar vor allem über die Aufsichtsgremien und über die Besetzung der Leitung (vgl. Jarren/Schulz 1999: 126, 143). Sie vergeben nach publizistischen und ökonomischen Kriterien die für privat-kommerzielle Nutzung vorgesehenen terrestrischen Frequenzen und regeln die Belegung der Kabelkanäle. Damit konkurrieren die Landesmedienanstalten um die Standortentscheidungen der Anbieter; andererseits ist ihre Kooperation erforderlich, um bundesweite pri-

---

3   Das zentrale Regelwerk ist der von den Bundesländern gemeinsam beschlossene und mehrfach veränderte „Staatsvertrag über den Rundfunk im vereinten Deutschland". Die am 1.7.2002 in Kraft getretene Fassung ist abgedruckt in „Media Perspektiven - Dokumentation I/2002" (vgl. auch Stuiber 1998: 330f.).

vat-kommerzielle Programme zu ermöglichen. Außerdem kontrollieren die Landesmedienanstalten, ob die privaten Anbieter die Rechtsvorschriften (zum Beispiel Werbeanteil) und die Vereinbarungen (zum Beispiel Informationsanteil) einhalten. Für die Durchsetzung von Regeln steht ein abgestuftes Sanktionspotenzial - vom Bußgeld bis zum Lizenzentzug - zur Verfügung; die Anstalten setzen aber auf die Kooperation der privaten Anbieter und auf informelle Verfahren.

Für die Kontrolle der Konzentration und damit der Anbieterstruktur im privaten Fernsehen ist ein rundfunkspezifisches Instrumentarium entwickelt worden, das sich nicht auf Fusionskontrolle beschränkt. Entgegen den früher leitenden Vorstellungen von Außenpluralismus durch Wettbewerb und Binnenpluralismus durch Anbietergemeinschaften orientiert sich die derzeit gültige Regelung an einem Marktanteilsmodell. Damit wurde den großen deutschen Rundfunkunternehmen ein limitiertes Wachstum ermöglicht - mit Verweis auf den internationalen Wettbewerb. Im Gegenzug ist bislang weitgehend verhindert worden, dass ausländische Anbieter Zutritt zum deutschen Rundfunkmarkt erhielten. Dadurch blieb das Verhältnis zwischen Medienorganisationen und politischen Organisationen überschaubar und wechselseitiger Einfluss gesichert. Zwar hat sich auf EU-Ebene trotz einiger Anläufe keine rundfunkspezifische Kontrolle der Konzentration entwickelt, aber im Rahmen ihrer allgemeinen Wettbewerbspolitik ist die EU-Kartellbehörde auch im Medienbereich tätig geworden; so hat sie zum Beispiel die Kooperation von Bertelsmann und Kirch beim digitalen Pay-TV unterbunden, vor allem um den Zugang für Anbieter von digitalen Programmen offen zu halten. Auch auf nationaler Ebene hat die Sicherung des offenen Zugangs zum digitalen Fernsehen einen hohen Stellenwert gewonnen, da die Bedeutung digitaler Plattformen für alle Formen medialer Kommunikation zunehmen wird. Anbieter von technischen Schnittstellen zum digitalen Fernsehen („Set Top Box") müssen nach deutschem Rundfunkrecht den Zugang für alle Anbieter von digitalen Programmen diskriminierungsfrei gestalten.

Zur Regulierung der Rundfunkinhalte: Die Rundfunkpolitik - Domäne der Bundesländer bei wachsender Bedeutung der EU - nimmt vielfältig Einfluss darauf, wie viele und welche Programme gesendet und welche nicht gesendet werden dürfen. Vor allem durch die Privilegierung der öffentlich-rechtlichen Fernsehprogramme bei Frequenzvergabe bzw. Kabelbelegung und durch programmstrukturelle Vorschriften werden die Publizitätschancen der politischen Akteure zu wahren versucht.

Die öffentlich-rechtlichen Anbieter sind bevorzugt gehalten, die „Grundversorgung" vor allem mit politischer Information in der gebotenen Gründlichkeit und Vielfalt zu sichern (BVerfGE 73: 118 ff.; 74: 297 ff.). Dies konkretisiert sich im gesetzlichen „Programmauftrag" - mit Konsequenzen für die politische Balance, die regionale Berichterstattung und das kulturelle Niveau. Mit dieser publizistischen Schlüsselstellung wird gerechtfertigt, dass eine angemessene Finanzierung der öffentlich-rechtlichen Anbieter politisch garantiert wird: Jeder Rezipient wird zur Zahlung von Gebühren verpflichtet und die finanzstarken öffentlich-rechtlichen Anbieter alimentieren die finanzschwachen. Der verbindliche Gebührensatz wird alle zwei Jahre in einem mehrstufigen Aushandlungsprozess zwischen den öffentlich-rechtlichen Anbietern, einer Kommission mit Sachverständigen und den Landesregierungen erhöht (vgl. Heinrich 1999: 93). Den prozeduralen Rahmen hat das Bundesverfassungsgericht gesteckt, um bei der Absicherung des Programmauftrages sowohl Staatsferne zu gewährleisten als auch der Budgeterweiterung Schranken zu setzen (BVerfGE 87: 181 ff.; 90: 60 ff.).

Die privaten Anbieter sind dadurch nicht vollständig aus der publizistischen Verpflichtung entlassen; dazu dient vor allem der Hebel des Zulassungsverfahrens. Bei der Auswahl zwischen konkurrierenden Bewerbern um eine Frequenz mischen sich publizistische und ökonomische Kriterien: Neben „wirtschaftlichem Engagement im Zulassungsgebiet" sind die „Relevanz für Meinungsvielfalt" und das „Ausmaß an tagesaktueller Berichterstattung" entscheidend. Dadurch wird erreicht, dass der Anteil politischer Information am Programm oberhalb dessen liegt, was Sender und Rezipienten freiwillig anbieten bzw. nachfragen. Auch die Unterscheidung von Voll-, Sparten- und Fensterprogrammen bietet Möglichkeiten des Eingriffs, zum Beispiel durch die Auflage, im Rahmen von Vollprogrammen regionale Formate zu senden oder bei einem bestimmten Marktanteil Fensterprogramme für Unabhängige einzurichten.[4] Selbstverständlich gelten für öffentlich-rechtliche und private Anbieter gleichermaßen die allgemeinen publizistischen Regeln, mit denen Rechtsgüter geschützt werden sollen, die mit der Rundfunkfreiheit kollidieren, so im Hinblick auf den Jugendschutz oder auf den Schutz der Persönlichkeit von denjenigen, über die berichtet wird.

---

4   Nur als Soll-Vorschrift durchsetzbar war in der EU-Fernsehrichtlinie die vor allem von Frankreich favorisierte verbindliche Quotierung im Hinblick auf den Anteil nationaler bzw. europäischer Produktionen am TV-Programm - dies hätte die Abschottung der nationalen Fernsehmärkte gegen ausländische Anbieter ergänzt.

Für den Verbraucherschutz ist von besonderer Bedeutung, dass die Verfügung über Übertragungsrechte für große (Sport-)Ereignisse durch rundfunkpolitische Entscheidungen auf europäischer Ebene eingeschränkt ist. Explizit wurde ein Recht auf Kurzberichterstattung eingeführt, das einem Fernsehveranstalter von dem Inhaber der Übertragungsrechte für die jeweiligen Ereignisse nicht streitig gemacht werden kann. Umstrittener ist die Regelung, dass Ereignisse von nationaler Bedeutung, wie zum Beispiel Fußballländerspiele, nicht ausschließlich im Pay-TV gezeigt werden dürfen. Die Kontingentierung von Werbung und Teleshopping hat hingegen vor allem strukturpolitische Effekte; es profitieren dabei vor allem die Publikumszeitschriften.

Bei der Regulierung der Prozeduren der Rundfunkkommunikation steht die Festlegung von Standards für Produktion, Übertragung und Empfang von analogem und digitalem Rundfunk im Vordergrund. Diese Standards sichern eine bestimmte Qualität der Kommunikation (Signal-Rausch-Abstand) und erlauben die Realisierung von Skalenerträgen. Insbesondere der Standardisierung in der Kompression von Audio- und Videosignalen kommt eine bahnbrechende Bedeutung für die weitere Entwicklung der Rundfunklandschaft zu. Mit dem digitalen Fernsehen sind in verstärktem Maße Datenschutzprobleme verbunden, denen mittlerweile auch rundfunkrechtliche Regulierungen gelten.

Fazit: Kern der Regulierung bildet im Rundfunkbereich eine strikte Kontrolle darüber, wer überhaupt als Anbieter auftreten darf. Des Weiteren wird bei den öffentlich-rechtlichen Anbietern durch Regelungen zur Binnenstruktur und zur Finanzierung der Einfluss politischer Organisationen gesichert. Bei den privaten Anbietern wird kontrolliert, in welchem Maße sich Oligopole bilden können. Weiterhin wird dafür gesorgt, dass nicht alles kommuniziert werden darf, was Aufmerksamkeit erregen könnte, sondern dass dabei auch Schutzrechte gewahrt werden - sowohl bei Redaktions- als auch bei Insertionsprogrammen (Sorgfaltspflicht, Jugendschutz, vergleichende Werbung und anderes mehr). Einschränkungen der Rundfunkwerbung sind protektionistische Maßnahmen für die Presse, sie dienen aber auch dazu, die Kommunikationschancen der politischen Organisationen in Presse und Rundfunk zu verbessern. Mit der Verpflichtung auf die Grundversorgung und mit anderen programmstrukturellen Vorschriften bleiben auch unter verstärkter Konkurrenz und bei veränderten Präferenzen der Rezipienten die Publizitätschancen für politische Organisationen gewahrt.

2.3   Regulierung im Onlinebereich

Im Schnittpunkt von drei sehr unterschiedlichen Politikkulturen - der Informatikpolitik, der Telekommunikationspolitik (vgl Schneider 1999) und der Rundfunkpolitik - hat sich binnen kürzester Frist die Onlinepolitik als ein eigener Medienpolitikbereich herausgebildet. Das Tempo der Regulierung zeigt, dass auch die Politik von der Beschleunigung der Medienentwicklung erfasst ist.

Die Schwerpunktsetzung der Onlinepolitik ist geprägt von einer ambivalenten öffentlichen Diskussion, in der einerseits Inhalte thematisiert werden, denen negative Wirkung unterstellt wird, und in der andererseits günstige Bedingungen für die dynamische Entwicklung eines Kommunikationsbereichs gefordert werden, dem wie kein anderer Modernität und Prosperität zugesprochen wird. Mit der eigenständigen Regulierung ist die Onlinekommunikation dem engen Korsett der Rundfunkregulierung entzogen worden (vgl Schulz 1997).

Im Gegensatz zum Rundfunk kennt man im Onlinebereich kein Zulassungsverfahren. Und im Gegensatz zur Telekommunikation kennt man im Onlinebereich keinen Universaldienst. Von daher wurde auf eine Regulierung der Nutzerzusammensetzung in jeglicher Form verzichtet.

Die Verantwortlichkeit für justiziable Inhalte ist pragmatisch geregelt: Sie ist nach Providertyp gestaffelt (Unterscheidung von Content-, Service- und Access-Providern). Im Hinblick auf die Prozeduren sind auf nationaler Ebene vor allem Regelungen für den Datenschutz und für die Authentifizierung, auf transnationaler Ebene vor allem für die Adressierbarkeit der Teilnehmer getroffen worden. Damit sind durch den Einfluss der Informatik neue Probleme auf die Agenda der Medienpolitik gekommen, vor allem Datensicherheit (digitale Signatur, Kryptographie) und Datenschutz.

3   Medienpolitik als Interaktion

Wie entstehen Regulierungen - wie ist zu erklären, dass eine spezifische Regelung mit einer spezifischen Zielrichtung zu einem spezifischen Zeitpunkt gesetzt und durchgesetzt wird? Um Regulierungen zu erklären, ist es erforderlich, medienpolitische Entscheidungen unter sozialstrukturellem Aspekt zu betrachten. Dann tritt das substanzielle Moment, die Regulierung, zurück und die Interaktion der medienpolitischen Akteure wird in den Vordergrund gerückt. Regulierungen sind das Ergebnis von Interaktionen - der wechselseitigen Beeinflussung von politischen Akteuren im Zusammenhang von Regulierungen.

Im Hinblick auf die politischen Akteure werden im Modell folgende grundlegenden Annahmen gemacht:[5] Entscheidungen sind das Ergebnis eines akteursinternen Zusammenwirkens von Wollen, Wissen und Können - also von Motivation, Kognition und Ressourcen. Grundannahme ist, dass die Akteure im Prinzip rational handeln, also in einer gegebenen Situation diejenige von den Möglichkeiten des Handelns auswählen, die das relativ günstigste Verhältnis von Kosten und Nutzen aufweist.[6]

> Entscheidungen sind das Ergebnis eines akteursinternen Zusammenwirkens von Wollen, Wissen und Können - also von Motivation, Kognition und Ressourcen. Grundannahme ist, dass die Akteure im Prinzip rational handeln, also in einer gegebenen Situation diejenige von den Möglichkeiten des Handelns auswählen, die das relativ günstigste Verhältnis von Kosten und Nutzen aufweist.

Akteure handeln nicht isoliert, sondern in Akteurskonstellationen, in denen Interaktionen als Zusammenspiel von Konfrontation und Kooperation ablaufen und die durch spezifische Institutionen stabilisiert werden.

Das Handeln unterliegt Restriktionen: Der Spielraum der Akteure wird begrenzt durch Bedingungen, die sie selbst nicht kontrollieren können, wie die situativen Beschränkungen der Ressourcen, die konventionalisierten Weltbilder, die normative Prägung der Motive und die Spielregeln für die Auseinandersetzung mit anderen Akteuren.

Auf dieser Basis werden politische Entscheidungen nicht funktional als Lösungen gesellschaftlicher Probleme begriffen, sondern aktional aus dem Mit- und Gegeneinander eigennütziger Akteure innerhalb eines gegebenen Rahmens erklärt. Dies gilt auch für Entscheider im politischen Raum - sie orientieren sich ebenso wie alle anderen Akteure in erster Linie an ihrem eigenen Nutzen (vgl. Frey/Kirchgässner 1994).

Dreh - und Angelpunkt einer Erklärung ist also die Frage, von welchen Interessen diejenigen Akteure geprägt sind, die untereinander Regulierungen aushandeln (Kapitel 3.1), und welche Konstellationen sich bilden (Kapitel 3.2).

---

5   Unter Akteur wird hier jede Einheit verstanden, der Entscheidungsfähigkeit unterstellt und damit Handlungen zugerechnet werden können - nicht nur im politischen Bereich. Zum Akteurskonzept des Rational Choice-Ansatzes siehe Elster 1999; Sen 1999; Esser 1999; Homans 1968.

6   Kosten und Nutzen gehen in unterschiedlichen Dimensionen in die Kalkulation ein (monetär, zeitlich, sozial, kognitiv). Einzubeziehen sind auch Kosten und Nutzen auf der Meta-Ebene, also zum Beispiel für die entscheidungsbezogenen Informationsprozesse.

3.1 Interessenstruktur der medienpolitischen Akteure

Die Interessen der medienpolitischen Akteure lassen sich danach unterscheiden, welche Art von Beziehung mit Regelsetzungen strukturiert werden soll. In erster Linie sind dies:

- die Beziehungen zwischen politischen Organisationen und Medienorganisationen auf dem Markt politischer Meinungsbildung (Kapitel 3.1.1);
- die Beziehungen auf den medienwirtschaftlich relevanten Märkten (Kapitel 3.1.2);
- die Beziehungen innerhalb der Medienorganisationen (Kapitel 3.1.3).

Ein Teil der an der medienpolitischen Regulierung beteiligten Akteure - die um politische Macht konkurrierenden Organisationen, vor allem die Parteien und staatlichen Instanzen - ist primär publizistisch interessiert, das heißt diese Akteure streben vor allem nach einer Maximierung des Einflusses auf öffentliche Meinung. Ein anderer Teil der Akteure - die Medienorganisationen und ihre Verbände - ist primär ökonomisch interessiert, das heißt die Akteure streben vor allem nach einer Maximierung des Budgets oder des Gewinns - je nach Anreizsystem der Organisation. Hinzu kommen die unterschiedlichen Interessen im Hinblick auf die Verteilung von Ressourcen innerhalb einer Organisation, insbesondere zwischen Organisationsbasis und Organisationsspitze, und die Eigeninteressen von Organisationen, die eigens für medienpolitische Regulierung eingerichtet werden (zum Beispiel die Landesmedienanstalten).

3.1.1 Regulierung der publizistischen Beziehungen: Regeln für die Konkurrenz um Einfluss auf die politische Meinungsbildung

Geprägt ist die medienpolitische Interaktion in hohem Maße von der publizistischen Komponente. Das bedeutet, die medienpolitischen Akteurskonstellationen sind vor allem mit den Regeln für die Bildung öffentlicher Meinung beschäftigt.[7] Denn mit medienpolitischen Regulierungen werden auch die Bedingungen festgelegt, die eine Beziehung zwischen den beiden wichtigsten Akteurstypen in der politischen Kommunikation strukturieren. Den politischen Organisationen[8] und den Medienorganisationen[9] werden mit Regulierungen

---

7   Im Mittelpunkt stehen dabei die jeweils akuten politischen Probleme und Interessen - sie geben der Publizistik ihre Brisanz und drängen andere Themenbereiche wie Wirtschaft, Kultur oder Sport an den Rand.

8   Unter politischen Organisationen sind vor allem Parteien, allgemeine Verbände und Gebietskörperschaften zu verstehen, die in unterschiedlichen Rollen agieren, vor allem als politische Kommunikationsakteure und als Regulierungsakteure. Sie konkurrieren um politische Machtpositionen und sind von daher an publizistischem Einfluss interessiert.

also zugleich Möglichkeiten eröffnet und verschlossen. Insbesondere an der Regelung dieser Beziehung sind diese beiden Akteurstypen interessiert.

(a) Grundlage der publizistischen Beziehungen: Wettbewerb um Aufmerksamkeit

Was ist der Kern dieser Beziehung? Politische Organisationen stehen im Wettbewerb um politische Machtpositionen. In einem demokratischen System sind einige zentrale Machtpositionen an den Gewinn von Mehrheiten bei den Bürgern gebunden. Die politischen Akteure konkurrieren also in den verschiedenen Arenen um die Zustimmung der Bürger. Im Gegenzug konkurrieren die Bürger um Vorteile, die ihnen in ihren verschiedenen Rollen aus politischen Entscheidungen erwachsen.

Wer die Zustimmung von Wählern gewinnen will, muss erst einmal deren Aufmerksamkeit auf seine Botschaften lenken. Folglich konkurrieren die politischen Akteure um die knappe Ressource Aufmerksamkeit (vgl. Franck 1998) derjenigen, von deren Zustimmung bzw. Unterstützung ihre jeweilige politische Machtposition abhängig ist: die Wählerschaft oder die Parteimitgliedschaft oder die Belegschaften in einer Branche oder die Versicherten - je nachdem, welche Positionen zu besetzen sind. Die Konkurrenz um Aufmerksamkeit ist scharf - nicht nur zwischen den politischen Organisationen, auch zwischen ihnen und den Anbietern von nicht-politischen Kommunikaten, wie zum Beispiel Unterhaltungsangeboten oder Sportinformationen. Bei den Anbietern von Aufmerksamkeit, den Rezipienten, kann man davon ausgehen, dass sie Nutzen und Kosten der verschiedenen Angebote kalkulieren und vergleichen. Was nützt ein bestimmtes Informationsangebot und was kostet es in monetärer, zeitlicher und kognitiver Hinsicht? Da der einzelne Wähler davon ausgehen kann, dass seine individuelle Entscheidung einen relativ geringen Einfluss darauf hat, wer in welche Machtposition gelangt, ist es aus Sicht des einzelnen Wählers rational, im Regelfalle die Investitionen in die Wahlentscheidung und ihre kognitive Grundierung im Vergleich zu anderen Entscheidungen gering zu portionieren. Der durchschnittliche Bürger nimmt nur in dem Maße Informationen auf, wie die Kosten ihrer Beschaffung und Verarbeitung den erwarteten Nutzen aus der Entscheidung nicht übersteigen. Sein Handeln ist geprägt von „rationaler Ignoranz" (vgl. Frey/Kirchgässner 1994: 366 ff.; Downs 1957). Damit stehen die politischen Akteure vor einem Problem: Ihr Interesse ist es,

---

9   Unter Medienorganisationen sind vor allem Verlage, Rundfunk- und Internetanbieter, des Weiteren Agenturen, Inserenten und Rechteanbieter zu verstehen - ebenfalls in verschiedenen Rollen. Dazu zähle ich auch die medienspezifischen Verbände - ungeachtet der Interessendifferenzen zwischen einem Unternehmen und dem jeweiligen Verband.

die Aufmerksamkeit der Bürger in einem möglichst hohen Maße zu gewinnen; im Interesse der Bürger liegt es aber, die Aufmerksamkeit den Dingen zuzuwenden, von denen für sie persönlich mehr abhängt. Folglich versuchen politische Organisationen die Aufmerksamkeit dadurch zu gewinnen, dass sie Alarmsignale aussenden; oder sie knüpfen am unmittelbaren Nutzen einzelner Gruppen an; oder sie bieten Informationen an, die die Komplexität der Wahlentscheidung verringern und schnelle Entscheidungen ermöglichen, etwa indem das Charisma eines Kandidaten herausgestellt wird.

Im Wettbewerb um Aufmerksamkeit für politische Botschaften bieten die Medien unschätzbare Vorteile. Sie bieten die Erreichbarkeit von denjenigen, die an Politik wenig interessiert sind oder die zwar interessiert sind, aber die Botschaften der politischen Organisationen für wenig glaubwürdig halten. Durch Einbinden von politischen Botschaften in Informations- und Unterhaltungsformate kann diese zweifache Aufmerksamkeitsschwelle unterlaufen werden. Voraussetzung dafür ist, dass eine Tauschbeziehung zwischen den Akteursgruppen zustande kommt. Medienorganisationen verfolgen je nach Organisationsstruktur eine Strategie der Gewinn- oder der Budgetmaximierung (Williamson 1990). Sie bieten Publizität, die Aufmerksamkeit eines Publikums, und fragen attraktive Inhalte nach. Politische Organisationen bieten Nachrichten - Botschaften, die Aufmerksamkeit bringen könnten wie Überraschungen und Skandale - und konkurrieren um Publizität. Folglich generieren sie Botschaften, die möglichst besser als die der politischen Konkurrenz auf die mediale Nachfrage zugeschnitten sind und lassen sich in den Interaktionsprozessen auf die Spielregeln der Nachfrager ein.[10]

Beide Seiten sind an der Stabilität der Beziehungen interessiert: Es senkt die Kommunikationskosten, wenn das Handeln der anderen Seite erwartbar wird. Stabilisierend wirken Regulierungen - der politische, oft auch rechtlich kodifizierte Teil des institutionellen Gerüsts. Die beiden Akteursgruppen sind nicht nur von Regulierung betroffen und an ihr interessiert, sondern auch an ihr beteiligt.

Die strategische Nutzung der Medienkommunikation durch die politischen Akteure wird mit Regulierung zugleich ermöglicht und begrenzt, und zwar im Hinblick auf die Beziehung zwischen politischen Organisationen und Medienorganisationen (dazu Abschnitt b) und im Hinblick auf die Beziehung zwischen den politischen Organisationen (dazu Abschnitt c).

---

10   Dies kann hier nur holzschnittartig wiedergegeben werden, vgl. dazu Theis-Berglmair 1997; Jarren/Altmeppen/Schulz 1993.

(b) Regulierung der Beziehung zwischen politischen Organisationen und
      Medienorganisationen

Durch Regulierung wird der Einfluss der Politik insgesamt auf die Medien
abgesichert, um die Medien als politisches Forum zu erhalten und den politischen Organisationen in ihrer Konkurrenz mit nicht-politischen Kommunikatoren ausreichende Publizität zu verschaffen. Dafür bietet der Rundfunkbereich die deutlichsten Beispiele. Zu nennen sind der Programmauftrag für den
öffentlich-rechtlichen Rundfunk mit starkem politisch-publizistischem Gewicht, die Kriterien für die Auswahl zwischen Bewerbern um Rundfunkfrequenzen, die Begrenzung der technischen Kapazitäten und der Entscheidungs-
prozess über die Gebührenhöhe. Aber auch für die Presse sind Instrumente
entwickelt worden, um den politischen Akteuren Einfluss zu sichern. So stellen
ökonomische und rechtliche Unterstützungsmaßnahmen für die Presse auf
deren publizistische Bedeutung ab und sichern die Publizitätschancen politischer Akteure, indem die Presse als vielfältiges politisches Forum erhalten
bleibt.

Andererseits wird durch Regulierung der Einfluss der Politik begrenzt: Den
Medienorganisationen wird ein Spielraum garantiert, dessen Grenzen zeitlich,
sachlich und sozial variabel sind. Von daher wird durch Regulierung sowohl die
Autonomie als auch die Heteronomie der Medien verhindert. Die Regulierung
lässt den politischen Einfluss um ein akzeptables Maß oszillieren. Dies wird
strukturell dadurch gesichert, dass in kooperativen Arrangements zwischen
Medienorganisationen und politischen Organisationen über Regulierungen
entschieden wird. Die Regelung der Interdependenz von Politik und Medien
beruht auf einer Selbstbindung der politischen Akteure (zum Beispiel als gesetzlich garantierte „Staatsfreiheit"). Abgesichert wird dies durch die Koppe-
lung zum Recht; unabhängige Gerichte sollen die Einhaltung von Grenzen
politischen Einflusses garantieren. Die verbinden mit dieser Aufgabe ihrerseits
eigene Organisationsinteressen, die sich aber mit denen der politischen Organisationen und der Medienorganisationen nur in geringem Maße überschneiden.

(c) Regulierung der Beziehung zwischen politischen Organisationen

Weiterhin wird durch medienpolitische Regulierung verhindert, dass der Einfluss eines einzelnen politischen Akteurs oder einer Akteursgruppe übermäch-
tig wird. Vor allem die beiden großen Parteien halten sich wechselseitig in
Schach. Durch medienpolitische Arrangements bleiben die Publizitätschancen
auch der Oppositionspartei(en) gewahrt. Eine an die Regierung gekommene
Partei wird nicht durch Regulierung den Zugang der Regierung zu den Medien
derart verbessern, dass sich die Möglichkeiten der Opposition dramatisch ver-

schlechtern. Denn in einem demokratischen System wird sie die Möglichkeit ihrer Abwahl in Rechnung stellen und nicht das Risiko eingehen, sich selbst für die Zukunft völlig chancenlos zu stellen - ein wichtiger Anreiz für den „kooperativen Föderalismus" (vgl. Große Holtforth 2000: 121, 146). Bei diesen Arrangements ist zu erwarten, dass die beiden großen Parteien Verträge zu Lasten Dritter machen, zum Beispiel von sozialen Bewegungen oder von randständigen Parteien. Auf diese Weise haben sich Asymmetrien entwickelt. Einzelne Akteurstypen haben ihren Medieneinfluss gegen andere sichern und ausbauen können - so die Parteien im Vergleich zu den Verbänden. Aber auch da fungieren Instanzen des Rechts als Korrektive, die grobe Verstöße gegen Chancengleichheit ahnden.

3.1.2 Regulierung der wirtschaftlichen Beziehungen: Regeln für die Medienmärkte

Im Schatten der publizistischen Interessen prägen noch andere Interessen die medienpolitischen Entscheidungen. Medienpolitik ist zwar von dem politisch-publizistischen Moment geprägt, aber nicht darauf zu reduzieren. Mit Regulierungen werden darüber hinaus noch andere Beziehungen strukturiert, so die im engeren Sinne ökonomischen Beziehungen. Es werden durch Medienpolitik auch die Bedingungen auf den verschiedenen Medienmärkten festgelegt. Auf dem Rezipientenmarkt konkurriert eine Fülle von Medienangeboten. Presse-, Rundfunk- und Onlineanbieter müssen sich so weit wie möglich an den Präferenzen der Rezipienten ausrichten, wenn sie deren Aufmerksamkeit auch nur in kleinen Portionen auf sich ziehen wollen. Die Anbieter finanzieren die Angebote vor allem dadurch, dass sie die akquirierten Publika als quantitativ und qualitativ bestimmte Zielgruppen - bzw. deren Aufmerksamkeit - auf dem Inserentenmarkt an Inserenten verkaufen. Auf der anderen Seite konkurrieren Medienorganisationen auf dem Rechtemarkt, um Nutzungsrechte von denjenigen zu erwerben, die attraktiven Programmrohstoff anbieten. Und um die Investitionsentscheidungen der Medienorganisationen konkurrieren Gebietskörperschaften auf dem Standortmarkt und überbieten sich in den Bedingungen.

Alle diese wirtschaftlichen Beziehungen - Programme gegen Aufmerksamkeit, Zielgruppen gegen Werbeentgelte, Eigentumsrechte gegen Entgelt, Investitionen gegen Unterstützung - wurden und werden im Vergleich zu anderen wirtschaftlichen Beziehungen intensiv reguliert. Dies gilt besonders für Rezipientenmärkte: Beispiele sind die erwähnten Regeln für Werbung, Jugendschutz, Urheberrechte, Verbraucherschutz usw. Dabei verbinden sich die Interessen der Marktteilnehmer an stabilisierenden Regelungen mit den Eigeninteressen von Regulierungsbehörden, Selbstkontrolleinrichtungen usw. Da die Medienorganisationen eine Vermittlungsposition zwischen Rezipienten und politischen Organisationen einnehmen und auf beiden Seiten in Tauschbeziehungen stehen, ist ihr Handeln auch zweifach von Regulierungen bestimmt.

3.1.3 Regulierung der Arbeitsverhältnisse: Regeln für die Beziehungen in den Medienorganisationen

Die medienpolitischen Akteure sind noch an einem dritten Bereich von Beziehungen interessiert, dessen Regulierung erhebliche Konsequenzen hat - nicht nur in betriebswirtschaftlicher Hinsicht. Über die Arbeitsbeziehungen in den Medienorganisationen spannt sich ein engmaschiges Netz von Regeln: Manche sind auf Verbandsebene, manche staatlich entstanden; manche sind rechtlicher, manche informeller Natur; manche haben Geltung für alle Medienbereiche, manche nur für einen einzelnen. Diese Regeln strukturieren die Konflikte der Akteure über die Bedingungen der Arbeitsprozesse.

Im Hinblick auf betriebliche Mitbestimmung sind mit einer publizistischen Begründung („Tendenzschutz") den Interessenvertretungen von Beschäftigten in Medienorganisationen im Vergleich zu anderen Branchen nur reduzierte Rechte zugestanden worden - trotz nachhaltigen Widerstands. Im Zusammenhang damit sind in den 60er und 70er Jahren langwierige Auseinandersetzungen um die Autonomie von Redaktionen gegenüber Verlagsleitungen geführt worden („Innere Pressefreiheit"), die vor allem zu einer Abgrenzung publizistischer Kompetenzen geführt haben („Richtlinien-", „Grundsatz-" und „Detailkompetenz").

Nicht nur bei der Regelung von Tariffragen (Vergütung und Arbeitszeiten), der ureigenen Domäne von Verbänden, wird vor allem bei der Presse deutlich, dass starke Verbände das Feld beherrschen, die vergleichsweise viel selbst regulieren und dabei innerhalb eines weit gesteckten staatlichen Rahmens agieren. Auch bei der Absicherung für den Risikofall (Sozialpolitik) spielen sie eine gewichtige Rolle, und selbst die Ausbildung wurde lange Zeit ausschließlich auf der betrieblichen Ebene verantwortet - reguliert durch Vereinbarungen der Tarifpartner. Das gleiche Bild in der Standespolitik: Die Verbände entscheiden über die Zugehörigkeit zur journalistischen Profession.

3.2 Akteurskonstellationen

Soweit die Interessenstruktur der Regulierungsakteure - aber wie gruppieren sich die Akteure in den medienpolitischen Arenen?[11] Die medienpolitischen Akteurskonstellationen setzen sich aus Medienorganisationen (wie dem Westdeutschen Rundfunk WDR oder der Holtzbrinck-Gruppe), medienspezifischen Interessenverbänden (wie Bundesverband Deutscher Zeitungsverleger BDZV oder Deutscher Journalistenverband DJV), staatlichen Instanzen auf den verschiedenen Ebenen (wie dem EU-Kommissar für Wettbewerbsfragen oder der Landesregierung von Bayern), medienspezifischen Regulierungsorganisationen (wie der Regulierungsbehörde für Telekommunikation und Post RegTP oder den Landesmedienanstalten, LMA) und Parteien (wie der SPD oder der CDU) zusammen. In keinem Fall ist eine Regulierung das Ergebnis einer allein staatlichen Setzung - sie ist Ergebnis der mehr oder weniger institutionalisierten Interaktion zwischen diesen Akteuren.

Die medienpolitischen Grundtypen von Akteurskonstellationen lassen sich durch die Kombination der Ausprägungen von zwei Variablen charakterisieren:

- Hierarchiegrad: Je größer bei der Setzung und Durchsetzung von Regeln das Gewicht staatlicher Instanzen ist, desto mehr kann man von hoheitlicher Steuerung sprechen; je größer das Gewicht der Verbände ausfällt, desto mehr von Selbstregulation. Dazwischen sind Zwischenstufen denkbar wie die „regulierte Selbstregulierung" (vgl. Hoffmann-Riem 2000).

- Konsensgrad: Je stärker die gemeinsamen Interessen der Akteure ausgeprägt sind, desto mehr kann man von einer kooperativen Arena sprechen; je stärker die Interessen der Akteure divergieren, desto mehr kann man von einer konfrontativen Arena sprechen. Auch hier sind Zwischenstufen denkbar.

In den einzelnen Medienbereichen haben sich unterschiedliche Arenen herausgebildet - spezifische Konstellationen, in denen sich die Akteure über das Ob, das Was, das Wann, das Wer und das Wie der Regulierung auseinandersetzen.

Selbstverständlich spielen auch in der pressepolitischen Arena die beiden großen Parteien eine zentrale Rolle. Aber in keinem Medienbereich haben die Verbände der Tarifparteien ein so starkes Gewicht wie hier. Verlegerverbände

---

11 Unter „Arena" wird die politikfeldspezifische Konstellation von Akteuren verstanden, die sich über die kollektiv bindenden Entscheidungen auseinandersetzen und die je nach Kompetenz unterschiedlichen Anteil an der Entscheidung haben. Die Akteure in der Arena werden beobachtet von der Öffentlichkeit auf der Galerie, wobei gerade in der Medienpolitik einige Teile dieser Öffentlichkeit selbst wiederum Partei sind.

und Mediengewerkschaften setzen sich in Gremien der Selbstregulation (zum Beispiel dem Presserat) routiniert miteinander ins Benehmen - nicht nur über Tarif-, Ausbildungs- und standespolitische Fragen. Auch deswegen hat der Bund seine presserechtliche (Rahmen-)Gesetzgebungskompetenz nicht wahrgenommen und dieses Feld weitgehend den Ländern überlassen. Da die Pressewirtschaft bislang relativ stark national ausgeprägt war, konnte die EU-Kommission aus der Regulierung herausgehalten werden. Von Bedeutung sind noch die Gerichte, sofern sie Präzedenzentscheidungen fällen, denen regulative Bedeutung zukommt. Insgesamt agieren die staatlichen Instanzen also im Pressebereich sehr zurückhaltend. Das Netz der Pressepolitik ist aus vielen Knoten geknüpft; einige davon - und nicht unbedingt die wichtigsten - sind staatliche Akteure. Durch diese Akteurskonstellation basiert Pressepolitik auf einem breiten Konsens, der ihr eine außerordentliche Konstanz verleiht.

Komplementär zu der Ökonomisierung des Rundfunks und der Rundfunkpolitik verändert sich die rundfunkpolitische Arena:[12] Nach wie vor sind CDU/CSU und SPD, die Landesregierungen und die von ihnen beschickte Rundfunkkommission und schließlich die Landesmedienanstalten rundfunkpolitische Akteure von Gewicht. Sie setzen sich in mittlerweile eingespielten Verfahren der Konfliktaustragung und der Konsensfindung („kooperativer Föderalismus") miteinander und mit den Rundfunkanbietern auseinander, wobei die Verbandsebene bei beiden Gruppen von Anbietern im Vergleich zur Presse eher schwach ausgeprägt ist. Grundlage für alle bildet die Orientierung am Bundesverfassungsgericht - einem Akteur mit dem Motiv und den Ressourcen, den Rundfunkbereich zu gestalten.

Gegenüber der nationalen und regionalen gewinnt die supranationale Ebene an Boden. Insbesondere die EU-Kommission wird mehr und mehr zu einem Gegengewicht gegenüber den föderalen Akteuren. Insofern korrespondieren Ökonomisierung und Europäisierung der Rundfunkpolitik - nationale publizistische Erfordernisse kollidieren mit den transnationalen ökonomischen

---

12   Insgesamt wird die Rundfunkpolitik zwar nach wie vor von publizistischen Aspekten dominiert: Meinungsvielfalt, Informationsleistung, Stellenwert politischer Themen. Aber ökonomische Probleme im engeren Sinne gewinnen an Bedeutung: Grenzüberschreitende Freizügigkeit für Produkte, Dienstleistungen, Arbeit, Kapital auch im Rundfunkbereich, Standortfaktoren, Wettbewerbsfähigkeit. Parallel dazu hat sich das Leitbild des Rundfunkanbieters verändert: Es war über lange Zeit geprägt von öffentlich-rechtlichen Anstalten, die ohne Gewinnorientierung arbeiten; imageprägend wurden dann Gesellschaften, die von Verlagshäusern mit publizistischem Profil geführt wurden. Nunmehr beherrschen mehr und mehr Unternehmen das Bild, die Medien nicht mehr publizistisch, sondern ökonomisch betrachten, deren Aktivitäten sich über die ganze Medienpalette und über die gesamte Verwertungskette erstrecken und die nicht national, sondern transnational agieren.

Erfordernissen (vgl. Eifert/Hoffmann-Riem 1999: 91). Aber auch durch die Europäisierung nimmt die Akteurskonstellation keine pyramidale Gestalt an: Die hoheitlichen Instanzen - ob regional, national oder supranational - sind nur ein Teil des rundfunkpolitischen Netzes, die darauf angewiesen sind, mit den anderen Mitspielern - Unternehmen und Verbänden - tragfähige Lösungen für die anstehenden Probleme aushandeln zu können.

Die Arena der Onlinepolitik ist geprägt von dem Kompetenzstreit zwischen Bund und Ländern. Deren Verhältnis geriet durch den Regelungsbedarf im Online-Bereich aus der traditionellen Balance. Dies wurde durch die Teilung des Bereiches in „Mediendienste" und „Teledienste" repariert; damit war verhindert, dass die Länder aus der Arena gedrängt wurden. Da die Parteien die publizistische Bedeutung dieses Medienbereiches als relativ gering einschätzen, blieb ihr Engagement verhalten. Die Organisation der wirtschaftlichen Interessen gestaltet sich unübersichtlicher als in anderen medienpolitischen Konstellationen: Es sind neue Verbände gegründet worden (zum Beispiel der Deutsche Multimedia-Verband) und die Unternehmen selbst sowie informelle Nutzervereinigungen sind in die Vorbereitung und Begleitung der Regulierung involviert. Dabei versuchen die Akteure, die Probleme aus der hoheitlichen Regulierung herauszuhalten und in Form von Selbstregulation zu lösen. In vergleichsweise hohem Maße sind transnationale Akteure in die Regulierung eingebunden (vgl. Mueller 2000; Zerdick/Picot/Schrape et al. 1999). Eine onlinespezifische Arena hat sich binnen weniger Monate gebildet und mit den Regulierungen der dynamischen Entwicklung ein stabiles Gerüst gegeben.

3.3   Fazit: Medienpolitische Entscheidungen unter sozialem Aspekt

Regulierungen sind das Ergebnis von Interaktionen - nicht ein Ergebnis des Willens einzelner Akteure und nicht das Ergebnis von Sachzwängen. Sie werden in institutionalisierten Akteurskonstellationen ausgehandelt, zu denen sich vor allem staatliche Instanzen, Parteien und Medienorganisationen gruppieren. Alle diese Akteure verfolgen in erster Linie ihre jeweiligen Interessen. Auch rechtsförmige Setzungen von Regeln gründen in Übereinkommen, an deren Zustandekommen eine Vielzahl von Akteuren beteiligt wurde. Nicht nur aus dem hoheitlichen Charakter, sondern auch aus der Konsensbasis beziehen die Regulierungen die Autorität, die erforderlich ist, um ihnen die bindende Kraft zu geben. Die Akteure divergieren über den Grad an Einschränkungen, die ihrem Handeln auferlegt werden, sie konvergieren im Interesse an Regeln, die allen Akteuren gleiche und stabile Rahmenbedingungen garantieren. Aus der Interaktion der eigennützigen Akteure gehen Entscheidungen hervor, die nicht mehr dem Wollen oder dem Wissen eines Einzelnen zuzurechnen sind. Selbstverständlich zeitigen diese Entscheidungen Folgen, die nur zu einem geringen Teil von den Akteuren abzusehen sind. Die publizistischen Interessen prägen die medienpolitische Regulierung insgesamt und überwölben auch die anderen Beziehungen. Auch die Regulierung der wirtschaftlichen Beziehungen und der innerorganisatorischen Beziehungen sind von den publizistischen Momenten geprägt. Maßgebend für die medienpolitische Regulierung insgesamt sind deshalb die Interessen der politischen Akteure an einer Maximierung des Einflusses auf die öffentliche Meinung - dieses Interesse ist ausgestattet mit staatlichen Kompetenzen.

Die Beschränkung dieser Kompetenzen verweist darauf, dass auch die medienpolitische Interaktion in einem Rahmen von Regeln zweiter Ordnung steht, ihrerseits also von einem Gerüst aus grundlegenden Entscheidungen über die politische Ordnung strukturiert wird (vgl. dazu Kapitel 5).

4   Medienpolitik als Regelkreis

Eine politische Entscheidung ist nicht nur eine Auswahl zwischen Möglichkeiten und nicht nur eine Auseinandersetzung zwischen politischen Akteuren, sie ist auch ein Prozess: Betrachtet man medienpolitische Entscheidungen unter einem temporalen Aspekt, so wird in der Dynamik die komplexe prozessuale Struktur aus Teilentscheidungen, Vorentscheidungen und Folgeentscheidungen deutlich, die eine politische Entscheidung ausmachen. Der Spielraum von Entscheidungen ist durch vorangegangene Entscheidungen eingeengt. Entscheidungen werden somit zu Vorentscheidungen weiterer Entscheidungen. Entscheidungen verbinden sich miteinander, knüpfen aneinander an und setzen einander voraus. Sie werden unter hoher Unsicherheit getroffen und zeitigen Folgen, die in nur begrenzt vorhersehbarer Weise auf die Ausgangsbedingungen zurückwirken. Die Komplexität dieser prozessualen Struktur wird nicht angemessen wiedergegeben im Schema eines linearen Ablaufs aus zum Beispiel einzelnen Phasen eines „policy-cycles" wie Thematisierung, Willensbildung, Entscheidungsakt, Ausführung und Evaluation. Denn dabei wird das entscheidende Moment des Prozesses nicht modelliert - die Rückkopplung. Schaut man sich einzelne medienpolitische Entscheidungen unter dem Aspekt des „modus operandi" an, so wird deutlich, wie Regulierung und Interaktion einen Regelkreis bilden. Regulierungen entstehen aus der Interaktion heraus und sie wirken

auf die Interaktion zurück - entweder positiv, indem sie die Interaktion verstärken, oder negativ, indem sie die Interaktion dämpfen.[13]
Betrachtet man die einzelnen Komponenten des Regelkreises, nämlich Regulierung und Interaktion, selbst auch wieder unter dem Prozessaspekt, so tritt hervor, dass auch diese Komponenten wiederum in sich rückgekoppelte Prozesse darstellen. So regelt sich der Prozess der Interaktion, indem die Wirkungen der Entscheidung die sozialen Konstellationen verändern, aus denen heraus die Entscheidung entstand. Ebenso ist bei der Regulierung zu beobachten: Die Ergebnisse der Regulierung wirken auf die substanziellen Ausgangsbedingungen zurück, auf denen die Entscheidung basierte.

Um Turbulenzen aus der Dynamik von Entscheidungsprozessen zu vermeiden, wird die hohe Komplexität des Entscheidungsprozesses durch Verfahrensregeln reduziert, die dem Regelkreis die Stabilität geben - Teil des Rahmens für die Entscheidung.

5 Der Rahmen von Medienpolitik: Politisch-rechtliche Ordnung und politisch-kulturelle Orientierung

So wie der Spielraum von Kommunikatoren und Rezipienten durch Regulierungen begrenzt wird, so ist es auch der Spielraum der regulierenden Akteure - durch Regeln für die Entscheidung. Die sind im politisch-rechtlichen Ordnungsrahmen festgelegt, der seinerseits in grundlegenden Orientierungsmustern wurzelt. Diese beiden Ebenen oberhalb der Regulierung gilt es in das Gesamtbild der Medienpolitik einzubeziehen.

Ein zentrales Element des Ordnungsrahmens bilden die in der Verfassung garantierten Kommunikationsfreiheiten - die Meinungs-, die Informations- und die Medienfreiheit. In der deutschen verfassungsrechtlichen Diskussion wird die Medienfreiheit in unterschiedlicher Weise auf die Regulierung bezogen. Dabei dominiert die Interpretation der Medienfreiheit als Freiheit der Medien durch den Staat über die Interpretation als Freiheit der Medien vom Staat; diese Dominanz hat insbesondere die rundfunkpolitische Regulierung stark geprägt (vgl. im Kontrast Engel 1993 und Hoffmann-Riem 1989).

Das zweite zentrale Element des Ordnungsrahmens bildet die Abgrenzung der Domänen durch die Kompetenzverteilung zwischen Bund und Ländern. Immer wieder hat der Bund versucht, medienpolitische Kompetenzen an sich zu ziehen. Um ihre Domäne zu verteidigen, mussten die Länder unter Beweis

---

13 Norris (2000) hat ihrer grundlegenden Darstellung der politischen Kommunikation explizit die Struktur eines Regelkreises unterlegt.

stellen, dass sie über Partei- und Landesgrenzen hinweg zu einer kooperativen
Politik mit dem Ergebnis bundeseinheitlicher Lösungen in der Lage waren.
Dies geschah durch weitgehend identische Landespressegesetze, durch Kooperation bei der Ausgestaltung des dualen Systems, durch eine gemeinsame
Rechtsgrundlage für den Onlinebereich und anderes mehr. Aufgrund der Län-
derkompetenz ist gesichert, dass nur im Konsens der parteipolitischen Lager
über grundlegende Regulierungen des Medienbereichs entschieden werden
kann. Die Länder waren eher bereit, Kompetenzen an die Verbände und Unternehmen abzugeben. Dies kommt in den Selbstkontrolleinrichtungen für
Presse, Werbung, private Fernsehanbieter und im Multimediabereich zum
Ausdruck. Die partielle Verlagerung von Kompetenzen auf die supranationale
Ebene der EU konnte nur teilweise durch die Länder verhindert werden. Für
den Rundfunkbereich zeichnet sich eine europäische Ordnung ab, deren kom-
petenzrechtliche Dimension durch die EG-Richtlinie „Fernsehen ohne Grenzen" (1989/1997) deutlich markiert wurde. Der Kompetenzbereich der EU hat
sich über das wirtschaftliche Moment hinaus in die kulturellen Momente des
Rundfunks hinein erweitert - getrieben von den besonderen Anreizstrukturen
der EU-Kommission und begrenzt durch das Subsidiaritätsprinzip (vgl. Dörr
2000; Heinrich 1999: 107 ff.).

Ein medienpolitisches Gegengewicht zu den Landesregierungen bilden Organisationen der Judikative. Insbesondere das Bundesverfassungsgericht hat
nicht nur für den Rundfunkbereich grundlegende Regeln gesetzt und dabei
auch Entscheidungen über Kompetenzverteilungen gefällt. In keinem anderen
Politikbereich ist dem Bundesverfassungsgericht eine vergleichbare Gestal-
tungskraft zugestanden worden wie im Medienbereich. Es hat in der Interpretation der Rundfunkfreiheit den positiven Pol gestärkt und damit seine eigene
gestaltende Rolle begründet; denn auf dieser Grundlage kann die Rundfunkge-
setzgebung daraufhin geprüft werden, ob sie der publizistischen Funktionszu-
weisung dient. Das Bundesverfassungsgericht hat darüber hinaus mehrfach der
weiteren Gesetzgebung einen zum Teil detaillierten Rahmen vorgegeben.[14]

Dies macht deutlich, dass über Elemente des Regulierungsrahmens selbst
auch wieder in einer zumeist langwierigen Auseinandersetzung entschieden
wird. Aber nach einer Festlegung zum Beispiel von Kompetenzen ist der Rahmen der unmittelbaren Disposition der Akteure entzogen, so dass die Interak-

---

14 Eine handlungstheoretische Erklärung der Entscheidungen auf der Ordnungsebene ist
     bislang erst in Ansätzen sichtbar (vgl. Frey/Kirchgässner 1994: 55). Erforderlich wäre in
     diesem Zusammenhang eine Anreizanalyse des Bundesverfassungsgerichts („Anerken-
     nungsmaximierung" - Bizer 2000: 78f.). Grundlegend dafür sind die Arbeiten zur „constitu-
     tional political economy" (Rowley 1993).

tion der medienpolitischen Akteure stabilisiert wird. Die Trennung von Entscheidungen erster und zweiter Ordnung ist politisch von Belang, denn Konsens und Dissens können entsprechend divergieren: Medienpolitische Stabilität ist so lange gewährleistet, wie die Akteure auch bei scharfen Konflikten über eine spezifische Regulierung sich im Grundsatz darüber einig sind, ob und durch wen die strittige Angelegenheit zu entscheiden sei. Mit jeder Regulierung wird dieser Ordnungsrahmen aktualisiert, das heißt zugleich im Grundsatz bestätigt und in Nuancen verändert.

Der Ordnungsrahmen ist seinerseits geprägt von grundlegenden politisch-kulturellen Orientierungen - konventionalisierten Mustern, die Medienpolitik prägen, selbst aber den Entscheidungen weitgehend entzogen sind. Orientierung stiftet vor allem der Wertehorizont, die letztlich maßgebende Instanz für Regulierungs- und Ordnungsentscheidungen. Zentrale Leitwerte sind

(1) die Sicherheit des Gemeinwesens: dann soll vor allem verhindert werden, dass durch öffentliche Kommunikation Herrschaftsstrukturen oder Grundwerte gefährdet werden,

(2) die individuelle Freiheit: dann soll vor allem gewährleistet werden, dass eine möglichst große Vielfalt kommunikativer Möglichkeiten zur Auswahl steht, und

(3) die Gleichheit der Gesellschaftsmitglieder: dann soll vor allem eine möglichst gleiche Teilhabe aller Gesellschaftsmitglieder an der öffentlichen Kommunikation erreicht werden.

Das Profil der jeweiligen nationalen (oder transnationalen) Medienpolitik ist bestimmt durch spezifische Mischungen dieser Leitwerte (vgl. Vowe 1999; Witte 1982).

Eine weitere tragende Säule des Orientierungsmusters bildet das dominante Medienbild, insbesondere das damit verbundene Kausalschema. Voraussetzung für alle medienpolitischen Entscheidungen ist die Unterstellung starker, direkter, genereller Wirkungen von Medien. Dies wird an den Unterschieden deutlich, die zwischen den Medien gemacht werden. Dem Fernsehen wird unvergleichlich stärkere Wirkung zugeschrieben als anderen Medien; folglich wird an der Idee der „Rundfunkordnung" festgehalten, also an der Gewährleistung der Rundfunkfreiheit durch den Staat. Dies steht in deutlichem Kontrast zur Presse- und Filmfreiheit (BVerfGE 1994: 36). Im Mittelpunkt der Vorstellungen steht dabei (noch) die publizistische Wirkung auf die öffentliche Meinung. Ergänzt wird das Bild der starken Medien durch die Vorstellung vom schwachen Publikum, das es zu schützen, zu erziehen und zu lenken gilt. Grundsätzlich vorstellbar wäre auch ein anderes Medienbild, in dem zum Beispiel das Medienangebot nicht als Ursache, sondern als Folge von Rezipientenentscheidungen gesehen wird. Gegenüber kommunikationswissenschaftlichen Befunden erweist sich das Kausalmuster der starken Medien und der schwachen Massen als weitgehend resistent. Auf dieser Robustheit beruht die politisch relevante Stabilisierungsleistung der Orientierungsmuster - wissenschaftliche und politische Rationalität treten auseinander.

Letztlich ist somit die Medienpolitik in den grundlegenden kollektiven Schemata verankert. Dies macht deutlich, dass die Wissenschaft nicht nur die Möglichkeit hat, Ursachen und Wirkungen von Regulierung empirisch zu erforschen und damit dazu beizutragen, politische Entscheidungen strategisch zu rationalisieren; vielmehr kann sie vor allem durch eine systematische Prüfung der Medienwirkungshypothese ein Gegengewicht zu Alarmierung und Verharmlosung bilden. Das setzt voraus, dass sich die Forschung aus dem Paradigma der Makrofunktionen löst, ohne sich auf der Mikroebene einzelner Entscheidungen zu verlieren. Dies leistet der dem Modell zugrunde liegende „Public Choice"-Ansatz (vgl. Buchanan 1984).[15] Diese Perspektive erweist sich als außerordentlich fruchtbar: Sie ermöglicht der Kommunikationswissenschaft die Entwicklung eines differenzierten medienpolitischen Analysemodells. Dies beinhaltet die Möglichkeit, auch die Entwicklung von Denkmustern - einschließlich ihrer wissenschaftlichen Komponenten und Varianten - aus der Interaktion der Akteure heraus zu erklären. Damit ist das Dual von „Medien und Politik" zur Trias erweitert: Die Wissenschaft ist auch als Beobachter ein medienpolitischer Akteur und damit Teil des Modells.

Kommentierte Literaturhinweise

Bentele, Günter/Hans-Bernd Brosius/Otfried Jarren (2001) (Hg.): Öffentliche Kommunikation. Handbuch Kommunikations- und Medienwissenschaft, Opladen/Wiesbaden: Westdeutscher Verlag

Dieses Handbuch gibt einen Überblick über den Forschungsstand in den wesentlichen kommunikationswissenschaftlichen Feldern, insbesondere wird in den Darstellungen der Medienbereiche (Presse, Rundfunk, Online, Film etc.) das jeweilige Netz an Regulierungen eingehend dargestellt.

Kopper, Gerd G. (1992): Medien- und Kommunikationspolitik der Bundesrepublik Deutschland: ein chronologisches Handbuch 1944 bis 1988, München u.a.: Saur

Rowley, Charles K. (1993) (ed.): Public Choice Theory, Vol. I-III, Aldershot: Bookfield

---

15   Im deutschen Sprachraum haben sich die Begriffe „Neue Politische Ökonomie" oder „Ökonomische Theorie der Politik" eingebürgert (vgl. Frey/Kirchgässner 1994: 6). Die grundlegenden Arbeiten finden sich in der Sammlung Rowley 1993. Für die Anwendung im Medienbereich siehe zum Beispiel Große Holtforth 2000 und Bizer 1999.

In diesem dreibändigen Reader sind die grundlegenden Texte zu allen Facetten des „Public-Choice"-Ansatzes zusammengestellt. Dadurch kann historisch und systematisch nachvollzogen werden, wie fruchtbar die Anwendung ökonomischer Kategorien und Methoden auf politische Probleme ist.

Schütz, Walter J. (1999) (Hg.): Medienpolitik: Dokumentation der Kommunikationspolitik in der Bundesrepublik Deutschland von 1945-1990, Konstanz: UVK

Hierin sind (nach unterschiedlichen Kriterien) die medienpolitisch herausragenden Ereignisse der Bundesrepublik Deutschland dokumentiert, so dass die medienpolitische Entwicklung im Detail nachvollziehbar wird.

Medien, Wirtschaft, Sinn

Matthias Rath

Der Beitrag beantwortet die Frage nach dem „Sinn" von Wirtschaft und Medien aus philosophisch-ethischer Perspektive. Dabei wird zunächst gefragt, inwieweit allgemeine ethische Prinzipien noch das Handeln des Menschen in der modernen (Medien-)Gesellschaft orientieren können. Dabei ist der Tatsache Rechnung zu tragen, dass Medien unter den vorfindlichen gesellschaftlichen Bedingungen als Kulturgut und zugleich als Ware verstanden werden müssen. Medienethische Fragestellungen erweisen sich somit im Kern auch als wirtschaftsethisch. Nach einer Klärung des Verhältnisses von Ökonomie und Ethik wird der Sinn der medialen und zugleich ökonomischen Handlungsformen am Kriterium der „Verallgemeinerbarkeit für alle Betroffenen qua Kommunikation" gemessen und im Hinblick auf Medienproduktion, -distribution und -rezeption exemplifiziert. Schließlich werden die Medienunternehmen als Orte des öffentlichen moralischen Diskurses unter den Bedingungen der Globalisierung ausgewiesen.

Fragt man nach dem Sinn der Wirtschaft und der Medien, so kann diese Frage aus philosophischer Perspektive zweifach gedeutet werden:

(1) als Frage nach der Bedeutung der Begriffe „Wirtschaft" und „Medien" und
(2) als Frage nach der Richtung, dem Ziel, dem Zweck oder, in vorkritischem Sprachgebrauch, dem „Wert" (vgl. Gerhardt 1995).

1 Die philosophische Frage nach der Bedeutung von „Wirtschaft" und „Medien"

Die erste Frage kann von den Einzelwissenschaften beantwortet werden, sofern sie den Begriff definitorisch fassen und damit ihr Objekt bestimmen. Thema der Philosophie ist diese Frage, sofern sie erkenntnis- und wissenschaftstheoretisch auf die wirtschaftswissenschaftliche bzw. medienwissenschaftliche Begriffs- und Theoriebildung reflektiert. Diese Perspektive werde ich im Folgenden nicht einnehmen, sondern nur knapp streifen.

Glaubt man zum Beispiel in Bezug auf die Wirtschaft einer geläufigen Alltagsetymologie, so stammt das Wort „Wirtschaft" von „Wert schaffen". So hilfreich eine solche, auf den ersten Blick intuitiv einleuchtende und sympathische Ableitung auch sein mag - vor allem in wirtschaftsethischen Kreisen erfreut sie sich einer großen Beliebtheit -, sie ist doch nur von didaktischem Wert. Ein Blick in ein etymologisches Wörterbuch belehrt den Suchenden schnell, dass der Ausdruck „Wirtschaft" bzw. das Verb „wirtschaften" nicht per se den positiven Beiklang eines Wertes hat, den es zu schaffen gelte, sondern zunächst nur eine Handlungsweise, ja am Grundwort „Wirt" festgemacht, sogar nur eine bestimmte Funktion bezeichnet, nämlich zunächst von altgermanisch „waírdus" den Gastgeber und Eigentümer, der einem Haushalt vorsteht und ihn leitet. Erst im 18. Jahrhundert findet dieser Terminus dann auch den Weg in die Staats- und Volkswirtschaft (vgl. Paul 1992: 1051). Wirtschaften ist demnach eine bestimmte Verteilungsfunktion, ob nun als Gastgeber, der die Gäste mit dem Nötigsten (oder, wenn man als Gast wohl gelitten ist, dem Besten) versorgt, oder als Eigentümer und Haushaltsvorstand, in dem man all das zu organisieren hat, was zum Funktionieren eines Haushalts notwendig ist. Wirtschaften ist somit eine Handlungsform oder Praxis, die bestimmte Verteilungs- und Versorgungsaufgaben zu organisieren hat.

Die oben beschriebene Alltagsetymologie ist so verlockend, weil sie die Frage nach dem Sinn des Wirtschaftens vermeintlich verallgemeinerbar beantwortet. Wirtschaften sei Wertschaffung, jenseits partikularer Einzelinteressen. Wie das? Durch die Interpretation des Wertes nicht nur als ökonomische, sondern auch als moralische Kategorie, als allgemeine Präferenz (vgl. Rath 1993). So problematisch diese mangelnde Differenzierung des Wertbegriffs auch ist, sie hat einen interessanten Kern, nämlich die Einsicht, dass dem Wert eine bestimmte Wertung zugrunde liegt, die als der Vollzug bestimmter Präferenzordnungen verstanden wird. Damit ist jeder Wertontologie der Boden entzogen, die die Geltung eines Wertes an einer allgemeinen Gültigkeit festmacht, die quasi als Seinsweise des Wertes diesen von der menschlichen Wertung, das heißt Präferenzhandlung, unabhängig macht.

Doch noch ein zweiter Aspekt ist notwendig, um sich philosophisch der Wirtschaft zu nähern. Wenn Wirtschaften eine Wertpräferenz voraussetzt, also eine Handlung, die Wertung, dann muss man klären, ob sich die Wertpräferenzen, die dem Wirtschaften zugrunde liegen, von den Wertpräferenzen anderer Handlungsformen unterscheiden. Damit ist zu klären, ob der Sinn einer Handlung, sofern sie im Handlungsfeld Wirtschaft vollzogen wird, anders zu beurteilen ist als bei Handlungen anderer Handlungsformen.

 Wenn Wirtschaften eine Wertpräferenz voraussetzt, also eine Handlung, die Wertung, dann muss man klären, ob sich die Wertpräferenzen, die dem Wirtschaften zugrunde liegen, von den Wertpräferenzen anderer Handlungsformen unterscheiden. Damit ist zu klären, ob der Sinn einer Handlung, sofern sie im Handlungsfeld Wirtschaft vollzogen wird, anders zu beurteilen ist als bei Handlungen anderer Handlungsformen.

Damit sind wir bei der zweiten möglichen Deutung der Frage nach dem Sinn von Wirtschaft und Medien angelangt, der ich mich im weiteren Verlauf zuwenden werde.

2   Die philosophische Perspektive als ethische Perspektive

Es geht mir um die Deutung der Sinnfrage als Frage nach dem Zweck, dem Ziel und dem Wert medialen und ökonomischen Handelns. „Handeln" darum, weil das, was in Wirtschaft und Medien als zielhaft und zweckgerichtet bezeichnet werden kann, auf eine Praxis zielt, Praxis aber durch das Handeln von Menschen konstituiert wird. Das heißt nicht, dass nicht auch Institutionen, Gesellschaftsformen und Wirtschaftssysteme Objekt einer solchen philosophischen Reflexion sein können. Aber auch diese werden durch das Handeln von Menschen konstituiert, das heißt, sie sind nicht naturwüchsig vorhanden, sondern sind veränderbar - durch Handeln.

 Handeln darum, weil das, was in Wirtschaft und Medien als zielhaft und zweckgerichtet bezeichnet werden kann, auf eine Praxis zielt, Praxis aber durch das Handeln von Menschen konstituiert wird.

Als Thematisierung einer besonderen Praxis ist Wirtschaft ebenso wie Medien Objekt der Praktischen Philosophie. Praktische Philosophie fragt nicht in beschreibender Absicht nach dem Handeln, sondern in Hinblick auf ein Sollen. Dieses wird dem Handeln als sein Ziel, Zweck, Wert, eben als sein Sinn aufgetragen.

Die Frage nach dem Sinn von Wirtschaft und, wie sich erweisen wird, den Medien, sofern sie ökonomisch verfasst sind, ist eine ethische Frage. Allerdings keine Frage der allgemeinen Ethik, die das Handeln der Menschen und ihrer Beziehungen zueinander allgemein behandelt. Vielmehr geht es um eine ethische Behandlung, die den spezifischen Handlungsfeldern Wirtschaft und Medien gerecht werden will. Was unterscheidet nun eine solche handlungsfeldspezifische Betrachtungsweise von einer allgemeinethischen Betrachtung?

Eine handlungsfeldspezifische Betrachtungsweise trägt der Tatsache Rechnung, dass der Mensch in der Moderne in stark differenzierten Gesellschaften lebt, in denen unterschiedliche Kontexte unterschiedliche Verhaltensmuster verlangen (vgl. Berger/Luckmann 1995). Hierzu werden ganz unterschiedliche Normvorstellungen (Moralen) herangezogen, obwohl die Person in diesen Kontexten weitgehend mit sich identisch bleibt. Dadurch entstehen moralische Infragestellungen der gegeneinander abgegrenzten Handlungsfelder, die als Orientierungsverlust erlebt werden (vgl. Berger 1997). Die Ausbildung so genannter angewandter Ethiken (applied ethics) ist eine Antwort der Praktischen Philosophie auf diese Entwicklung in modernen Gesellschaften, das menschliche Handeln in weiten Teilen nicht mehr einheitlich aus Tradition, Kultur und zivilisatorischem Anspruch zu orientieren. Die klassische, allgemeine Ethik ist überfordert, da die moderne Fragmentierung der Handlungszusammenhänge zugleich den Anspruch auf eine allgemeine, auf alle Handlungsfelder anwendbare Prinzipienlehre fragwürdig werden ließ. Applied Ethics ist der Versuch, diesen Anspruch nicht aufzugeben, sondern ihn im Rahmen der Anwendung ethischer Prinzipien unter Berücksichtigung handlungsfeldspezifischer Gegebenheiten wieder einzulösen (vgl. zur Medienethik Rath 2000).

> Applied Ethics ist der Versuch, den Anspruch einer allgemeinen Prinzipienlehre nicht aufzugeben, sondern ihn im Rahmen der Anwendung ethischer Prinzipien unter Berücksichtigung handlungsfeldspezifischer Gegebenheiten wieder einzulösen.

Eine so verstandene Wirtschafts- oder Medienphilosophie ist daher in erster Linie Praktische Philosophie von Wirtschaft und Medien, also Wirtschaftsethik und Medienethik. Sie stehen nicht an der Peripherie der jeweiligen philosophischen Reflexion, sondern machen den Kern einer solchen Philosophie aus (vgl. für die Wirtschaftsethik zum Beispiel Surànyi-Unger 1967: 10).

3   Medien und Ökonomie

Zunächst scheinen die beiden Objekte unserer Betrachtung voneinander getrennt. Eine gemeinsame Betrachtung erscheint zufällig, ja willkürlich. Und ein Blick in die einschlägige Literatur scheint dieser Auffassung Recht zu geben. Eine ganze Reihe von Titeln behandelt die Wirtschaft und die Medien eigen-

ständig als philosophische Themen (vgl. zum Beispiel Hartmann 2000; Röttgers 2000; Koslowski 1992; Surányi-Unger 1967), nur selten kommen in philosophischer Perspektive beide Handlungsfelder gemeinsam in den Blick (vgl.
zum Beispiel Wunden 2001; Karmasin 1996, 1993) oder werden ethisch bzw.
philosophisch relevante Fragestellungen explizit thematisiert (vgl. zum Beispiel
Waltermann/Machill 2000; Wermke 2000; Karmasin 1998; Hamm 1996). Wo
ist dann die Schnittmenge zu suchen, an der Medien und Wirtschaft miteinander in den Blick kommen, noch dazu in ethischer Absicht?

Die Realität zeigt, dass das Kulturgut Medien eben genauso und in besonderer Weise eine Ware ist wie andere Produkte auch. Medien werden gehandelt,
ökonomisch ausgewertet, unter ökonomischen Gesichtspunkten konstruiert.
Oder genauer: Die Medienprodukte und, um genau zu sein und die technische
Seite nicht zu übergehen, mediale Dienstleistungen, werden gehandelt, ökonomisch ausgewertet, unter ökonomischen Gesichtspunkten konstruiert. Damit
ist die Schnittmenge benannt. Medien sind, sofern wir ihre Produkte und
Dienstleistungen betrachten, und das sind die Realisierungsformen, in denen
Medien erscheinen, zumindest unter den Bedingungen der modernen, westlich
orientierten und kapitalistisch verfassten Gesellschaften, Objekte wirtschaftlichen Handelns.

> Das Kulturgut Medien ist genauso und in besonderer Weise eine
> Ware wie andere Produkte auch. Medien sind, sofern wir ihre Pro-
> dukte und Dienstleistungen betrachten, Objekte wirtschaftlichen
> Handelns.

Mediale Produkte und mediale Dienstleistungen stehen, zumindest was die
formalen Aspekte der Produktion, Distribution und Rezeption (vgl. Wunden
1999) angeht, unter den Fragestellungen einer wirtschaftsethischen Reflexion.

4 Zum Verhältnis von Ethik und Wirtschaft

Die Fragmentierung und Pluralisierung der Handlungsfelder in den modernen
Gesellschaften lassen den Eindruck entstehen, die ethischen Forderungen, die
wir im Alltäglichen miteinander anwenden und die sich in moralische Erwartungen operationalisieren lassen, seien auf spezifische Handlungsfelder wie das
Wirtschaften nicht anwendbar. Allzu leicht wird diese These dahingehend interpretiert, in der Wirtschaft gälten „eigene Gesetze", die nicht mit den ethischen Prinzipien zu vereinbaren wären. Bereits in den 80er Jahren wurde diese

Auffassung ausführlich diskutiert und in drei möglichen Positionen zusammengefasst (vgl. Enderle 1988, 1985).

4.1   Die Ethik dominiert die Wirtschaft

Diese Position lässt sich an der Realität nicht bestätigen. Ökonomisches Handeln, das alleine ethische Vorgaben erfüllt, aber nicht die konkreten wirtschaftlichen Handlungsbedingungen berücksichtigt, verbessert nicht die „Moral der Wirtschaft", sondern führt zum Ausscheiden des ethisch orientierten Marktteilnehmers. Zumindest in den modernen, westlich orientierten, kapitalistisch verfassten Gesellschaften wird mangelnde Kenntnis der handlungsleitenden Marktverhältnisse und der interessengeleiteten Handlungsoptionen der anderen Marktteilnehmer durch ökonomisches Scheitern „bestraft". Karl Hohmann hat in seinen wirtschaftsethischen Darstellungen häufig auf dieses „Gefangenendilemma" hingewiesen. Moralische Vorleistungen eines Marktteilnehmers führen zu einer Verschlechterung seiner Wettbewerbssituation, da die anderen Marktteilnehmer an einem eventuell moralisch negativ beurteilten Verhalten festhalten und damit ökonomische Vorteile wahrnehmen, die sich der Moralist verbietet.

> „Unter Bedingungen von Gefangenendilemmata sind alle sittlichen Orientierungen ausbeutbar. Moralisches Bewusstsein, Gemeinsinn, Gerechtigkeitssinn, solidarische Motive und dergleichen mehr sind durchaus real vorhanden, sie bilden für mich die Voraussetzung für eine Entwicklung von Moral und Sittlichkeit in der modernen Welt. Aber sie können nicht das grundlegende Steuerungsinstrument moderner Gesellschaften unter Dilemmabedingungen sein." (Hohmann 1995: 198)

4.2   Die Wirtschaft dominiert die Ethik

So sehr diese Auffassung den wirtschaftsethischen Pessimisten auch als adäquate Beschreibung der Realität erscheint, auch diese Position wird dem Anspruch, ethische Orientierung für das Wirtschaftshandeln abzugeben, nicht gerecht. Wirtschaften bezeichnet eine bestimmte Mittelverwendung im Hinblick auf eine Zweckerreichung. Minimaler Einsatz soll ein Maximum an gewünschtem Output erzeugen. Wirtschaft hat aber keine eigenen, für sie spezifischen Zielvorgaben, die einer eigenen, außerhalb der Ökonomie stehenden normativen Beurteilung nicht mehr zugänglich wären. Dafür sprechen nicht nur die wirtschaftsrechtlichen Regelungen, sondern auch die zunehmende moralische Infragestellung wirtschaftlichen Handelns, zum Beispiel im Rahmen der Globalisierung. Die Frage nach dem Sinn wirtschaftlichen Handelns ist mit der bloßen Beschreibung dieses Handelns als „Gewinnmaximierung" nicht hinreichend zu beantworten. Das Dominanzmodell verfehlt also nicht nur den theoretischen Anspruch einer normativen Orientierung wirtschaftlichen Handelns, sondern auch den moralischen Diskurs der Moderne.

4.3   Ethik und Wirtschaft sind miteinander vereinbar

Diese Position geht von der Notwendigkeit aus, dass eine ethische Orientierung des wirtschaftlichen Handelns nur unter Berücksichtigung bestimmter handlungsfeldspezifischer Bedingungen gelingen kann. Das heißt nicht, diese Bedingungen für sacro sanct zu erklären. Die ethisch motivierte Veränderung ökonomischer Handlungsbedingungen, zum Beispiel durch eine spezifische Rechtsprechung, ist demgemäß auch das Ziel vieler wirtschaftsethischer Reflexionen. Diese Position der grundsätzlichen Vereinbarkeit von Ethik und Wirtschaft erkennt an, dass eine ethische Orientierung nur mit der ökonomischen Vernunft möglich ist. Es geht letztlich um die Anerkennung der Realisierungsbedingungen moralischer Forderungen an die Wirtschaftssubjekte.

> Die Position der grundsätzlichen Vereinbarkeit von Ethik und Wirtschaft erkennt an, dass eine ethische Orientierung nur mit der ökonomischen Vernunft möglich ist. Es geht letztlich um die Anerkennung der Realisierungsbedingungen moralischer Forderungen an die Wirtschaftssubjekte.

Darüber hinaus ist diese Position auch geeignet, das Phänomen in den Blick zu bekommen, dass Moral trotz aller Eigengesetzlichkeit des wirtschaftlichen Handelns in diesem Handlungsfeld (wie in allen Handlungsfeldern) präsent ist, angefangen bei der Akzeptanz der Kunden bis hin zur Mitarbeiterzufriedenheit (vgl. Karmasin 1996).

Was können wir daraus für die Frage nach der Ethik der Medien lernen? Medien bezeichnen ebenso wie die Wirtschaft ein spezifisches Handlungsfeld, das nach eigenen Bedingungen strukturiert ist. Allerdings ist die Medienwirklichkeit in modernen Gesellschaften, zumindest solange wir nach den Medienprodukten und Dienstleistungen fragen, ökonomisch verfasst. Das heißt, dass wir viele Fragen, die wir in medienethischer Absicht diskutieren, letztlich bereits durch die Wirtschaftsethik, wenn auch allgemeiner und nicht medienspezifisch gefasst, diskutiert haben. Insofern ist die Frage nach dem Sinn der Medien, zumindest im Hinblick auf den formalen Charakter der Medienprodukte und im weiteren der Medienproduktion, -distribution und -rezeption, auch eine wirtschaftsethische Fragestellung.

5 „Sinn" der medialen und zugleich ökonomischen Handlungsformen

Folgen wir der Systematik von Wunden (1999), so können wir die Medien und ihre Produkte und Dienstleistungen gemäß unseres oben beschriebenen Praxisbegriffs als Handlungsformen beschreiben, die in den drei Stufen Produktion bzw. (Infra-)Strukturaufbau, Distribution bzw. Bereitstellung und Rezeption bzw. Nutzung differenzierbar sind, und werden nach dem Zweck, Sinn und „Wert", die auf diesen Stufen Geltung beanspruchen können, fragen. Dabei setze ich voraus, dass diese Frage nicht dezisionistisch mit dem gesetzten Sinn der einzelnen Akteure beantwortet werden kann, sondern sich unter einem allgemeinen ethischen Kriterium bewähren muss, dem Kriterium der Verallgemeinerbarkeit für alle Betroffenen qua Kommunikation:

▪ Verallgemeinerbarkeit, weil die Akzeptanz eines normativen Urteils, sofern es moralische Geltung beansprucht, sich als sittliche, das heißt mit den normativen Überzeugungen und Wertungen einer Gruppe oder Gesellschaft vereinbar, erweisen muss,

▪ die Betroffenen, weil angesichts der beschriebenen Charakteristika der Moderne keine an Tradition und Kultur orientierte Selbstverständlichkeit und damit keine im klassisch institutionstheoretischen Sinne „Erwartungserwartung" (Niklas Luhmann) innerhalb einer gesellschaftlichen Gruppe vorausgesetzt werden kann,

▪ daher Kommunikation, weil diese moralische Gültigkeit auf dem Wege des öffentlichen moralischen Diskurses eingeholt werden muss.

> Die Antwort auf die Frage nach Sinn, Zweck und „Wert" der Medienprodukte und Dienstleistungen muss sich unter dem allgemeinen ethischen Kriterium der „Verallgemeinerbarkeit für alle Betroffenen qua Kommunikation" bewähren.

Ethisch lässt sich dieses Kriterium (singular, weil keines der Bestimmungsstücke von den anderen getrennt werden kann) über eine kommunikationsethische bzw. diskursethische Argumentation einholen (Rath 1987), wirtschaftsbzw. unternehmensethisch ist auf den Stakeholder-Ansatz zu verweisen (Karmasin 1998).

5.1   *Qualität in Produktion bzw. Infrastrukturaufbau*

Aus ökonomischer Sicht ist es nicht das Interesse eines Medienunternehmens, ein bestimmtes Medienprodukt zu produzieren, sondern einen Gewinn zu erwirtschaften. Die Qualität des Produkts kommt nur insofern in den Blick, als der Kunde oder Nutzer eine bestimmte Qualitätsvorstellung hat, die das Produkt oder die Dienstleistung aufweisen muss, um überhaupt konsumiert zu werden. Insofern ist Qualität eine zentrale Kategorie des Vermarktungserfolgs und bedürfte damit keiner eigenen ethischen Reflexion, ja Qualitätsmanagement und ein dementsprechendes Marketing führen quasi aufgrund der Marktmechanismen zu einem ethischen Verhalten (vgl. Rath 1989). Diese Mechanismen reichen jedoch ethisch nur in sehr beschränktem Maße aus: sofern es um das Qualitätsmerkmal „Zweckmäßigkeit" (zum Beispiel von elektronischen Diensten) und sofern es um das Qualitätsmerkmal „Kundenzufriedenheit" geht.

Diese beiden Kriterien sind, normativ gesehen, unterbestimmt, denn die Zweckmäßigkeit eines Produkts ist zunächst nur die Feststellung seiner instrumentell hinreichenden Qualität. Ob der Zweck selbst, unter dem das Produkt steht, hinreichend begründet ist, bleibt dabei noch völlig offen. So kann zum Beispiel eine Kriegsberichterstattung sehr wohl den Zweck der Propaganda erfüllen, dieser dem Medienprodukt vorgegebene Zweck aber kann selbst sehr wohl ethisch abzulehnen und moralisch verwerflich sein. Damit verliert das Produkt, obzwar zweckdienlich, seine normative Legitimität. In gleicher Weise ist die Tatsache, dass ein Produkt eine bestimmte Kundenerwartung erfüllt, nicht hinreichend für das medien- und wirtschaftsethische Merkmal Qualität. Ein kinderpornographischer Videofilm kann natürlich bestimmte Kundenerwartungen erfüllen, es wäre aber ethisch absurd, daraus seine normative Legitimiertheit ableiten zu wollen.

Der ethisch zu fordernde Qualitätsbegriff ist also selbst auslegungsbedürftig und muss dem Kriterium Verallgemeinerbarkeit für alle Betroffenen qua Kommunikation genügen. So ist für ein Medienprodukt, das vor allem der Information dient (Nachrichtenmagazin, Zeitungen, Rundfunknachrichtensendungen, Informationsportale im Internet), der Wert Wahrheit ein notwendiger Aspekt der Qualität dieser Produkte (vgl. Wunden 1999: 46). Dieser Wert ist nicht allein instrumentell und subjektiv präferiert, sondern auch unter Verallgemeinerungsgesichtspunkten vorzuziehen, denn nur wahre Information erlaubt die Orientierung am tatsächlichen Sachverhalt, wird den Betroffenen und Beteiligten gerecht und erlaubt sachgerechte Kommunikation, zum Beispiel zum Zwecke der politischen Meinungsbildung. Sofern also ein Nutzer diese

Produkte als Informationsprodukte rezipiert, ist die Qualitätsforderung Wahrheit angemessen und verallgemeinerbar zu fordern. Es ist wichtig, die Nutzung der Produkte als Informationsprodukte zu betonen, da wir seit langem eine gewisse Konvergenz der Mediengattungen und Medienformen feststellen, die eine auch andere Intention in der Nutzung zulässt, zum Beispiel Unterhaltung. Die Forderung nach Qualität wird bei einem anderen Medienbereich, zum Beispiel dem der elektronischen Dienste (E-Mail, Newsgroups usw.), andere Aspekte zeitigen, zum Beispiel den der Diskretion. Auch hier ist dieser Wert nicht allein instrumentell und subjektiv präferiert, sondern auch unter Verallgemeinerungsgesichtspunkten vorzuziehen, denn nur Diskretion garantiert zumindest technisch die Privatheit der one-to-one-Kommunikation, erfüllt damit die Erwartung der Nutzer (hier spielt auch die Wahrheit des Produktangebots eine Rolle) und den Schutz der Privatsphäre und ermöglicht so eine auch unter allgemeinem Gesichtspunkt zu fordernde Kommunikationsmöglichkeit ohne Zugriff von außen.

5.2   Öffentlichkeit in Distribution bzw. Bereitstellung

Wunden (1999: 41) führt als Grundwert der Mediendistribution den Wert „Öffentlichkeit" ein. Er verwendet hier einen sehr weiten Begriff von Öffentlichkeit, der verhältnismäßig formal auf die Verbreitbarkeit der Medienprodukte abhebt. In Bezug auf die Mediendienste können wir das Kriterium „Öffentlichkeit" übernehmen, sofern wir darunter auch die öffentliche Zugänglichkeit der Dienste verstehen. Damit ist jedoch keine Sozialisierung des Mediendienstes gemeint (obwohl auch darüber nachgedacht werden muss, zum Beispiel über die Bereitstellung des Internetzugangs in öffentlichen Räumen wie Bibliotheken, vgl. Rath 1999), sondern die prinzipielle Gelegenheit für jeden, der über die technischen Notwendigkeiten verfügt, diese Dienste in Anspruch zu nehmen, unter Umständen dann auch gegen Entgelt oder, bei werbefinanzierten Angeboten, über Aufmerksamkeit (vgl. Franck 1998).

Ebenso wie Qualität ist Öffentlichkeit ein auslegungsbedürftiger Wert und muss in den jeweiligen Spezifizierungen dem Kriterium Verallgemeinerbarkeit für alle Betroffenen qua Kommunikation genügen. So muss im Hinblick auf ein Printprodukt die Öffentlichkeit daraufhin untersucht werden, an wen sich das Produkt wendet: regional (Regionalpresse), zielgruppenspezifisch (special-interest-Magazin) und kompetenzabhängig (Fachzeitschrift mit entsprechender Terminologie, Fremdsprachigkeit). Damit ist zugleich der Rahmen beschrieben, innerhalb dessen ein Zugang prinzipiell möglich sein muss. Darüber hinaus ist zu fragen, inwieweit der prinzipielle Zugang (nicht unbedingt ein spezifisches

Produkt, aber eine bestimmte Produktgattung, zum Beispiel Tageszeitung) unter dem Verallgemeinerungsgesichtspunkt zu fordern ist. Solange wir uns im Rahmen letztlich beliebiger Medienangebote bewegen, reichen die Marktmechanismen aus. Geht es jedoch um die Aspekte politische Meinungsbildung, Teilhabe an der öffentlichen Diskussion, Bildung und freier Zugang zur Information, so können zum Beispiel ökonomische Konzentrationstendenzen auch im Hinblick auf die mediale Vielfalt bedenklich sein, siehe Zeitungsmarkt. Außerdem muss gerade beim Kriterium „Öffentlichkeit" berücksichtigt werden, wer keinen Zugang zu Produkten bzw. Dienstleistungen hat. Dabei kommen sowohl der Aspekt der Diskriminierung wie auch der des Schutzes (zum Beispiel Jugendschutz) zur Geltung.

5.3   Kompetenz in Rezeption bzw. Nutzung

Am Ende der medienwirtschaftlichen Handlungskette steht die Rezeption oder Nutzung. In diesem Zusammenhang hat, nicht nur von medienethischer Seite (vgl. Funiok 1996), sondern vor allem von Seiten der Medienpädagogik (vgl. Baacke 1999), kaum ein Ausdruck solch eine Konjunktur wie „Medienkompetenz". Angesichts der Entwicklung der Medien, ihrer begrüßten oder gefürchteten gesellschaftlichen Relevanz, ihrer feststellbaren oder manchmal auch nur behaupteten Globalisierung, wird Medienkompetenz angemahnt, gefordert, angestrebt und vermisst. Was dieser Ausdruck jedoch konkret bedeutet und wie man diese Medienkompetenz konkret vermittelt, dies bleibt häufig verborgen (vgl. dazu unter dem Aspekt der Medienerziehung den Beitrag von Gudrun Marci-Boehncke in Marci-Boehncke/Müller/Nisyto/Rath 2002).

Sicher ist, dass damit nicht allein die technische Fertigkeit, moderne Medien zu nutzen, gemeint sein kann, sondern auch die Fähigkeit, die Medienangebote, Produkte wie Dienstleistungen, in ihrer weltvermittelnden und auch -verbiegenden Bedeutung zu erfassen, zu verstehen und gegebenenfalls zu kompensieren. Medienkompetenz ist somit ebenfalls, je nach medialer Nutzung, noch inhaltlich zu füllen, zum Beispiel durch Suchkompetenz im überflutenden Informationsangebot, durch die Fähigkeit zur ergänzenden Mediennutzung, zum Beispiel schnelle und oberflächliche Medien (Fernsehen, Internet) durch langsamere, aber tiefer gehende Medien (Zeitungen, Zeitschriften, Bücher).

Wunden (1999: 51f.) ergänzt diesen Wert noch durch den Aspekt „Lebenskunst". Dieser Aspekt hat in Deutschland spätestens seit Hans Krämers „Integrative Ethik" (1992) wieder an Bedeutung gewonnen. Im Gegensatz zur neuzeitlich-aufklärerischen Pflichtenethik, die die Orientierung an einem als unbedingt angenommenen Gesetz oder Prinzip zum Maßstab moralischen und damit pflichtgemäßen Handelns macht, erinnert die Lebenskunst-Ethik an das antike Ideal des „gelingenden Lebens", zu dem eben auch Glück und Wohlversorgtheit gehörten. Wir subsumieren diesen Aspekt unter dem allgemeineren Kriterium der Kompetenz, weil hier wie in der Medienkompetenz die Fähigkeit gefragt ist, zu unterscheiden und auszuwählen. Kompetenz in diesem Sinne ist zugleich eine Forderung an den Nutzer, sich dieser Kompetenz zu bemühen, als auch an die Bildungsinstitutionen, die Kompetenz zu vermitteln.

 Qualität der Produkte, Öffentlichkeit des Angebots und Medienkompetenz in der Rezeption sind als Wertbegriffe unterbestimmt und müssen je nach Medienangebot und Gattung differenziert werden.

Nicht zuletzt bedarf es dazu aber eines öffentlichen Diskurses darüber, was die inhaltlichen Ziele medialer Angebote und ihrer Produktions-, Distributionsund Rezeptionsbedingungen sind. In welchen Handlungsfeldern sind diese Diskurse aber zu führen?

6   Hierarchie der Handlungsfelder?

Spätestens seit der polnischen Schule der Praxeologie (vgl. Pszczolowski 1980) gibt es eine Fülle von Systematiken zum Verhältnis der gesellschaftlichen Handlungsfelder untereinander. Dabei kann man meines Erachtens zwei Typen unterscheiden: hierarchische und nicht-hierarchische Praxeologien (vgl. zum Folgenden Rath 1990). Zwei bekannte Beispiele seien genannt, Josef Derbolavs „praxeologisches System" und Dietrich Benners „Systematik der Handlungswissenschaften".

Derbolav brachte seit 1975 die gesellschaftlichen Handlungsformen in eine Systematik von zwölf Praktiken, darunter auch Wirtschaft (Ökonomik) und Medien (Journalistik), die jedoch, daher die Bezeichnung hierarchisch, ganz auf die Politik ausgerichtet sind. Von ihr aus bekommen sie nach Derbolav ihre Rechte und Ziele, für die Wirtschaft zum Beispiel „Wohlversorgtheit". Allen Handlungsformen ist eine unterschwellige, handlungsfeldspezifische Ethik eigen, die als Moralpraxis regional, also handlungsfeldspezifisch ist. Einzige allgemeine Kategorie bleibt die Zielvorgabe der Politik. Angesichts der realen Gegebenheiten der Moderne sind diese hierarchischen Vorstellungen obsolet geworden. Vielmehr können wir einen Funktionsverlust der Politik feststellen, der im Prozess der Globalisierung nicht nur die Wirtschaft, sondern auch die Medien mehr und mehr dem politischen Zugriff, zumindest solange er nationalstaatlich verfasst ist, entzieht. Allerdings hat Derbolav zu Recht auf die Moralpraxen der Handlungsfelder hingewiesen.

In direkter Abgrenzung von Derbolav formulierte Dietrich Benner 1987 ein nicht-hierarchisches Praxen-System, bei dem die insgesamt sechs Handlungsfelder gleichberechtigt nebeneinander stehen. Darunter befindet sich auch Ethik, also die Reflexion auf die Moral der jeweiligen Gesellschaft, die nicht der Politik zu-, sondern gleichgeordnet ist. Medien sind nicht explizit genannt, lassen sich aber wie die Wirtschaft dem Handlungsfeld Arbeit zuordnen. Bei Benner wird deutlich, dass angesichts der von einem Zentrum befreiten Praxenstruktur der modernen Gesellschaften die moralischen Urteile über die Gesellschaften und ihre Praxen immer wieder neu ausgehandelt werden müssen.

Für unsere Frage nach dem Sinn der Wirtschaft und den als ökonomischem Handlungsfeld (auch) verstehbaren Medien relevant wird eine praxeologische Betrachtung, weil in ihr die Handlungsformen zwar unter einem Effizienzgesichtspunkt betrachtet werden können (s. Kapitel 5.1), diese instrumentelle Beurteilung jedoch von einer eigenen, normativen Reflexion legitimiert werden muss. Die polnische Schule der Praxeologie sprach in diesem Zusammenhang zu Recht von einer „Effizienzaxiologie" (Pszczolowski 1980: 307f.), die jedoch, wie wir in Bezug auf Derbolav und Benner gesehen haben, nicht von einem Praxisfeld monopolistisch verwaltet wird, sondern immer wieder neu ausgehandelt werden muss: durch und in Kommunikation (Benner spricht von „Sprachlichkeit") und in Freiheit. Wunden (1999: 47) nennt denn auch Freiheit den „Leitwert und Horizont der Medienethik" und räumt ihr den Status einer „institutionellen Fundamentaloption" (Wunden 1999: 49) ein, die immer als Maß des moralischen Diskurses über Medien und, wie wir sagen können, die ökonomische Verfasstheit der Medien zu gelten habe. Wo aber kann sich diese Effizienzaxiologie vollziehen? In welchem Rahmen kann dieser Diskurs erfolgen?

7 Das Medienunternehmen als Ort der Medien- und Wirtschaftsethik

Die Moderne lässt unter den Bedingungen der Globalisierung keine zentrale Interpretationsinstanz mit sanktionierendem Zugriff auf die Handlungsfelder einer Gesellschaft zu. Vielmehr muss der Diskurs über die moralisch akzeptablen Handlungsregeln außerhalb einer klassischen Institutionalisierung, sprich dem Staat, ablaufen. Nationalstaatliche Festlegungen und rechtliche Sankti-

onsmechanismen greifen angesichts der globalisierten Informations-, Geld-
und Kommunikationsströme nicht mehr.

Damit werden Medienunternehmen in doppelter Weise Funktionsträger
dieses Diskurses. Sie stellen die Foren und technischen Möglichkeiten zur Verfügung, über die solche Diskurse erfolgen können, interaktiv im Netz oder
rezeptiv in medialen Präsentationen wie zum Beispiel Informationsangeboten.
Wie fundamental diese Funktion ist, wird deutlich, wenn man bedenkt, dass
sogar der Widerstand gegen die wirtschaftliche, politische und soziale Globalisierung eben über diese medialen Kanäle erfolgt und nur durch sie Gelegenheit
hat, sich zu artikulieren bzw. zu organisieren.

Medienunternehmen werden aber in noch ganz anderer Weise Funktionsträger, denn wenn eine zentrale, zum Beispiel politische Diskursmacht mehr
und mehr marginalisiert wird, dann wandert der Ort medienethischer Reflexion
aus der Politik in die Medienunternehmen selbst. Ethikgetriebene Regulierungen medialer und medienökonomischer Prozesse können nur noch von den
Protagonisten dieses Globalisierungsprozesses selbst diskutiert, entwickelt und
umgesetzt werden. Damit gewinnen zugleich Rückkanäle an die Medienunternehmen von Seiten der Rezipienten und Nutzer an Bedeutung. Mediale Ver-
ständigungsprozesse über moralische Überzeugungen zwischen Mediennutzern
und Medienanbietern haben angesichts globaler Strukturen mehr Aussicht auf
Realisierbarkeit als bi- und multilaterale Regulierungen zwischen Nationalstaa-
ten. So gewinnen Medien und ihre ökonomische Verfasstheit angesichts der
Globalisierung einen zusätzlichen, neuen Sinn als Orte der medienethischen
Selbstvergewisserung zwischen Medienschaffenden und Mediennutzenden.

 Medienunternehmen werden unter globalen ökonomischen Bedingungen zu Orten der medienethischen Selbstvergewisserung zwischen Medienschaffenden und Mediennutzenden.

Kommentierte Literaturhinweise

Berger, Peter L./Thomas Luckmann (1995): Modernität, Pluralismus und Sinnkrise. Die Orientierung
des modernen Menschen, Gütersloh: Verlag Bertelsmann Stiftung

   In den pluralistischen Informations- und Mediengesellschaften können soziale Konflikte nur noch
   im öffentlichen moralischen Diskurs befriedet werden. Dabei kommt den Medien eine besondere
   Bedeutung zu. Prägnante und provozierende Programmschrift.

Karmasin, Matthias (1999): Medien, in: Wilhelm Korff (Hg.): Handbuch der Wirtschaftsethik, Bd. 4:
ausgewählte Handlungsfelder, Gütersloh, Gütersloher Verlagshaus: 351-381

Auf knappem Raum werden die ethischen Fragestellungen an die Medien entfaltet und begründet. Daraus leiten sich Konsequenzen ab, die aufzeigen, wie weit gespannt Medienethik heute betrieben werden müsste. Ausgezeichneter Forschungsreview.

Rath, Matthias (2000) (Hg.): Medienethik und Medienwirkungsforschung, Wiesbaden: Westdeutscher Verlag

Medienethik muss sowohl normativ als auch empirisch verfahren. Nur die genaue Kenntnis der Bedingungen des Handlungsfelds Medien und der Wirkungen medialer Nutzung erlauben praxisrelevante ethische Aussagen. Interdisziplinärer Überblick.

The Situation and Trends of the U.S. Media Industry

C. Ann Hollifield/Alison Alexander/James Owers

Since the 1980s, the United States has served as a laboratory for studying the combined effects of economic, political, technological, and sociological forces on the structure and behavior of media industries. During that period, the U.S. experienced important changes in its economy, demography and political philosophy, even as the media industry was being transformed by new technologies. This chapter examines how these changes have intersected and transformed the U.S. media economy. It also looks at how the changing structures and strategies of U.S. media companies may affect media industries in other countries at both the local and global levels. Finally it maps out emerging trends in the U.S. media economy and the research issues they raise.

Since the 1980s, the United States have been a laboratory for studying the combined effects of economic, political, technological, and cultural forces on the structure and behavior of media industries. During that period, the U.S. underwent simultaneous shifts in the economy within which the media industry functioned, the technology through which media are distributed, and the regulatory philosophy through which media are viewed by government and the public. The consequence of these changes was a marked restructuring of the industrial organization of American media industries that has had widespread implications for other media systems around the world.

This restructuring has occurred on a number of different levels. From a philosophic standpoint, the public discourse about the media's role in society has been reframed, opening the way for a change in public expectations about media industry behavior. Concurrently, regulators redefined media, focusing on its existence as a service industry rather than a social institution serving the public interest.

When combined with the emergence of new distribution technologies, this redefinition justified widespread deregulation of the electronic media. Deregulation, in turn, spurred the rapid consolidation of media industries, leading to ever larger conglomerates and shifting control of many media companies from local to national and even global hands. And finally, with the enhanced ability to consolidate into what Smith termed global „behemoths" (Smith 1991), the largest media corporations in the U.S. entered the 21st century battling for market control on a global basis as they pursued meta-competitive strategies.

This chapter explores these changes in U.S. media industries and the forces behind those changes. It will examine the shifts that have occurred in the social and economic paradigms that shape American media industries and articulate the structures and competitive strategies that U.S. media corporations are pursuing in both domestic and global markets. Finally, the chapter will outline the course these corporations are setting into the new century and the likely shape of the industry in coming decades.

1   The Changing Paradigm of Media and Society

From its inception, the U.S. media industry has been based upon the dual principles of private ownership and freedom from government interference with content. This structure has its roots in the political and economic paradigms that emerged in 17th century Britain. Great Britain permitted private and unlicensed ownership of newspaper and book publishers, an industry structure that was exported to Britain's North American colonies. Similarly, Britain was one of the European nurseries of the libertarian philosophy, which holds that individuals have rights independent of those of the state and the larger society. By the mid 18th century, newspapers in Britain, and even more strongly in the American Colonies, were expressing that paradigm by occasionally challenging government in print.

Those challenges reached their zenith during the American Revolution, a war for which the libertarian philosophy provided the moral justification. During the conflict, American newspapers owned by men sympathetic to the independence movement played a key agenda-setting role in publicizing anti-British government arguments. Thus, from the birth of the United States, the media were established as an institutional watchdog and critic of the state. That role was formally codified by the authors of the U.S. Constitution in the first

Amendment when they wrote: „Congress shall make no law (...) abridging the freedom of speech, or of the press (...)".

The media's stature as the only economic enterprise given specific protection from government interference in the U.S. Constitution was grounded in the belief that independent media and a free marketplace of ideas were necessary conditions for individuals to realize their personal, political and economic potential (Blanchard 1986; Mehra 1986). Protection from government interference was extended over time to entertainment media as well as news content, giving media corporations wide latitude to create content that would attract audiences, even if that content contained material, such as sex and violence, that was considered questionable or objectionable by large sectors of the American populace.[1]

Implicit in the decision to afford media constitutional protection from government interference with content was the belief that the media are an economic institution that exists, at least in part, to serve the public interest. Among the public service expectations that have been outlined for the media either implicitly or explicitly through court cases and regulation are that the media would serve as watchdogs on government, that they would give fair, balanced and objective coverage of political issues and campaigns to the degree humanly possible, and that they would refrain from airing content that would harm children, inflame public passions, or increase social divisions such as between ethnic groups.[2]

---

1   Content is not wholly unregulated. Child pornography, for example, is illegal in any form. Broadcast stations can be subjected to fines for airing objectionable language, although such regulations often go unenforced. Generally, however, broadcast and cable networks „self-regulate" content. This takes the form of including content ratings on some programs that alert viewers to content that is violent, sexual, or includes strong language, and airing more explicit material later in the evenings outside of what is generally deemed „family" viewing hours. However, such measures are strictly voluntary and the networks frequently ignore them, which regularly leads to Congressional hearings about why stricter regulations on objectionable content are needed for broadcast networks.

2   The nature of the media as highly profitable private enterprises in the U.S. has always been recognized and acknowledged. Indeed, one of the effects of the original regulations limiting competition in electronic media markets was to protect existing media owners and enhance the financial success of their operations. However, the tradeoff for such government protectionism came in the form of some regulations on behavior and ownership. Companies were not allowed to own more than one TV station in a market or more than seven, and then later 12, throughout the country. Television networks could not own program production companies. A company that owned a TV station in a particular city was not allowed to own the newspaper in that same city, and vice versa, with only a few exceptions. And there were strict rules for how broadcasters were required to treat political candidates during election campaigns.

For the past two centuries, the expectation that media would serve such a socially constructive role in society has been the foundation for U.S. domestic and international information and communication policy (Hollifield/ Samarajiva 1994). The United States has argued internationally that nations should allow the free-flow of information as a means of supporting popular self-government,[3] while domestically, U.S. broadcasters have been legally charged since 1927 with serving the „public interest, convenience and necessity" (47 U.S.C. 309(a) 2001).

In the last quarter of the 20th century, however, theories about the nature of the media's public service responsibilities began to change, at least partly as a result of fundamental changes in the U.S. economy. Beginning in the early 1970s, the United States began suffering a slump in industrial production as other nations' recovered from the economic dislocation caused by World War II and became serious competitors in the global economy. In consequence, the strength of the U.S. economy began shifting to the information-based service sector, which became an increasingly important source of jobs and economic well-being. As a result of economic hardship and change, government and business leaders and the general public became more sensitive to the status of the economy and to the financial performance of companies and industry sectors. U.S. policymakers found widespread support for the deregulation of the service-sector as part of overall efforts to spur economic growth (Croteau/Hoynes 2001; Hollifield/Samarajiva 1994; Horwitz 1989).

By the 1980s, U.S. policy makers were becoming far less concerned with the social and political value of information and far more concerned with its economic value as both a trade good and service, and an input into other economic processes (Aufderheide 1999; Hollifield/Samarajiva 1994). On the international level, the U.S. focused on lowering trade barriers to the export of U.S. media products such as films and television programming in order to maximize the long-standing power of the Hollywood dream machine as an offset to America's hemorrhaging trade balance. American policy makers also sought to support the global expansion of U.S. corporations, particularly those in the service sector, by arguing against international restrictions on transborder data flows.

---

3   Historically, the United States has argued for the international free-flow of information largely on political grounds. However, critics have long charged that despite the U.S.'s use of political rhetoric to justify its free-flow position, the policy frequently has been based on a desire to expand trade opportunities for U.S. information and entertainment interests (Blanchard 1986; Mehra 1986).

Domestically, American policymakers moved to encourage media industry growth consider for readability by opening the doors to the development of cable television, satellite television and radio, and the issuing of additional broadcast station licenses in selected cities around the U.S. During the same period, however, the government slowly began to deregulate the electronic media industry, easing ownership and content regulations. Critics argued that deregulation of electronic media would harm the public interest by removing „fairness" requirements for the discussion of public issues and ownership limits that prevented control of the media from being consolidated into the hands of just a few owners.

In contrast to these concerns, Mark S. Fowler, chairman of the Federal Communications Commission (FCC) in the early 1980s, famously stated that a television was no different from any other household appliance, „a toaster with pictures" (Nossiter 1985). Even more to the point, Fowler and Daniel L. Brenner (1982: 209-210) wrote:

> „Our thesis is that the perception of broadcasters as community trustees should be replaced by a view of broadcasters as marketplace participants. Communications policy should be directed toward maximizing the services the public desires (...). The public's interest, then defines the public interest."

Fowler's and Brenner's argument essentially defined the American audience as consumers, rather than citizens, and charged the media with supplying consumer demand rather than serving civic needs. In subsequent years, Congress and the FCC increasingly incorporated this view into U.S. communications policy, deregulating industries and lifting most restrictions on the number, type, and location of the media properties that one individual or company could own. In consequence, a period of rapid consolidation in the U.S. media industry created ever larger and more diversified media corporate giants.

Thus, during the last decade of the 20th century, an ideological shift was completed that, in large measure, redefined the public interest in media as the economic vitality and global competitiveness of the industry, including its ability to provide jobs, create wealth, and compete successfully in global markets.

 Thus, during the last decade of the 20th century, an ideological shift was completed that, in large measure, redefined the public interest in media as the economic vitality and global competitiveness of the industry, including its ability to provide jobs, create wealth, and compete successfully in global markets.

Media companies continued to enjoy unique stature as the only constitutionally protected enterprises, but it was no longer clear that they were expected to undertake unique responsibilities as a result of those rights.

Although the economic well-being of the media industry always has been of concern to regulators, media executives and financial investors, the philosophic shift of the 1980s and 1990s brought the industry's financial performance to the forefront of public and government dialog. By the late 1990s, media executives were frequently talking openly about news as product and newsrooms as profit centers, while news executives' concern for organizational values and demands, as compared to journalistic values, had increased notably when compared to the values of news executives in the 1980s (Hollifield/Kosicki/Becker 2001). Critics charged that news content decisions were being driven primarily by ratings considerations and, thus, profit motives, as opposed to considerations of what information the public needed to have in order to participate meaningfully in society. Additionally, consolidation through horizontal and vertical integration had increasingly brought news and entertainment operations under the same corporate umbrella, often blurring the lines between the two types of content.

2   Changing Elements in the U.S. Economy and their Effects on Media Industries

The shift in perspective on the nature of the public interest, which started in the 1980s, coincided with significant changes in national and international business conditions that affected all industries, including the media sector. At least in part because of the economic recessions of the 1970s, by the 1980s, U.S. corporations were changing the way they did business and focusing on seeking better profit performance. The emergence of new technological advances in information processing greatly improved national productivity, a situation that was further enhanced in the 1990s by the move to open the Internet to use by the public and business sectors. Throughout the period, the corporate sector achieved impressive profits through relatively high revenue growth rates and aggressive cost cutting. Stock values grew based on optimistic projections regarding ongoing increases in profit growth, with many of those expectations fueled by productivity gains achieved as a result of the revenue growth and cost containment referred to before.

Finally, changes in the approach to corporate governance during the period aligned the interest of managers with those of stockholders through such techniques as options-based compensation packages. Thus, corporate managers attained a personal financial interest in their companies' performance. This also held true for the executives of media corporations who increasingly were rewarded more on the basis of the companies' performance on Wall Street as opposed to public service or critical acclaim. Consequently, concern with Wall Street priorities and demands increasingly became the ultimate determinant of media business decisions, rather than the personal inclinations of even key individuals such as Ted Turner.

At the same time that financial performance was becoming the primary measure of corporate quality, U.S. corporations, including media corporations, were taking on growing debt loads. The wave of mergers and acquisitions set off by the economic optimism of the 1980s and 1990s resulted in many companies carrying significant debt loads, which created financial stress and required increased revenues to cover.

This economic trend did not bypass the media industry. The maturing of the newspaper industry encouraged consolidation in that sector, while the easing of limitations on ownership in television and radio in the late 1980s and 1990s set off a buying frenzy in the electronic media. Even while they were engaging in domestic acquisitions, U.S. media companies also were rapidly expanding their global operations in response to the collapse of the Eastern bloc and the widespread privatization and liberalization of media and telecommunications industries worldwide that began in the late 1980s. Expansion into foreign markets typically requires significant capital investment and a lengthy development period before the parent company begins realizing a return on its investments. Additionally, the emergence of new technologies such as digital imaging systems and broadband networks pressured traditional media companies to invest in the uncertain future of new media. This, too, placed a drain on financial resources.

The consequence of this combination of increased debt, widespread foreign investment, and experimentation with new technologies was to put ever-greater financial pressure on major media corporations. However, Wall Street did not adjust its expectations of companies' financial performance to account for the demand on resources that these investments represented. Thus, U.S. media executives found themselves under increasing pressure to slash expenses in their existing operations so as to maintain profits, while investing heavily in the future.[4]

The pressures on all industries to produce high levels of stockholder returns were immense. Firms and industries that did not respond to those pressures experienced serious consequences in the form of lack of capital as investment money was transferred to „high potential" sectors such as those associated with the Internet. Media firms experienced a wide range of outcomes in the capital markets of the 1990s. Some traditional firms that did not modify their strategies in light of investor preferences saw their stock values decline, and they became vulnerable to takeover by firms with inflated stock prices. A frequently cited example is the acquisition of Time Warner by AOL. Although termed a merger „of equals", this transaction can be reasonably characterized as one where a „new-technology" firm enjoying a high stock price as a result of the investment trends of the time was able to acquire an „old-line" media firm with some impressive long-term assets not in line with the then-current trends.

The threat of being subjected to such takeovers grew for media corporations throughout the 1980s and 1990s as the result of the reduction in the regulations governing media ownership and the ready availability of capital created by the strong financial markets. That threat put additional pressure on media executives to find ways to fuel profits and boost stock prices through growth and cost cutting.

3   The Changing Market for U.S. Media Products

Even while media corporations were subjected to extreme pressures for financial performance during the last decades of the 20th century, they were losing substantial portions of their markets to increased competition. In 1979, the Federal Communications Commission gave regulatory approval to the development of the cable television industry, leading to an explosion in the number of television channels available for U.S. audiences. The emergence of cable as a competitor in the media industry was followed over the next two decades by

---

4   Analysts partition the value of corporations into two components: the value of „assets in place" and the value of „growth opportunities." Established media firms are challenged with managing both of these components. In contrast, new technology-only firms such as dot.coms had only „growth opportunities" as potential value. This explains the rapid, dramatic increase and general subsequent decrease in dot.com values. Expectations of their growth potential were initially very high, and then as their ability to generate old fashioned profits did not materialize, their values dropped precipitously. The case of AOL demonstrates the remarkable upside of being able to simultaneously use new technologies and generate profits.

the adoption of the VCR by more than 90 percent of the American population and corresponding growth in the video rental market, the development of satellite-delivered broadcasting for both television and radio, and the creation of the World Wide Web with its multitude of information and entertainment resources. Additionally, the development of remote control technology made it easy for the audience to „surf" between competing television programs.

Even as the number of competitors for the U.S. audience's attention was increasing, the audience itself also was undergoing major changes. The 2000 U.S. Census showed that less than 70 percent of the U.S. population identified themselves as „white only, non-Hispanic". Moreover, the economic power of minority communities had grown and an influx of immigration had created significant population sectors for whom English was a second language. In general over the last several decades of the 20th century, the audience for the U.S.'s mass media had become much less of a mass. The diversity created demand for a much wider range of content, and the audience for niche-oriented cable networks grew.

The consequence of these changes in market structure and audience composition in the television industry was a decrease in viewer loyalty to networks and programs and a corresponding decline in ratings. While the total number of hours the average American spent viewing television per year rose four percent between 1984 and 1998 (U.S. Census Bureau 1994; 2000), the number of channels and hours of programming competing for their attention rose even faster, leading to a net decline in audience ratings per channel. Average ratings for the major networks dropped 50 percent during the last two decades of the 20th century, while the percentage of households tuned into TV on average dropped from more than half to just over one-third during the same period (Adams/Eastman/Tyler 2001).

Facing fewer and more fickle viewers, networks were quicker to kill programs that showed signs of ratings weakness. During the late 1990s, the churn rate in prime time programming schedules rose dramatically. By the end of the decade, at least one network had pulled a new prime time program based on test marketing, before the first episode ever actually aired.

Radio also suffered market fragmentation. Radio first came under competitive pressure in the 1950s with the growth of television, but managed to find new markets by reinventing itself from a primary medium that featured a broad range of nationally produced mass audience programming, to one that, by the 1970s was largely a background medium characterized by highly local niche programming that focused primarily on entertainment. The most important dayparts of the radio broadcast schedule in the U.S. became „drive time", the hours of the morning and afternoon commutes to and from work. However, in the late 1980s, the FCC issued new radio station licenses in many cities, increasing the number of stations competing for listeners. Additional competition emerged in the form of in-car tape decks and CD players.

By the 1990s, the radio industry was undergoing another transformation in programming as competition increased from cable channels, which compete for local advertising, and new technologies, which compete for both advertisers and listeners through streaming and satellite-delivered audio. Many full-power stations started moving to „microniche" formats, subsets of already narrow formats of music and entertainment programming such as Pop Country as opposed to just Country, or Sports Talk instead of just Talk. The microniche format development was an effort to stave off competition in large markets where several stations compete in each format. Nevertheless, radio listening overall declined, with the average number of hours Americans spent listening to radio falling three percent between 1993 and 1998 and projected to fall still further over the next five years (U.S. Census Bureau 2000). Despite that, at the beginning of the 21st century, radio station owners were facing yet another wave of new competitors in the form of low-power stations, which the FCC began licensing in an attempt to re-create local radio and a diversity of radio programming sources in local markets.

The fragmentation of the U.S. media market also took its toll on the newspaper industry. Between 1964 and 1997, average weekday readership fell from 79.9 to 54.9 percent of the adult population (Newspaper Association of America 1999), while the number of hours the average American spent reading a daily newspaper fell almost 19 percent between 1984 and 1998 (U.S. Census Bureau 2000, 1994). The newspaper industry itself began fragmenting during the period with the development of free-circulation community weeklies and the spread of topic-specific weekly newspapers such as weekly business newspapers.

Newspapers, too, responded to this market fragmentation by refocusing content. Local newspapers became more local, cutting back on international and national news. Many newspapers added more special topics sections and, in large, urban areas, began producing neighborhood- or suburb-targeted sections called „zoned editions" that are inserted into the paper once a week and delivered only to the target region of the city. Such moves were designed, of course, as much to stave off the defection of advertisers to more audience-targeted and efficient media as they were to retain readers who had an ever-increasing smorgasbord of entertainment and information choices from which to choose.

The increased ethnic diversity of the U.S. population also had an impact on the industry. During the 1990s, the number of media outlets targeted to specific ethnic groups rose, with many of them focused on serving populations that did not speak English as their first language.

Spanish-language media showed particularly strong growth. The 2000 Census revealed that the number of people in the U.S. of Hispanic origin had nearly equaled the number of African-Americans, and demographers predicted that Hispanics would become the largest minority group before the 2010 Census. Two Spanish-language cable networks, Telemundo and Univision became well-established during the 1990s and widely available across the U.S. Similarly, Spanish-language radio grew rapidly in both music and talk formats. By 2000, two radio companies that focused on the Hispanic market had made it into the Top 25 radio groups in the nation (Kerschbaumer 2001). Other foreign-language and ethnic television and radio networks also were spreading. For example, in areas of the U.S. with large Asian populations, it was not uncommon for local cable system operators to carry one or more Asian-language cable networks for viewers.

The fragmentation of the audience placed many U.S. media corporations under financial pressure, even as the financial markets increased their expectations of profit performance. By some estimates, by the late 1980s and early 1990s, the majority of AM/FM combination stations and AM stations in the U.S. were operating at a loss, although those owned by major corporations or serving large markets tended to do well (Sherman 1995: 97). Television station groups also came under pressure as national and regional spot advertising eroded and stations became more dependent on local advertising sales. Stations in large markets and medium market continued to do well financially, however, those in small markets and the broadcast network operated on much slimmer margins.

4   The Re-Structuring of the U.S. Media Industry

As a result of these financial factors and the increase in the number of sources of media that became available during the period because of new technologies, a wholesale re-structuring of the U.S. media industry became possible. That restructuring was launched in the mid 1990s with the passage of the Telecommunications Act of 1996.

As a result of these financial factors and the increase in the number of sources of media that became available during the period because of new technologies, a wholesale restructuring of the U.S. media industry became possible.

Although, as noted before, the deregulation of the media industry had started in the 1980s, the Telecommunications Act of 1996 substantially rewrote the regulatory framework governing the electronic media. The Act eliminated restrictions on the number of radio stations one company could own nationally, although it kept restrictions on the number a company could own within a specific market. Similarly, restrictions on ownership of television stations were changed from 12 stations nationally, to any number of stations so long as their reach did not exceed 35 percent of the American audience.[5] The Act also removed the constraints that restricted cable and local telephone company competition. That change was expected to end monopolies in cable and television service and give American consumers more choices. However, because of legal challenges to the Act and industry economics, true competition in the local cable and telephone markets has been slow to emerge.

The passage of the Telecommunications Act of 1996 set off a wave of consolidation in the media industry. The value of radio and television stations soared, as networks and station groups began competing to acquire properties. By 2000, the top 25 radio groups in the U.S. controlled 57 percent of the $17.6 billion in annual radio revenue and 24.3 percent of the 11.115 licensed commercial radio stations in the country (Kerschbaumer 2001). Across all media sectors, industry consolidation took place through both horizontal and vertical integration as media corporations moved to take advantage of both new station ownership rules and the elimination in 1995 of rules limiting the television networks' ability to vertically integrate to own production facilities and television syndication rights in programming. The largest corporations such as Viacom and Disney held the full stable of media properties: film studios, television networks, cable networks, radio properties, publishing operations and new media companies, to name just a few. Critics questioned whether these giant, financially driven information and entertainment companies would remain

---

5   UHF stations were treated differently under the Act's ownership formulas. As a result, the relatively new Pax Group is estimated to have holdings that reach approximately 70 percent of the American viewing public, primarily because many of its stations are UHF. Critics argue that in an era when nearly 70 percent of the American public watches broadcast stations through their cable connections, the VHF/UHF distinction is meaningless and ownership regulations should be the same for both.

responsive to the public interest and sensitive to their responsibilities as a necessary component of a democratic society.

Since 1996, other ownership limitations have been lifted. In 1999, the FCC eased restrictions on television duopolies, allowing one company to own two television stations in a single market so long as there remain eight independently owned full-power stations in the market and neither of the stations in the duopoly is among the top four in the market in terms of audience share. This set off a wave of station-trading among media corporations as executives sought to capture economies of scale through combining local operations and bundling advertising sales. In 2001, the FCC voted to allow the major broadcast networks to own a second smaller network. But even these changes were not enough to satisfy the industry's demand for more market power. Federal regulators came under intense pressure from major broadcast networks and corporations to lift TV station ownership limits from 35 percent of the U.S. audience to 50 percent of the audience - or eliminate limitations altogether. By mid 2001, the expectation was widespread that regulators and the U.S. courts would soon act to allow greater industry consolidation (Labation 2001).[6]

The rapid consolidation of the U.S. media industry has been driven by the industrial organization (IO) of those industries, which dictates that large scale operations controlling a combination of content and distribution have the real potential to generate „synergy". Synergy - the ability to realize benefits from the whole that are greater than the sum of the parts - is frequently given as the motivation for corporate acquisitions.

 Synergy - the ability to realize benefits from the whole that are greater than the sum of the parts - is frequently given as the motivation for corporate acquisitions.

Certain industries have IO attributes such as scale and vertical integration synergy providing greater-than-average rewards for combining business units into large scale enterprises. Synergy has become particularly important in media

---

6   Many television station-group owners opposed this proposal, however, fearing for their own survival if the giant corporations owning the networks were allowed to begin another station buying spree. This issue increased the already high tension between the television broadcast networks and their affiliate stations, and led to a schism in the National Association of Broadcasters (NAB), the broadcast industry's lobbying organization. Faced with a key split in opinion among its members over the question of further deregulation of station ownership limits, the NAB voted to support its station-group members and lobby against a further increase in the ownership cap. This led two major broadcast networks, CBS and NBC, to withdraw from membership in the Association.

economics where it can be realized by combining operations and bundling advertising sales at the station level or by acquiring a book concept through a publishing subsidiary and then remarketing the concept through film, video, television, music, and retail merchandising subsidiaries. As a consequence, media industries currently are experimenting with the optimal organizational scale and form as they relate to financial, operational and technical outcomes.

In the current complicated economic environment, it is a reasonable strategy for media companies to grow by acquisition and have options available for subsequent decisions as dominant technologies, the regulatory environment, and other uncertainties are resolved. Growth by acquisition leaves open the possibility of later divesting business units which no longer fit the central strategy of the firm. The media industries have historically engaged in high levels of such „corporate restructuring". While divestiture options do not happily resolve all problem areas - such as dramatically reduced values of Internet business units - they do prove a strategic component justifying the strategy of allowing media firms to grow by merger and acquisition. Media companies can subsequently refine the set of business units retained when some of the recent uncertainties are resolved and the industry reaches „mature industry" status.

Although the restructuring of the U.S. media industry is still very much under way and the final shape of the industry remains to be seen, many of the effects of the consolidation of the 1980s and 1990s are becoming clear. The broadcast industry's financial performance improved dramatically in the wake of the Telecommunications Act of 1996, with profit margins hitting levels that other industries only dream of. At the television station level, operating margins were averaging 26.6 percent across the entire industry by 1998, up from 21 percent in 1993 (U.S. Census Bureau 2000, 1998). However, by the end of the 1990s, margins of 50 or 60 percent were not uncommon for television stations in large markets. Operating margins among the television networks were thinner, but also showed some growth, rising about 1 percent to just under 15 percent between 1990 and 1998 (U.S. Census Bureau 2000, 1994).

In radio, operating margins also grew dramatically, with station margins averaging 20.7 percent across the industry in 1998, up from 14 percent in 1993 (U.S. Census Bureau 2000, 1998). Although the newspaper industry was not affected by the Telecommunications Act, consolidation continued in that sector also and, by the end of the decade, newspapers were returning operating margins in the 20 percent range, up from the mid-teens a decade earlier (U.S. Census Bureau 2000, 1994).

Despite these increases, the industry remains under continuing pressure from Wall Street to improve each year's financial performance over the last. Consequently, the industry continues to be focused on consolidation and cost-cutting, which critics charge is harming the quality of both news reporting and television entertainment programming in the U.S.

The media industry's dramatic restructuring in the 1990s also left behind it a three-tier market structure. The top tier is clearly those companies that Smith called the global „behemoths", that is, those media companies either headquartered in the U.S. or with critical operations there but which operate on a truly global scale. Disney Co., AOL-Time Warner, Viacom, and Australian-based News Corp. are among the obvious examples. These companies are characterized by wide ranging horizontal and vertical integration, and the operation of major subsidiaries in multiple countries around the world. They are, thus, truly multinational corporations (MNCs).

In the first tier media companies are characterized by wide ranging horizontal and vertical integration, and the operation of major subsidiaries in multiple countries around the world. They are, thus, truly multinational corporations (MNCs).

A significant element of these companies' multinational strategy involves leveraging their experiences with the 100 million U.S. households to the approximately one billion households worldwide, recognizing that purchasing power, technological capabilities, and cultural characteristics and preferences vary widely around the world. However, the diverse U.S. population provides a learning laboratory for globally ambitious companies and is large enough to provide a comparatively low-risk market for new products that have the potential for worldwide resale.

The second tier of media companies consists of major corporations, usually publicly held, that focus primarily on the U.S. market. Examples of companies that fall into this category would include Gannett and Clear Channel - both leading media companies that hold a wide range of media properties and have significant overseas operations, but clearly are still focused primarily on the U.S. market. This second tier might be termed as primarily „national" media companies, even though many of them have some international operations.

The second tier might be termed as primarily „national" media companies, even though many of them have some international operations.

The third tier of players in the U.S. media industry are those companies that hold only a few media properties and usually serve relatively small, local markets in the U.S.

 The third tier of players in the U.S. media industry are those companies that hold only a few media properties and usually serve relatively small, local markets in the U.S.

These companies often are not even regional in scope and usually are privately held. While the total number of media outlets that are owned by such media companies remains relatively high in the U.S., they frequently operate on slender profit margins and are easily threatened by economic downturns, regulatory changes and emerging technologies.

5   Emerging Market Strategies

In the wake of consolidation, market fragmentation, changing audience characteristics, emerging technologies and global expansion, the strategies employed by U.S. media companies, or those companies such as News Corp. that have major operations in the United Stated, have shifted significantly. Strategies are emerging on a number of different levels depending on the size and market power of the media corporations involved.

Global media corporations on the order of Disney, AOL-Time Warner, and News Corp. are pursuing meta-strategies on a transnational basis.

 Global media corporations on the order of Disney, AOL-Time Warner, and News Corp. are pursuing meta-strategies on a transnational basis.

Australian-based News Corp., for example, has focused on acquiring satellite distribution on most continents around the world so as to be a distribution force with which all other content providers will have to reckon. Similarly, a primary motivation for the AOL-Time Warner merger was to marry AOL's international market power as an on-line service provider with Time-Warner's stature as one of the world's largest producers of content. The move positions the company to be the dominant player in on-line content distribution as broadband technologies improve and become more widely diffused among the population, making the Internet a more viable distribution system for video content.

In contrast to these distribution-based approaches, Disney has pursued a global synergy strategy, trying to garner control of niche mass popular culture icons that have the potential both of appealing to multi-national audiences and for being cross marketed through distribution channels ranging from retail stores to movie theaters to cruise ships.

A second level of strategic activity has developed among both the multinational and the national media corporations as they manage their operations within the U.S. The primary feature of this national-level strategy is geographic clustering of media properties. Geographic clustering refers to acquiring media properties that are located in proximity to each other.

 Geographic clustering refers to acquiring media properties that are located in proximity to each other.

Examples include buying multiple radio stations in a single city, swapping television stations to acquire duopolies in as many cities as possible, or acquiring as many local newspapers or local cable systems as possible in particular states and, in many cases, then proceeding systematically to acquire properties in adjacent states until regional control is acquired.

Geographic clustering allows media corporations to cut operational costs by combining different media organizations into one operational unit. In major markets, it is common for multiple radio stations to be operated out of one building and run by one management team. That approach is now being extended to clustered television stations both where duopolies exist in a single market and in a move towards „centralcasting" across stations located in nearby cities. Centralcasting refers to centralizing some management and operational functions in one station and, in some cases, distributing content such as programming and advertising to sister stations in nearby cities.

Perhaps more importantly, clustering gives media corporations local or regional market power. They can sell bundled advertising packages to their clients and make the process of negotiating multiple station regional buys or multi-media advertising deals much more efficient for their customers. The clustered media company also gains market power when dealing with its own regional suppliers such as broadcast networks, program syndicators, or newsprint suppliers, increasing the ability to control production costs.

There is, however, evidence that clustering leads to reduction in the diversity available in news programming. After acquiring proximately located television stations, it is not uncommon for the consolidating owner to shut down or combine news operations in the secondary station or stations and simply rebroadcast the news produced from the primary station through the others. This has been done even where the clustered stations were located in different but nearby cities, effectively limiting or eliminating local television news coverage in the second city. Studies of clustering in newspapers have found similar effects, showing that clustered newspapers are more inclined to share news-gathering resources and that 53 percent of the daily newspapers that ceased operations between 1988 and 1998 were part of a cluster (Martin 2001).

Critics of clustering in the cable industry, which continues to operate primarily on the basis of local-service monopolies, argue that clustering leads to higher prices and fewer services for consumers. In general, critics concerned about the traditional public interest paradigm of U.S. media fear that clustering reduces journalistic competition, the quality, variety and volume of local news coverage, makes programmers pay considerably less attention to local tastes and needs in making programming decisions, and gives media corporations tremendous power in their dealings with suppliers, advertisers and local audiences.

A second strategy that is being widely pursued at the national level, no less than at the global level, is marketing synergy. Major media companies are increasingly seeking to capitalize on their horizontally integrated structures by marketing media concepts and content across multiple platforms. Although Disney is the master at capitalizing on marketing synergies across the globe, others also employ the strategy with great success in the national market. Disc jockeys in Infinity Radio stations fill the morning air with chatter about the weekend release of films made by their parent company Viacom's Paramount Pictures film studio subsidiary, while Discovery Communications, the world's largest producer of nonfiction entertainment content, uses merchandising through its retail chain of Discovery Stores to promote upcoming network programs, and the programs to promote the sale of merchandise through its stores. Finally, television production companies across the industry tell would be producers of children's programming that concepts without clear merchandising spin-offs will have little chance of ever making the air.

> Major media companies are increasingly seeking to capitalize on their horizontally integrated structures by marketing media concepts and content across multiple platforms.

6 New Technologies

The emergence of new communication technologies has been a major factor in the changes that have overtaken the U.S. media industry in recent decades. New distribution technologies were responsible in large part for increasing competition and fragmentation in the media market, and thereby played a role in encouraging deregulation. Deregulation, in turn, made the subsequent industry consolidation possible. Moreover, new technologies have helped make consolidation an ever-more desirable strategy for media companies by helping them capture previously unimagined economies of scale and scope in operations, bundle packages of converging communication services, offer advertisers system interconnections and advertising insertions among geographically dispersed local cable operations, and monitor and control distant and overseas operations.

Technology also has improved media corporations' financial performance in other ways. Production and operations costs have been reduced by use of satellites, remote controlled cameras, and communication networks, to name just a few. Similarly, digital technologies have made it possible to capitalize on market synergies to a much greater extent by creating wholly new distribution channels while simultaneously reducing the cost of translating content from one media platform to another.

But emerging technologies, and most specifically the World Wide Web, also have significantly increased the economic instability and uncertainty of media markets. Media corporations have found American audiences to be generally unwilling to pay subscription fees for Web-delivered information. And while the total volume of advertising dollars spent on the Web has risen steadily, few media corporations have found that their Web sites attract enough advertisers - or command high-enough advertising rates - to generate profits. Consequently, a strong economic model for Web-delivered news and information has yet to emerge.

In the meantime, however, the audience for Web news and information continues to grow, further fragmenting traditional media markets. Additionally, some media companies have found evidence that their high-revenue-generating broadcast and cable services are losing market share to their lower revenue-producing Web sites, a process known in the industry as „cannibalization".

Additionally, some media companies have found evidence that their high-revenue-generating broadcast and cable services are losing market share to their lower revenue-producing Web sites, a process known in the industry as „cannibalization".

The market for Web-delivered entertainment content has proven even more complex. Optimistic projections about the future market for Internet-delivered audio and video content have failed to materialize. Recorded music delivered over the Web by companies other than existing players in the recording industry fell to court challenges on grounds of copyright violation. Similarly, radio stations began widely experimenting with streaming their broadcast programming over the Web in the late 1990s. Some questioned the economic rationale for doing so because the ability to gather ratings data on Web listeners was marginal and many Web listeners were believed to fall outside local market areas, making them unattractive to the local advertisers who are radio stations' critical source of revenue. Many stations continued streaming, however, in an attempt to gain expertise in a potentially disruptive technology. However these experiments largely came to a halt in 2001 after the U.S. Copyright office ruled that radio stations had to begin paying additional royalty fees for songs streamed over the Web. When that happened, most radio stations in the U.S. shut down their streaming operations.

Delivering video entertainment over the Web has proven even more problematic. In the late 1990s, as public adoption of the Web grew rapidly, both media corporations and entrepreneurs launched Web sites offering films, video, and games in anticipation of the market they expected to emerge for Web-delivered multimedia entertainment. That market failed to materialize at the predicted speed, however. Because of the relatively low density of populated areas in the U.S., delivering the broadband capability required to make downloading video entertainment practical to American homes proved more difficult than many in the content-end of the business had believed. And even where the technical capability existed, public adoption was slower than expected.

The slowness with which the market for Web-delivered information services has developed, the competition among Web sites, and the failure of the industry to find dependable revenue streams combined to cause retrenchment in the industry. In 2000, the over-inflated stock prices for Web-based companies collapsed as investors realized that profits were going to be a long time coming. As the financial markets abandoned the Web industry, many of the start-ups, which had been wholly dependent on investment capital for operating expenses, failed.

The fall-out among Web entrepreneurs also hit traditional media companies hard. Many media corporations had spun-off their new media operations as publicly traded subsidiaries so that they would experience „full value" in the capital markets for those activities. Those spin-offs, too, suffered from the financial markets' disaffection, and most major media firms who used this strategy have now brought these companies back „in-house". Additionally, one of Web companies major operating expenses was advertising - primarily on radio and television - as they tried to drive audience and advertising traffic to their sites. Thus, instead of hurting radio and television companies, the booming Web industry had provided broadcasters with a significant new and unanticipated source of revenue. The dot.com crash hit broadcast bottom lines hard, making revenue comparisons in the early years of the 21st century look soft against the last years of the 20th. This set off a new round of cost-cutting among traditional media companies.

Finally, the virtual elimination of entrepreneurial Web competition permitted the major media corporations to cut back on their own investments in new media. In the 1990s, many traditional media corporations put significant capital into starting their own Web operations and taking ownership positions in external Web startups that they thought had potential. Some of these investments were done as pre-emptive strikes - that is, to ensure that the media corporations didn't wake up in the new century and discover they had lost their market to a new technology they had ignored.

With the dot.com crash and the die-off of many of the upstart start-ups, the major media corporations gained some competitive breathing room. The elimination of the threat from Web entrepreneurs gave many media corporations the opportunity to reduce their new media investments and downsize their existing Web operations, taking a more wait-and-see approach to the long-term development of the Web market.

Despite the dot.com crash, few if any major media corporations considered abandoning new media altogether. Public adoption of online services among Americans has continued to grow rapidly, as has the volume of advertising on Web sites and the size of the audience for online news, information, and entertainment services. Media companies also have found that the Web is tremendously popular with audiences and that combining traditional broadcast programming with interactive on-line activities can provide opportunities for both synergy and network promotion.

While it is almost certain that the market potential of the Web eventually will be fulfilled, hope for one of the other initial promises of the Internet has all but vanished. When the Internet was first opened to public access in 1994, proponents of public discourse saw it as a technology that would finally give individuals access to the power of the mass communication. Indeed, that year then U.S. Vice President Al Gore told the International Telecommunications Union in Buenos Aires, Argentina,

> „The GII (Global Information Infrastructure) will not only be a metaphor for a functioning democracy, it will in fact promote the functioning of democracy by greatly enhancing the participation of citizens in decision making (...). I see a new Athenian Age of democracy forged in the fora the GII will create." (Gore 1994)

This vision has not materialized. Data from Jupiter Media Metrix showed that in 2001, just four companies controlled 50 percent of all of the minutes that Americans spent online, with 32 percent of that number controlled by AOL-Time Warner. The top four also included Microsoft, Yahoo, and Napster, while Disney ranked among the Top 14. Thus, although the Web clearly gives individuals the opportunity to speak, a few major players are drawing most of the audience. The power of the Web has become perhaps even more concentrated than the traditional media, with significant overlap among the companies that dominate both new and old media. And many critics fear that in the future, those corporations that provide online access will try to make it much more difficult for users to find Web sites that their corporations don't control. Indeed that concern was a major source of international opposition to the AOL-Time Warner merger.

Nor is the Web the only source of concern about the implications of emerging technology for the future of the public interest in the media industry. The decision by federal regulators to require all U.S. television broadcasters to convert to High Definition Television (HDTV) by 2006 has fueled further consolidation in the industry as small broadcast owners in the third „local" tier of the industry find themselves unwilling or unable to make the capital investments necessary for the conversion. Convergence and satellite technologies are both enabling and encouraging clustering and centralcasting in print and broadcast media, reducing consideration of local needs in content and programming decisions, including where news coverage of local communities and issues is concerned.

Convergence and satellite technologies are both enabling and encouraging clustering and centralcasting in print and broadcast media, reducing consideration of local needs in content and programming decisions, including where news coverage of local communities and issues is concerned.

Similarly, low-cost satellite and Internet delivery of content have enabled many radio owners to switch to „voice tracking", which replaces live announcers with pre-recorded inserts that merely sound live and are often recorded in distant cities. This has left some communities, particularly small and rural communities, with no real-time source of information to turn to during weather emergencies or local disasters.

There are numerous other examples of ways in which new technologies have enabled media corporations to improve their financial performance but arguably reduce their service to the public interest as that paradigm historically has been defined in the U.S. Thus, despite ongoing rhetoric about the promise that new technologies hold for enhancing civic discourse and the media's role in the public sphere, there is little evidence to support that contention.

7 Future Trends and Conclusions

The rapid transformation of the U.S. media industry over the past two decades makes it difficult to predict long-term trends. However, in the short-term, some developments appear likely and some of the issues that media regulators, industry executives, and the public will face can be foreseen, even if their ultimate resolutions cannot.

Further consolidation of the U.S. media industry is probably the most easily predicted factor that will shape the American and global media economies in the near future. The financial constituents of the media industry are likely to continue to be considered first, and stockholder returns from the industry will be the paramount concern, far surpassing public interest questions in importance. Thus, U.S. regulators are continuing to come under pressure to further reduce or eliminate limitations on ownership of the electronic media, and the current political climate and philosophy of the country would support such a move.

However, as of mid 2001, there was not sufficient evidence to indicate whether the media industries in their current large-scale form will meet financial performance demands. Generally, the large-scale media firms have fared reasonably well relative to other sectors in the declining stock market. Nevertheless, in many industrial situations, the realization of synergy from consolidation is elusive.

Even in industries such as the media industry where IO attributes lead to combinations, there is a size above which additional gains are minimal, and the gains from additional combinations can even become negative. This is why, across all industries, approximately 55-70 percent, depending upon the criteria used, of mergers and acquisitions are undone within a decade. It remains to be determined by experience over time whether ever-larger media corporations can, in fact, provide optimal - or even acceptable - outcomes for their many constituents.

While divestiture as an option does not resolve all problems, it does provide a strategic justification for allowing media companies to grow through mergers and acquisitions. Divestiture allows corporations to argue that they can subsequently refine the set of business units that they ultimately retain when uncertainties in the market are resolved and the industry reaches „mature industry" status.

Regardless, as the media industry enters the 21st century, there is evidence that corporate financial growth rates of the previous two decades are unsustainable. „Top line" revenue growth is no longer enough to appease investors. Wall Street is demanding that revenue growth be matched by growth in profits and that corporate expansion be „value creating". The ultimate measure of performance for both a media company and its executive team is their ability to create stockholder wealth. In the wake of the dot.com crash, in particular, capital markets can be expected to be suspicious of optimistic projections that are backed by uncertain revenue streams. In new technology markets, which can be expected to be an on-going source of media company growth, the markets will demand clear and sustainable business models, careful accounting and greater attention to return on investment.

Acceptable performance under those standards likely will be difficult to consistently maintain in the media industry of the future as continued market fragmentation and audience diversification also appear certain in the U.S. media economy. Consequently, it is easy to expect that industry will respond to the capital markets demands by continuing efforts to consolidate, cluster properties, gain market power within local and regional operational areas, and capture synergies through vertical and horizontal integration.

Consequently, it is easy to expect that industry will respond to the capital markets demands by continuing efforts to consolidate, cluster properties, gain market power within local and regional operational areas, and capture synergies through vertical and horizontal integration.

New technologies will remain the wildcard in the U.S. media economy, providing new opportunities for business growth and cost control, while simultaneously serving as a source of continual market uncertainty and emerging competition. It can be expected that technological innovation will continue to provide unexpected opportunities for marketing synergy through the creation of new content-distribution channels. Wireless technologies such as cell phones and pagers, in particular, hold promise for becoming a significant new outlet for media content. However, the unpredictable nature of new technologies and their potential to be disruptive of existing markets makes it likely that the market structure, conduct and performance of the U.S. media industry will remain fluid in the immediate future.

The ongoing changes in the U.S. media industry also have implications for other international media markets and the national media systems of other nations. The U.S. media industry is not, of course, unique in having undergone restructuring since the 1980s. Media corporations throughout the industrialized world have experienced deregulation, consolidation, global expansion, and new pressures from financial markets as the result of changes in the global business environment.

However, the size of the U.S. media market gives American corporations advantages over competitors in many other countries by providing opportunities to grow within the relatively protected environment of the domestic market. Having achieved major economies of scale and scope through domestic growth and consolidation in the form of vertical and horizontal integration, U.S. media corporations have the potential to make formidable competitors as they expand into overseas markets.

 Having achieved major economies of scale and scope through domestic growth and consolidation in the form of vertical and horizontal integration, U.S. media corporations have the potential to make formidable competitors as they expand into overseas markets.

Other nations such as Germany and Italy also are home to global media giants that control major shares of the global market. But in terms of the sheer num-

ber of media corporations large enough to be capable of playing the global
field, the U.S. stands out.

This potential threat is virtually certain to encourage other nations to continue to enable their own media corporations to grow as a defense mechanism
against takeover or domination by foreign competitors, whether those competitors are from the U.S., Germany or another nation. Consequently, media
industry consolidation in the U.S. is likely to be one more factor spurring media industry consolidation globally.[7]

Many nations, of course, have prohibitions against foreign ownership of
media that limit the ability of transnational media corporations to simply move
into those markets. However, transnational joint ventures and co-productions
have proven to be successful methods for circumventing such rules and expanding transnationally in spite of restrictions. Those ventures commonly attempt to capture marketing synergies across borders and cultures (Pathania-
Jain 2001: 181), leading to the same type of reduction in locally specific content
at the international level that local cities in the U.S. are experiencing. There is
evidence that domestic audiences prefer locally produced, culturally appropri-
ate content over foreign-produced programming, and that transnational media
corporations that adapt their content for local markets tend to fare better in
competition (Straubhaar 1991: 39). Nonetheless, transnational expansion is of
limited value to the parent corporation without the ability to capture some
synergies from content, and the global marketing of television and cable networks is an extension of the process of worldwide homogenization of media
begun by the film industry in the early 20th century and the book industry
before that.

One of the issues that faces those wrestling with questions of the media industry's role in the economy and its responsibilities to society is a lack of em-
pirical data on which to base judgements.

> One of the issues that faces those wrestling with questions of the
> media industry's role in the economy and its responsibilities to soci-
> ety is a lack of empirical data on which to base judgements.

There is a dearth of careful research on the processes and effects of the media
industry's restructuring. That which has been done often provides conflicting

---

7   The sensitivity to potential dominance of industries by U.S.-based firms has recently been
     illustrated by the antitrust positions taken by the European Union (EU). As recently dem-
     onstrated in the cases of GE/Honeywell, AOL/Time Warner, and Microsoft, EU antitrust
     policies and processes may be more restrictive than those of the U.S..

pictures of the effects of current trends. For example, critics argue that industry consolidation has led to fewer organizations controlling more channels, reducing the diversity of content available in the market. There is evidence to support this. Studies of the effects of vertical integration in the cable industry have shown that cable systems that are integrated with cable networks carry fewer independently owned channels on their systems as they foreclose competitors programming offerings. On the other hand, however, vertical integration was also found to be related to consumers receiving a larger total number of channels as part of their basic subscription package (Chipty 2001).

What is clear is that a great deal more study of the U.S. media economy, and its relationship to the global media economy, is needed. Ongoing studies of market concentration both across the industry and within specific industry sectors are required, as are analyses of the effects individual strategies have on the industry's financial performance. Necessary also are examinations of the overall financial health of the industry and its contributions to the larger national economy. Some of this work already is being done.

But other research that goes beyond the methods generally used by media economists and political economists also is needed. Examples include careful content analyses that examine the effects of industry consolidation on overall content homogenization, and the availability of local news, information, and community-appropriate entertainment. Similarly, case studies of allegations of parent corporation interference with the free-flow of information to the public need to be carefully done and the results publicized. Finally, there is a need to better understand public opinion regarding the tension between the media industry's efforts to supply consumer preferences for programming and its responsibilities to serve the information requirements of society.

Indeed, on this last question the American public, at least, is apparently quite conflicted. Surveys show that the public in the U.S. is quick to blame the media industry and its programming for many of society's ills. However, ratings and box office data show unmistakably that sex and violence sells. Despite public criticism of such programming, the public tunes in. This disparity between public rhetoric and public behavior gives those who support former FCC Chairman Mark Fowler's contention that the „public's interest (...) defines the public interest" in media plenty of space in which to operate (Fowler/Brenner 1982: 210). Without careful public opinion research in this area, those who wish to argue in favor of the media's responsibility to serve society and the public interest have few weapons with which to defend themselves against charges of moral superiority and intellectual elitism.

The tension between the historical public-interest paradigm of media in the United States and the current focus on the industry's economic and financial performance may well be the fundamental question to be answered about the future of the U.S. media industry. How American policymakers and the public address that issue will have significant impact on the direction in which the U.S. media industry develops in the next few decades. If media companies are viewed as private enterprises whose primary responsibility is to attract consumers and generate profits for stockholders, deregulation and consolidation in the industry will continue and media markets will be controlled by an ever-smaller number of players generating whatever type of content sells best. If, however, the pendulum of regulatory philosophy and public pressure begins swinging back towards the view that the media have a responsibility to serve the public interest commensurate with the special legal protections accorded media corporations, a return to more regulation on industry structure and behavior is likely to follow.

What is certain is that the media industry in the U.S. is still in the midst of a period of rapid, transformational change, the outcome of which has significant implications for civil society and the global media economy.

Annotated References

Aufderheide, Patricia (1999): Communications policy and the public interest: The Telecommunications Act of 1996, New York: Guilford Press

> Aufderheide's book examines the forces that shaped the development of the U.S.'s Telecommunications Act of 1996 and the Act's impact on the American media industry and the public interest. The book provides an excellent support material in the Appendices.

Compaine, Benjamin M./Douglas Gomery (2000). Who owns the media? Competition and concentration in the mass media industry, Mahwah: Erlbaum

> This volume examines the structure of the U.S. media industry with particular focus on the companies that dominate each media sector. The book discusses the changes that each sector experienced over the past 20 years and offers a wealth of data on current industry owners and structures.

Croteau, David/William Hoynes (2001): The business of media: Corporate media and the public interest, Thousand Oaks: Pine Forge Press

> Croteau and Hoynes offer an in-depth examination of the economic, strategic and political changes that are shaping the media industry and their implications for the public interest. The book offers a detailed, thoughtful discussion of the issues involved in balancing economic and social interests in the media and examines how the media's relationship to society has changed in recent decades.

Greco, Albert N. (2000) (ed.): The media and entertainment industries, Boston: Allyn and Bacon

> This edited volume gives an in-depth discussion of the structure and economics of each sector of the media industry as it operates in the United States. The book provides readers with solid industry data and the ability to readily compare industry operations across media sectors.

Fachgeschichtliche Bemerkungen zur Medienökonomie

Hans Bohrmann

Eine Binnendifferenzierung der Zeitungswissenschaft/Publizistik- und Kommunikationswissenschaft/Journalistik hat erst in den 80er Jahren des 20. Jahrhunderts beginnen können, weil vorher die kritische Menge an Hochschullehrern insgesamt und bezogen auf den jeweiligen Universitätsstandort nicht erreicht wurde. Medienökonomie hat sich längst nicht an allen Standorten durchsetzen können (u.a. aber in Dortmund, Berlin, Wien, Salzburg, Zürich), weil das Hauptaugenmerk der Fachvertreter auf der journalistischen Produktion lag und über weite Strecken der Fachentwicklung die ökonomische Basis ausgeblendet worden ist. Erstaunlich ist, dass die Wirtschaftswissenschaften sich auch nicht systematisch kontinuierlich mit dem Gegenstand Massenkommunikation auseinandergesetzt haben.

1   Der Beginn der Medienökonomie

Unbeeindruckt von allen Debatten, die gegenwärtig, besonders international, um die Geschichte als Wissenschaft geführt werden, gibt es offenbar unabweisbar ein Bedürfnis auch in der Wissenschaft, nach deren Geschichte zu fragen. Ob die Disziplin mit den unterschiedlichen Namen, die hier nach ihrer Fachgesellschaft Publizistik- und Kommunikationswissenschaft genannt wird, eine junge Wissenschaft ist, die ihre Wurzeln im frühen 20. Jahrhundert hat oder ob sie zumindest eine lange Vorgeschichte besitzt, die sich bis ins klassische Griechenland (Dovifat 1937) oder bis in den 30-jährigen Krieg (Groth 1948) zurückverfolgen lässt, ist unter den Gelehrten strittig. Von einem Fach kann man wohl erst dann sprechen, wenn es an einer Hochschule etabliert ist, das heißt es bedarf einer mehr als zufälligen Repräsentanz durch Hochschullehrer, die ein kontinuierliches Studienangebot machen, dessen Wahrnehmung durch Studenten zu einem regulären Studienabschluss führt, also nicht nur deren Bildung als solche zum Ziel hat. Legt man solche Kriterien, die noch nicht einmal besonders hart formuliert sind, an, zeigt sich, dass frühestens in den 20er Jahren einige ganz wenige Hochschulen tatsächlich ein Fach Zeitungskunde, Zeitungswesen oder Zeitungswissenschaft angeboten haben, Examensarbeiten solcher fachlicher Thematik zuließen und das Fach - allerdings nur als Wahl- oder Nebenfach - bei Hochschulprüfungen zuließen. Alle Institute waren so genannte Ein-Mann-Institute, wenn man von der Anzahl der Hochschullehrer ausgeht (Ausnahme Heidelberg, das eine Sonderkonstruktion durch die enge Kooperation mit der Soziologie besaß). Eine Durchsetzung als Hauptfach gelang an wenigen Stellen in der nationalsozialistischen Zeit. Der damals erreichte Ausbau war allerdings ein Pyrrhussieg, da er um den Preis der Anpassung an die Forderungen des NS-Systems erkauft wurde. Wenn die Institutionalisierung des Faches in der zweiten Hälfte der 40er und in den 50er Jahren deutlich rückläufig war (in der Bundesrepublik gab es drei größere von einem Ordinarius oder Extraordinarius geleitete Institute und zwei kleinere Einrichtungen, die nicht von planmäßigen, beamteten Hochschullehrern geleitet wurden), so ist das als Folge der NS-Förderung interpretierbar. In der DDR wurden alle Fachinstitute, bis auf Leipzig, geschlossen und dort nach sowjetischem Vorbild eine Fakultät für Journalistik geschaffen, der vor allem die Ausbildung des journalistischen Nachwuchses oblag. Wiederum nach sowjetischem Vorbild wurde die Ausbildung für akademische Berufe und die wissenschaftliche Forschung relativ strikt getrennt und die Forschung an den Fachinstituten der Akademie der Wissenschaften der DDR konzentriert. An einem solchen Fachinstitut für Journalistik fehlte es aber.

Zu einer Ausdifferenzierung des Faches auf Schwerpunkte hin kam es in der Bundesrepublik erst ab der zweiten Hälfte der 70er Jahre, weil erst ab diesem Zeitpunkt eine ausreichende Menge planmäßiger Hochschullehrerstellen besetzt werden konnte, so dass Arbeitsteilung etwa innerhalb eines Instituts mittelfristig planbar war, weil nicht mehr jeder alles machen musste, allein um die Basisangebote aufrechtzuerhalten. Seitdem konnte es spezifizierte Ausschreibungen geben und konnte von Wissenschaftlern verlangt werden, dass sie speziellen Interessen in Forschung und Lehre nachgingen. In diesem Kontext tauchen explizit erstmalig medienökonomische Hochschullehrerstellen auf, ähnlich wie sich in der Fachgesellschaft parallel eine Bündelung von wissenschaftlichen Interessen in Fachgruppen beobachten lässt.

2 Medienökonomische Fragestellungen bis in die 60er Jahre des 20. Jahrhunderts

Die Geschichte der Massenmedien beginnt, wenn man dem Mainstream der wissenschaftlichen Auffassungen folgt, mit der Erfindung der Drucktechnik. Der Druck mit beweglichen Lettern, wie ihn Gutenberg eingeführt hat, bedurfte aber einer über mehrere Jahrhunderte dauernden Entwicklung, bis er sich vom Medium einer Gruppenkommunikation Gebildeter, dass der Zensur unterlag und auch sonst in vielerlei Hinsicht wirtschaftlich reglementiert war, zu einem Medium emanzipierte, das breite Volksschichten erreichte.

Von Massenkommunikation kann man erst seit den 60er Jahren des 19. Jahrhunderts sprechen. Erst in diesem Jahrzehnt begann der Take-Off der Tagespresse und der illustrierten Zeitschriften, die als einziges Massenmedium ihrer Zeit bezeichnet werden müssen (vgl. Koszyk 1966). Erst durch die Schnellpresse und später die Rotation durch die Setzmaschinen und das Maschinenpapier aus Holzschliff, später aus Zellstoff, und durch eine Menge anderer Erfindungen, die den Druck von Abbildungen auch in hohen Auflagen ermöglichten (vgl. Welke/Fuchs 2000), gelang es in der zweiten Hälfte des 19. Jahrhunderts, die Voraussetzungen für bedeutende Preissenkungen des einzelnen Zeitungs- und Zeitschriftenexemplars sowie der Abonnements zu schaffen. Durch das Zusammenwirken solcher Erfindungen im Satz- und Druckbereich gestaltete sich selbst die Rentabilität kleinerer Auflagen so günstig, dass Zeitungen flächendeckend in kleinen Städten und auf dem flachen Lande möglich wurden. Dort erschienen Zeitungen zwei- bis dreimal wöchentlich. In großen Städten war die Basis für die Konkurrenz mehrerer Tageszeitungen gegeben. Das Ausmaß der Preissenkungen beruhte zu einem ganz erheblichen Teil aber parallel auf der Entwicklung des Anzeigenmarktes (vgl. Groth, II 1930: 157 ff.). Seit der Mitte des 19. Jahrhunderts war dieser Markt durch Anzeigenbüros von Annoncenexpeditionen besonders gefördert worden. Er erwies sich als ertragreich und stabil, so dass schon seinerzeit die Abgabepreise von Presseprodukten nur einen geringen Teil der tatsächlichen Entstehungskosten ausmachten, der Rest wurde von den Anzeigenkunden gezahlt.

Diese Entwicklung schuf den Gegenstand presseökonomischer Analyse. Auf diese Entwicklungen bezogen sich unter anderem Karl Bücher (1926), Karl Knies (1857) und Albert Schäffle (1875). Alle drei waren vom Fach her Nationalökonomen oder Staatswissenschaftler. Sie werden wahlweise auch als Vorläufer der Soziologie oder der Zeitungswissenschaft in Anspruch genommen. Sie erkannten, dass durch Presse und Anzeigenmarkt eine wichtige ökonomische und soziale Innovation in ihrer Lebenszeit entstand. Erklärungsbedürftig ist, warum aus dieser Konstellation die wissenschaftliche Analyse des Zeitungswesens weder als unverzichtbarer Teil der Staatswissenschaft noch als integraler Bestandteil einer sich langsam entwickelnden Zeitungswissenschaft festgeschrieben werden konnte. Die Ökonomie hat sich weiter nur punktuell mit der Presse auseinandergesetzt. Karl Bücher hat nach seiner Emeritierung mit der Stiftung eines Leipziger Zeitungsverlages ein Institut für Zeitungskunde innerhalb der staatswissenschaftlichen Institute der Universität Leipzig gegründet. Er war von seiner Person her gut auf diese Aufgabe vorbereitet. Einige entscheidende Jahre seines Berufslebens, bevor er sich für die Hochschullehrerlaufbahn entschied, arbeitete Bücher als Journalist bei der Frankfurter Zeitung. Er erkannte sehr genau den neuralgischen Punkt, an dem sich Journalismus und rentierliches Presseprodukt begegnen. Die Zeitung sei ein Unternehmen, das Anzeigenraum produziere, den es durch die Beigabe eines redaktionellen Teils verkäuflich mache (vgl. Dovifat 1925: 7). Der Satz drückt eine schlichte Wahrheit aus, wenn er vielleicht auch ein wenig verkennt, dass Anzeigen für einen Leser durchaus Information und/oder Unterhaltung bieten können.

Bücher fühlte sich seiner Einsicht lebenslang verpflichtet und seine kommunikationspolitischen Vorschläge zur organisatorischen Trennung von redaktionellem und Anzeigenteil (so genannte Büchersche Zeitungsreform) (Groth, III 1930: 337f.) sollten die Lösung des Dilemmas darstellen. An der Bestimmung der Zeitung, wie sie Bücher vornahm, kann man auch ablesen, dass die Gründung des zeitungskundlichen Instituts für ihn nicht der erste Schritt zu einer neuen Wissenschaft war. Er befasste sich wohl mit zeitungswirtschaftlichen Gegenständen (unter anderem Pressestatistik), doch der wesentliche Zweck des Instituts entsprang im Jahr der Gründung 1916 einem aktuellen Anlass. Es ging Bücher um die Verbesserung der in seiner Sicht defizitären Berichterstattung deutscher Zeitungen im Ersten Weltkrieg, indem er den Ausbildungsstand anhob. Mittel dazu waren eine verbesserte Allgemeinbildung und ein spezielles journalistisches Training bei Lehrbeauftragten, die er sich aus der journalistischen Praxis holte.

Seinen medienökonomischen Interessen ging Bücher weiter in der Staatswissenschaft nach, so blieb er Redakteur der Zeitschrift für die gesamte Staatswissenschaft. Die Zeitungskunde war ihm offenbar einerseits Hobby und andererseits Nothilfe aus staatsbürgerlicher Verpflichtung (vgl. Heuser 1994). Das Fach, das in der Weimarer Zeit und in der nationalsozialistischen Zeit bis 1945 vorwiegend Zeitungswissenschaft genannt wurde, besaß demgegenüber einen völlig anderen Fokus. Es wurde von Journalisten entworfen, denen die ökonomische Seite ihres Metiers wohl bekannt war, die aber lieber vom Freiheitspathos der bürgerlichen Revolution lebten. Sie betrachteten die Presse als Instrument zur Herstellung von Öffentlichkeit, als verlängerten rhetorischen Kampf in vorparlamentarischen Gremien und im Parlament, später für Parteien und auch Konfessionen, bis in die Bevölkerung hinein. Idealtypisch für diese Vorstellung war die Gesinnungszeitung, die keine Trennung von Verleger und Redakteur kannte, die Anzeigen allenfalls als Unterstützung des ideellen Kampfes, am liebsten natürlich nur von Gleichgesinnten, aufnahm (Dovifat, I 1968: 283 und Dovifat 1925: 15 ff.). Dieses Leitbild war in der ersten Hälfte des 20. Jahrhunderts bereits anachronistisch. Es bezog sich auf gesellschaftliche Zustände, die durch die technische und industrielle Revolution bereits marginalisiert worden waren.

Dovifat, Hans Traub (1933), Karl d'Ester, Hans A. Münster und Karl Bömer wussten natürlich, dass sich die Publizistik der Weimarer Zeit nicht im imaginierten geistigen Raum des frühen 19. Jahrhunderts abspielte, sondern auf ganz anderen Voraussetzungen fußte. Deshalb sprechen alle diese Autoren von drei Untersuchungsfeldern der Zeitungswissenschaft. Sie unterscheiden den Verlag als wirtschaftliches Element, die Redaktion als geistiges Element und die Druckerei als technisches Element (vgl. Bömer 1932). Leider bleibt das Verhältnis dieser drei Faktoren zueinander unbestimmt, und in Forschung und Lehre dominiert, wie sich an den Publikationen und auch den Dissertationen zeigen ließe, deutlich das so genannte geistige Element (Hagelweide 1985: I ff.; Spiess 1969; Bömer 1932: 43 ff.).

Die Zeitungswissenschaftler schöpfen dabei aus ihrer meist kurzfristigen journalistischen Erfahrung einerseits und dem, was sie in ihren Studienfächern (in der Regel Philologie und Geschichte) gelernt haben. Mit Hilfe der historisch-philologischen Methodik gelang die Herleitung gegenwärtiger Zustände aus der Geschichte (vgl. die analytische Methodik Dovifats, I 1969) und/oder die philologische Interpretation unkonventioneller literarischer Zeugnisse, wie sie in der Presse vorlagen. Von diesem redaktionellen Blickpunkt her wurden wirtschaftliche Fragestellungen so in die Einheit der zeitungswissenschaftlichen Methode eingebunden, dass sie den Strukturwandel der Öffentlichkeit, der sich von der Aufklärung herleitete, über den Vormärz, das Scheitern der Märzrevolution und die schrittweise Entwicklung einer vermachteten Massendemokratie gar nicht erst in den Blick bekam (Habermas 1990). Ökonomische Aspekte spielten nur am Rande eine Rolle, wenn es um Pressestatistik, Pressevertrieb, Pressekonzentration, Annoncen oder den (Familien-)Besitz von Verlagen (vgl.

Dovifat, III 1969: 121 ff., 260 ff., 296 ff., 331 ff., 348 ff.) als je für sich stehende, kaum verknüpfte Gegenstände ging.

Es ist bedauerlich, dass die Heidelberger Ansätze (Alfred Weber, Hans von Eckardt) seit Mitte der 20er Jahre kaum zur Entfaltung gelangten und mit anderen sozialwissenschaftlichen Denkströmungen 1933 zum Schweigen gebracht wurden (vgl. Averbeck 1999). Die Betrachtung des Wechselverhältnisses von Wirtschaft und Gesellschaft hätte die Bestimmung der Faktoren des zeitungswissenschaftlichen Modells erlaubt.

Auch das nach dem Zweiten Weltkrieg unter der Bezeichnung Publizistik (-wissenschaft) in der Bundesrepublik wieder erstehende Fach tat sich mit der Einbeziehung ökonomischer Fragestellungen schwer. Quantitativ war diese neue Zeitungswissenschaft Ende der 40er Jahre äußerst reduziert auf drei Hochschulstandorte, und dort waren es die Wortführer der Zeitungswissenschaft aus den 20er Jahren, die erneut das Feld beherrschten.

Typisch für die Behandlung ökonomischer Fakten ist die Auseinandersetzung um die Deutung pressestatistischer Befunde in den 50er Jahren. Dovifat stützte sich für sein Handbuch „Deutsche Presse" (vgl. Institut für Publizistik an der Freien Universität Berlin 1954), das in kaum veränderter Methodik 1956 und 1961 neu bearbeitet wurde, auf die von ihm seit der Weimarer Zeit gepflegte Fragebogenerhebung bei Zeitungsverlagen. Seine Zähleinheit war der Zeitungstitel. Aus der großen Anzahl der von ihm erhobenen Titel schloss er auf einen gesunden Wettbewerb und damit auf eine gut gesicherte Pressefreiheit. Dass die Erhebung in die erste Welle einer großen Pressekonzentration (durch den Wettbewerb zwischen Lizenzpresse und neu auf den Markt kommenden Altverlegerzeitungen) gekennzeichnet war, erfährt man bei ihm kaum.

Im gleichen Jahr hatten Walter Hagemann/Walter J. Schütz die Zeitungsverlage zur Beteiligung bei einer neuartigen Untersuchungsanlage zur Ermittlung der Pressestruktur gewinnen können. Sie sammelten flächendeckend Zeitungsexemplare von Stichtagen und gewannen dadurch ein Ausgangsmaterial, das geeignet war, ökonomische und von ihnen abhängige inhaltliche Verbindungen durchsichtig zu machen (vgl. Schütz 1956). Aus dieser Erhebung wurde abgeleitet, dass eine relativ kleine Zahl von Zeitungen als so genannte „publizistische Einheiten" alle redaktionellen Teile noch selbst herstellten, während der überwiegende Teil der Blätter den Mantel gemeinsam mit anderen produzierte oder von anderen übernahm und nur den Lokalteil selbst machte. Über die Bedeutung dieser Befunde gab es eine Kontroverse zwischen Dovifat und Hagemann: „Was ist eine Zeitung? Was ist eine Ausgabe?" Sie ließ sich nur dann entscheiden, wenn die ökonomische Basis beim Verlag für die redaktionelle Arbeit der Journalisten und damit für die Leser richtig eingeschätzt wurde. Hagemann meldete sich in der europäischen Fachzeitschrift Gazette (Leiden) (Hagemann 1955) zu Wort, woraus nicht unbedingt geschlossen werden kann, dass die einzige deutsche Fachzeitschrift Publizistik (gegründet 1956), deren Mitgründer und Mitherausgeber Emil Dovifat war, dieses Forum nicht für die Kontroverse öffnete.

Die Zeitungsverleger lebten offenbar gut mit den schönen Zahlen Dovifats, dem sie in Düsseldorf die fachliche Leitung eines Fortbildungsinstituts für Volontäre und Redakteure anvertrauten (wie er es bereits in den 20er und 30er Jahren in Berlin betrieben hatte). Hagemann gegenüber verhielten sie sich zunächst deutlich ablehnend, besonders, weil er sie in der Redaktionspolitik auf anderem Felde parallel angriff (Hagemann 1957). Allerdings haben die Verlage später bei den weiteren sechs Stichtagserhebungen, die Schütz, der beruflich in das Presse- und Informationsamt der Bundesregierung gewechselt war, durchführte, immer mitgemacht, und die von Schütz geprägten Definitionen, die publizistische und ökonomische Kategorien verbanden, haben sich bei der Beschreibung der Pressestruktur und der Pressekonzentrationsbewegung in den folgenden Jahrzehnten allgemein durchgesetzt.

Der Name Publizistik vollzog die Erweiterung der Medienlandschaft nach. In der Tat waren neben die Presse und damit neben die für die Disziplin Namen gebende Zeitung der Film (spätestens seit dem Ersten Weltkrieg auch politisch-publizistisch aktiv) und der Hörfunk (von den Nationalsozialisten als Propagandainstrument seit den 30er Jahren stark gefördert) getreten. Das erste Erscheinen des Fernsehens zeichnete sich in den 30er Jahren ab und startete seinen kaum vorherzusehenden Siegeszug Ende 1952. Publizistik signalisiert aber auch den redaktionellen Blickpunkt, wie er für den Journalisten typisch war. Hinzu kam, dass dieses Fach nach sachlicher und personeller Ausstattung bis zum Ende der 60er Jahre ein so genanntes kleines Fach blieb, dessen Regeneration misslang (gescheiterte Habilitationen in München und an der FU Berlin).

Erstaunlich ist, dass während dieser Jahre deutlicher ökonomischer Abstinenz der Zeitungswissenschaft/Publizistik, die Wirtschaftswissenschaften darin keine Chance und Einladung gesehen haben, ihrerseits tätig zu werden. Vielleicht lag das daran, dass die Zeitungswissenschaft erfolgreich das Feld besetzte. Möglicherweise liegt die Ursache auch darin, dass es trotz Pressekonzentration vielen Zeitungsverlagen wirtschaftlich gut ging. Sie suchten keine wissenschaftliche Hilfestellung, und wenn sie welche brauchten, dann bei anderen Fächern. Der Mangel wurde erst deutlich, als es um die Auseinandersetzung zwischen Print und den auditiven und audiovisuellen Medien seit den 60er Jahren ging. Der Rundfunk, seit der Weimarer Zeit quasi staatlich und in der Nazizeit komplett verstaatlicht, war nach dem Zweiten Weltkrieg als öffentlich-rechtliche Einrichtung zu einem Mitspieler auch am Werbemarkt geworden. Dasselbe galt in noch stärkerem Maße für das Fernsehen mit seinen später zwei Kanälen.

Es ist bezeichnend, dass den Enquetekommissionen, die zum Thema Wettbewerbsverzerrung zwischen elektronischen und Printmedien vom Deutschen Bundestag und von der Bundesregierung eingesetzt wurden (Günther-Kommission 1968; Michel-Kommission 1967) nicht in vorderster Front, sondern nur unter ferner liefen Publizistikwissenschaftler angehörten. Ich erinnere mich noch gut, dass der Vorsitzende, Eberhard Günther (Präsident des Kartellamts), mit seinem Assistenten, Siegfried Klaue, nach der Ernennung zum Kommissionsvorsitzenden ein Fachgespräch mit Fritz Eberhard an der FU Berlin suchte. Aber die wichtigen Gutachtenaufträge gingen nicht an die Publizistikwissenschaft, und das war aufgrund der geringen theoretischen und wissenschaftspraktischen Vorarbeiten des Faches zu einer Ökonomie der Medien auch verständlich (vgl. Bohrmann/Ubbens 1984: 84-91).

3 Generationswechsel der Hochschullehrer, Institutsneugründungen und Diversifizierung der Ansätze

Seit Beginn der 60er Jahre kam es an nahezu allen Hochschulstandorten des Faches zu einer personellen Erneuerung. Weil eigener wissenschaftlicher Nachwuchs nicht zur Verfügung stand, beriefen die Fakultäten in den meisten Fällen wissenschaftlich interessierte Fachleute der Massenkommunikation, die ihre Graduierung in anderen Fächern erworben hatten. Rückblickend lässt sich erkennen, dass dadurch mehr oder weniger zeitlich ausgedehnte Übergangsperioden entstanden, in denen die Blickrichtung weiter auf die journalistische Inhaltsproduktion gerichtet war, aber die gesellschaftlichen Bedingungen explizit einbezogen wurden, unter denen diese Produktion erfolgte. Besonders deutlich war die Wendung bei der Einbeziehung von in der Soziologie bereits üblichen Methoden der Sozialforschung (unter anderem Inhaltsanalyse und Umfrage) zu erkennen. Das Fach akzentuierte sich deutlicher als Gegenwartswissenschaft und wertete nicht mehr ausschließlich (schriftliche) Quellen aus, sondern zielte mit seiner neuen Methodik direkt auf die anderen Faktoren des publizistischen Prozesses, die Gerhard Maletzke (1963) in Anlehnung an US-amerikanische Vorbilder in einem Kommunikationsmodell zusammengefasst hatte. Von ökonomischer Fundierung war auch in diesem Modell keine Rede, aber es ließ Raum für die entsprechenden Analysen in den Bereichen Kommunikator, publizistische Institutionen und auch beim Publikum.

Mit Fritz Eberhard, der die Nachfolge Dovifats an der FU (1961) angetreten hatte und dem seinerzeit führenden Leipziger Journalistikwissenschaftler Hermann Budzislawski standen an wichtigen Schaltstellen dieser Wissenschaft zwei Schüler des Tübinger Nationalökonomen Adolf Wilbrandt, die allerdings durch den Kalten Krieg auf zwei einander bekämpfenden Seiten standen. Das tat der persönlichen Kommunikation keinen Abbruch, wie sich bei einer Zusammenkunft während der AIERI-Tagung in Bled (Jugoslawien) gezeigt hat. In den wissenschaftlichen Entwürfen von Eberhard (1962) und Budzislawski (1966) spielten ökonomische respektive polit-ökonomische Überlegungen erstaunlicherweise nur am Rande eine Rolle. Wohl trat Eberhard vehement für die Erhaltung des öffentlich-rechtlichen Rundfunks ein und stritt gegen den Privatbesitz von Rundfunksendern, auch hielt er öffentlich-rechtliche Zeitungen für möglich, wenn auch kaum durchsetzbar, die die Einseitigkeiten der Berichterstattung privatwirtschaftlicher Presse ausgleichen könnten. Aber eingebunden in das System pluralistischer Demokratie versuchte er, oppositionelle Kräfte etwa in den Gewerkschaften zu stärken, vermied aber Fundamentalopposition aus Überzeugung. Die Praxis der britischen Labour Party, die Fritz Eberhard in der Emigration kennen gelernt hatte, prägte sein politisches Handeln. Budzislawski, der nach seinem Ausscheiden aus der wissenschaftlichen Arbeit die Essenz seiner „sozialistischen Journalistik" niederlegte, zeigte sich von Karl Marx' Kapitalismuskritik überzeugt. Er hielt die Notwendigkeit der Ablösung des Kapitalismus durch den Sozialismus für gesetzmäßig, als Ergebnis von Klassenkämpfen für unbestreitbar. Die Geschichtsphilosophie bleibt aber eher im Hintergrund wirksam. Sie ist das Gerüst oder der polit-ökonomische Boden, auf dem die sozialistische Journalistik nach Budzislawski gegründet werden muss. Eine empirische Analyse ökonomischer Sachverhalte findet sich weder bei Eberhard noch bei Budzislawski.

Durch die Studentenrevolte in der zweiten Hälfte der 60er Jahre ist die Kapitalismuskritik in der Bundesrepublik wieder belebt worden (Berliner Autorenkollektiv Presse 1972). Dass die Presse Kritik auf sich zog (besonders Zeitungen des Springer Verlages, allen voran die Bild-Zeitung), ist aus der kritischen Einstellung von deren Journalismus zu jeder Kapitalismuskritik zu verstehen. Die Hoffnungen der meisten jungen Wissenschaftler lagen im Gegensatz zu der in der veröffentlichten Meinung verbreiteten Auffassung nicht in einer Kopie des bürokratischen Sozialismus der DDR, sondern in der fortschreitenden Demokratisierung der Wirtschaft durch Stärkung der Gewerkschaften (Mitbestimmung) zur Absicherung der abhängig Beschäftigten.

Analytisch widmete sich die Forschung vor allem der Pressekonzentration, die als handgreifliches Phänomen in der ersten Hälfte der 70er Jahre wieder deutlich wurde. Zur Ausarbeitung einer Polit-Ökonomie der Massenmedien (Hoffmann 1973) kam es allerdings nicht mehr. Warum sich die Studentenbewegung in der Abgrenzung gegen die DDR einerseits und der Ablehnung der mehrheitlichen Politik in der Bundesrepublik andererseits zerrieb, hat Habermas im Vorwort zur Neuauflage seines „Strukturwandels der Öffentlichkeit" (1990) einsichtig zu machen versucht. Der bleibende Impuls der Studentenbewegung kann heute wahrscheinlich besser wahrgenommen werden als vor 20 Jahren. Er besteht unter anderem darin, dass er der Diversifizierung der Publizistik- und Kommunikationswissenschaft an vielen Hochschulen den Weg gebahnt hat und, durch die fast gänzliche Abschaffung der Ein-Mann-Institute, eine Pluralisierung der fachlichen Orientierungen geschaffen wurde. Voran ging die Universität Dortmund, die mit Gerd Kopper einen Journalistik-Professor für Strukturfragen der Massenkommunikation berief, der ausdrücklich medienökonomische Problemstellungen in Forschung und Lehre einbeziehen sollte; daneben wurde mit Jürgen Heinrich ein ausgebildeter Ökonom zum Professor ernannt. Die FU Berlin berief mit Axel Zerdick einen ausgewiesenen Pressekonzentrationsforscher und ernannte mit Siegfried Klaue als Honorarprofessor einen leitenden Mitarbeiter des Berliner Kartellamts. Marie Luise Kiefer wurde als Honorarprofessorin an die Universität Wien berufen, Walter J. Schütz in gleicher Funktion an die Universität Hannover. Erst langsam gelang es dem Fach, auch eigenen wissenschaftlichen Nachwuchs für die Medienökonomie auszubilden.

Die Anzahl der deutschsprachigen und internationalen Publikationen ist immer noch gut überblickbar. Zu wünschen ist eine stärkere internationale Vernetzung der Wissenschaft, denn die wichtigen Tendenzen, die die Entwicklung des Systems der Massenkommunikation in unserer Gesellschaft antreiben, sind nicht mehr national, sondern nur noch international analysierbar. Die Wissens- oder Informationsgesellschaft hat Tendenzen der Ökonomisierung und Kommerzialisierung von Medien und Mediensystem hervorgerufen, die dringend der kontinuierlichen Beobachtung und wissenschaftlichen Reflexion bedürfen (Jarren/Meyer 2001). Dieser Aufgabe kann nur eine elaborierte Publizistik- und Kommunikationswissenschaft gerecht werden, die doppelspurig analysiert: Die Veränderungen bei der Bildung der öffentlichen Meinung durch

Massenkommunikation und deren Abhängigkeit von Medientechnik und Medienökonomie.
Soweit es sich heute absehen lässt, könnte in 20 Jahren eine Geschichte der Medienökonomie abgefasst werden, die nicht allein Personen- und Institutionengeschichte darstellt, sondern auch Dogmengeschichte. Es lässt sich heute schwer absehen, ob dabei vorrangig Markt und Wettbewerb eine Rolle spielen oder ob die staatlich garantierten Grenzen des Marktes ebenso wichtig sind. An der Bewachung der Grenzen und der Begleitung der öffentlichen Diskussion wird aber in jedem Fall der Journalismus Anteil behalten, wenn zukünftig demokratische Modelle der Öffentlichkeit Wert behalten.

Kommentierte Literaturhinweise

Bücher, Karl (1926): Gesammelte Aufsätze zur Zeitungskunde, Tübingen: Laupp

> Der bekannte Nationalökonom hat sich über Jahrzehnte mit Fragen der ökonomischen Basis des Zeitungswesens auseinandergesetzt. Der zu seinem 80. Geburtstag vorgelegte Sammelband umfasst die einschlägigen Untersuchungen aus mehreren Jahrzehnten im Geist der historischen Schule seines Faches.

Groth, Otto (1928-1930): Die Zeitung. Ein System der Zeitungskunde (Journalistik), 4 Bde., Mannheim/Berlin/Leipzig: Bensheimer

> Der Autor entwirft, orientiert an Max Webers Soziologie, eine Theorie und Geschichte des Journalistik, für die er das gesamte deutschsprachige Literatur aller in Frage kommenden Fächer systematisch auswertet, darin hat auch die Ökonomie einen Stellenwert.

Habermas, Jürgen (1990): Strukturwandel der Öffentlichkeit. Untersuchungen zu einer Kategorie der bürgerlichen Gesellschaft, um ein Vorwort ergänzte Neuaufl., Frankfurt a.M.: Suhrkamp

> Das vorgestellte Modell der Öffentlichkeit interessiert sich für die Bedingungen der Produktion publizistischer Inhalte, die im Sinne der marxistischen Rekonstruktion von Gesellschaft auf die Entwicklung der Produktivkräfte und der Produktionsverhältnisse zurückgeführt werden.

Jarren, Otfried/Werner A. Meier (2001): Ökonomisierung und Kommerzialisierung von Medien und Mediensystemen, einleitende Bemerkungen zu einer (notwendigen) Debatte, in: Otfried Jarren/Werner A. Meier (Hg.): Ökonomisierung der Medienindustrie: Ursachen, Formen und Folgen. Themenheft Medien & Kommunikationswissenschaft, Baden-Baden, Nomos: 145-158

> Die Autoren behandeln die neueren Tendenzen einer Ökonomisierung der publizistischen Produktion, wie sie in früher liberal konstruierten Gesellschaftssystemen seit dem Ende der Nachkriegszeit 1989/90 immer deutlicher wirksam werden.

Kirchner, Hans Martin (1962): Wirtschaftliche Grundlagen des Zeitschriftenverlages im 19. Jahrhundert, in: Joachim Kirchner (Hg.): Geschichte des deutschen Zeitschriftenwesens, Bd. 2, Wiesbaden, Harrassowitz: 379-476

> Ergänzt die inhaltsgeschichtliche Darstellung seines Vaters Joachim Kirchner beispielhaft durch die Analyse der ökonomischen Bedingungen, die dem Aufschwung des Zeitungswesens im 19. Jahrhundert zugrunde lagen.

Medienökonomie und Medientechnik

Marie Luise Kiefer

Aktuelle gesellschaftliche Transformationsprozesse, die natürlich vor den Mediensystemen nicht Halt machen, sondern sie in besonderem Maße betreffen, werden nicht zuletzt auch mit dem Wandel der I+K-Techniken in Zusammenhang gebracht. Der Beitrag versucht, einen Überblick über ökonomische Theorieansätze zum Komplex technischer Wandel und Innovation zu geben sowie das Erklärungspotenzial dieser Ansätze für den Bereich der Medien und ihren Wandel abzuschätzen. Dabei lassen sich ökonomische Theorien der Makro-, der Meso- und der Mikroebene unterscheiden, die sich als durchaus aussagefähig für Medien als Teilsektor des Wirtschaftssystems, als Institutionen und Organisationen sowie als ökonomisch sehr spezifische Produkte erweisen. Forschung zum Medienwandel unter Rückgriff auf diese und mögliche weitere ökonomische Theorien und Konzepte erscheint durchaus viel versprechend.

Der aktuelle Wandel der Informations- und Kommunikationstechniken (I+K-Techniken) und die dadurch ausgelösten Transformationsprozesse in fast allen Bereichen der Wirtschaft und Gesellschaft haben die Frage nach Ursache und Wirkungen technologischen Wandels generell, aber auch im Bereich der Publizistik- und Kommunikationswissenschaft (PKW) neu belebt. Medien gelten als von diesem Wandel in besonderem Maße betroffen. Hinsichtlich der positiven wie der negativen, nicht nur publizistischen, sondern auch kulturellen und sozialen Veränderungspotenziale herrscht allerdings weitgehend Unsicherheit. In dieser Situation bietet sich eine Recherche im Theoriearsenal benachbarter Sozialwissenschaften nach Modellen und Konzepten, die zur Beschreibung und Erklärung der beobachtbaren Transformationsprozesse herangezogen werden könnten, geradezu an. Dies wird hier mit Blick auf die Wirtschaftswissenschaften versucht, deren Relevanz als isomorphe Ergänzung des publizistikwissenschaftlichen Forschungsprogramms sich nicht zuletzt in der Konstituierung

einer kommunikationswissenschaftlichen Teildisziplin „Medienökonomie"
niederschlägt.

Der Beitrag wird das Thema „Technik und Medien" auf drei Ebenen ab-
handeln. Auf der Makroebene wird technischer Wandel als Antriebskraft wirtschaftlichen Wachstums aus ökonomischer und medienökonomischer Perspektive diskutiert, auf der Mesoebene geht es um die mit diesem Wandel verknüpften institutionellen Probleme, auf der Mikroebene schließlich um spezifische
Produktionsbedingungen von Medien und deren Veränderung durch technischen Wandel. Vorgeschaltet sind ein kurzes Kapitel, das der Klärung von
Begriffen dient sowie eine Darstellung ökonomischer Basiskonzepte zum
Komplex Innovation und technischer Wandel.

1 Definitionen

Gerade die Zusammenführung theoretischer Aspekte aus unterschiedlichen
Wissenschaftsdisziplinen lässt eine genaue Definition des verwendeten Voka-
bulars angeraten erscheinen. So sind Begriffe wie Medium, Innovation oder
Technologie ja keineswegs und zweifelsfrei selbsterklärend, gerade disziplinen-
übergreifend nicht. Definitionen und Abgrenzungen werden für diesen Beitrag
vor allem aus der ökonomischen Theorie übernommen, der Medienbegriff ist
hingegen ein publizistikwissenschaftlicher.

Ulrich Saxer hat einen ausreichend umfassenden und abstrakten Medienbegriff vorgelegt, mit dem hier gearbeitet werden soll. Saxer (1996: 20) definiert: „Medien sind komplexe institutionalisierte Systeme um organisierte
Kommunikationskanäle von spezifischem Leistungsvermögen." Leistungsfähig
ist diese Definition, weil im Rahmen des hier zu behandelnden Themas nicht
nur der technische Aspekt von Medien (Kommunikationskanäle für bestimmte
Zeichensysteme) von Interesse ist, sondern auch deren institutioneller Charakter (Medien als kommunikative Verhaltensregeln) und organisatorische Gestaltung (Medien als Wirtschaftsunternehmen mit primär ökonomischem Zweck),
die von technischem Wandel womöglich nicht unbeeinflusst bleiben. Was in
dieser - systemtheoretisch geprägten - Definition aus ökonomischer Sicht fehlt,
ist der Aspekt der Produktion von Kommunikaten, ein Defizit, das für die
PKW nicht untypisch zu sein scheint. Aber auch die Kommunikation erst
ermöglichende Rezeption wird in dieser Definition nicht deutlich. Da beide
Aspekte für eine ökonomische Betrachtung von Medien von zentraler Bedeutung sind, möchte ich für die Zwecke der hier vorzulegenden Analyse die Definition von Saxer erweitern und konkretisieren: Medien sind danach komplexe

institutionalisierte Produktions- und Rezeptionssysteme um organisierte Kommunikationskanäle von spezifischem (technischem wie gesellschaftlichem) Leistungsvermögen.

 Medien sind komplexe institutionalisierte Produktions- und Rezeptionssysteme um organisierte Kommunikationskanäle von spezifischem (technischem wie gesellschaftlichem) Leistungsvermögen.

Technologie und Technik werden häufig synonym verwendet, zumindest nicht immer klar unterschieden. Dabei herrscht auch hier, ähnlich wie beim Medienbegriff, definitorische Vielfalt. Für die Zwecke dieser Analyse sollen die folgenden Definitionen gelten: Technologie ist das Gesamt an technischem und naturwissenschaftlichem Wissen einer Volkswirtschaft mit Relevanz für die Produktion zu einem gegebenen Zeitpunkt.

 Technologie ist das Gesamt an technischem und naturwissenschaftlichem Wissen einer Volkswirtschaft mit Relevanz für die Produktion zu einem gegebenen Zeitpunkt.

Der Begriff der Technik umschreibt die Transformation dieses Wissens in Produktionsverfahren und -prozesse, also in wirtschaftliche Produktionssysteme.

 Der Begriff der Technik umschreibt die Transformation dieses Wissens in Produktionsverfahren und -prozesse, also in wirtschaftliche Produktionssysteme.

Technik ist „benutzbar", „zweckorientiert" und „rechtfertigt sich ökonomisch, indem sie profitabel eingesetzt wird" (vgl. Hotz-Hart/Reuter/Volk 2001: 1). Technologie ist der umfassendere Begriff, der auch das nicht oder noch nicht ökonomisch nutzbare Wissen enthält. Die Informationstechnik steht in diesem technisch-wissenschaftlich fundierten wirtschaftlichen Produktionssystem neben anderen Techniken, vor allem der Energie-, der Verfahrens- und der Fertigungstechnik. Allerdings wird den modernen I+K-Techniken zunehmend die Funktion einer „Schlüsseltechnologie" zugewiesen (vgl. Hotz-Hart/Küchler 1999: 189), Folge ihrer Digitalisierung und Computerisierung, die völlig gleichartige Bearbeitungsverfahren für unterschiedliche Bereiche und fast unbegrenzte Vernetzungsmöglichkeiten von Information eröffneten und neue Wertschöpfungspotenziale erschließen.

Technischer Wandel meint Veränderungen der wirtschaftlichen Produktionssysteme durch Entwicklung neuer oder verbesserter Produkte, Produktionsfaktoren und/oder Produktionsprozesse.

 Technischer Wandel meint Veränderungen der wirtschaftlichen
Produktionssysteme durch Entwicklung neuer oder verbesserter
Produkte, Produktionsfaktoren und/oder Produktionsprozesse.

Technischem Wandel liegen häufig Innovationen zugrunde. Beije (1998: 31)
verweist darauf, dass die Konzepte Innovation und technischer Wandel jedoch
nicht deckungsgleich sind. „Each innovation brings about a technical change
(...). But not every technical change is an innovation", denn technischer Wandel
wird wesentlich ja durch die Diffusion und breite Anwendung der Innovationen bestimmt oder auch, nicht minder wichtig, durch deren Imitation. Innovationen hingegen verändern den Stand des Wissens, fügen neues Wissen hinzu,
führen also zu technologischem Wandel. Die Ressource, aus der Innovationen
primär gespeist werden, ist Kreativität, also die Fähigkeit, neue und überra-
schende Problemlösungen und Ideen hervorzubringen als Folge vor allem von
flexiblem und divergentem Denken (vgl. Fuchs-Heinritz/Lautmann/Ramm-
stet/Wienold 1995).

Technischer Wandel manifestiert sich auf der Mikroebene in neuen oder
verbesserten Produkten und Dienstleistungen (Produktinnovationen), Verfahren einer rationelleren Produktion durch Anwendung neuer Techniken (Prozessinnovation) sowie Veränderungen in der Koordination des arbeitsteiligen
Produktionsprozesses (organisatorische Innovation). Auf der Makroebene
interessieren vor allem die Wirkungen von technischem Wandel auf die Produktivität der einzelnen Produktionsfaktoren und die damit verbundenen gesamtwirtschaftlichen Wachstumsprozesse. Auf der Mesoebene geht es vor
allem um die Durchsetzungschancen technischer Innovationen vor dem Hintergrund, dass bestehende gesellschaftliche Machtstrukturen davon möglicherweise nicht unberührt bleiben. Alle drei Ebenen werden hier mit Blick auf die
Medien noch näher zu diskutieren sein.

Innovationen, definieren Hotz-Hart/Reuter/Vock (2001), sind Neuerun-
gen, die erfolgreich am Markt durchgesetzt werden. Neuartigkeit und Markter-
folg sind danach wesentliche Definitionsparameter der Innovation. Das verweist auf den Unterschied zur Invention, der ursprünglichen kreativen Leistung
in einer vormarktlichen Phase, auf der die Innovation ruht, eine Unterscheidung, die vor allem dem Marktphasenkonzept von Ernst Heuß (1965) entlehnt
ist. Invention meint die grundlegend neue Entdeckung, die Entdeckung „eines

zuvor nicht wahrgenommenen technischen oder ökonomischen Zusammenhangs" oder einer entsprechenden Handlungsmöglichkeit (vgl. Erlei 1998: 155). Innovation meint die Weiterentwicklung der Invention zu einem prinzipiell marktfähigen Gut. Denn die Invention muss ja nicht notwendig von direktem ökonomischen Wert sein, sie ist von potenziellem Wert, den es abzuschätzen und zu nutzen gilt. Um die Invention zu einem marktfähigen Gut, also zu einer Innovation zu machen, sind in der Regel so genannte Komplementärinnovationen (vgl. Erlei 1998: 161f.) erforderlich. Die Invention muss anschlussfähig werden, zum Beispiel an bereits existierende Techniken, um sie damit verbinden zu können, sie muss anschlussfähig werden zum Beispiel an bestehende Konsumentenpräferenzen, um sie auf dem Markt durch- und absetzen zu können. Nach einer Kienbaum-Studie sind aktuell für eine Innovation im Durchschnitt 68 einzelne neue Ideen, also Inventionen erforderlich. Die Entwicklung einer Invention zu einer Innovation als Auslöser für technischen Wandel erfordert daher in hohem Maße komplementäre Ressourcen und Vermögenswerte, das heißt, sie ist mit einem hohen Finanzierungsbedarf und gleichzeitig einem hohen ökonomischen Risiko verbunden.

2   Ökonomische Konzepte von Technologie und technischem Wandel

Soweit Ökonomen sich mit Innovation und technischem Wandel befassen, betrachten sie Technik als ein aktiv vom Menschen geschaffenes Instrument.[1] Das wird gerade auch an ihrem Innovationenbegriff deutlich. „Technik ist keine naturwüchsige Kraft, sondern ein soziales Phänomen." (Hotz-Hart/Reuter/Vock 2001: 1) Eine solche Sicht schließt Technikdeterminismus weitgehend aus. Der so genannte „Technology-Push"-Ansatz ist denn auch weitgehend aufgegeben, wenn auch nicht zugunsten des „Demand-Pull"-Ansatzes, also der Annahme, dass vor allem Veränderungen in der Güternachfrage den entscheidenden Impuls für technischen Wandel darstellten. Diese Vorstellung hatte ja bereits Joseph Schumpeter (1997: 100), der Erfinder des „dynamischen

---

1   Mit Innovationen und technischem Wandel befassen sich vor allem bestimmte Teilbereiche der Ökonomik, während der neoklassische Mainstream mit seiner Fixierung auf Gleichgewichtsmodelle den Stand der Technik als exogene Größe behandelt. Zu den Richtungen, die sich diesem Forschungsfeld widmen, zählen zum Beispiel die neuen und die alten (amerikanischen) Institutionalisten (vgl. Reuter 1994), die Evolutionäre Ökonomik zum Teil in der Nachfolge von Hayeks und Schumpeters Ansätzen (vgl. zum Beispiel Hinterberger 1996) und die Neuen Wachstumstheorien (vgl. zum Beispiel Romer 1994), wobei diese Etikettierungen keineswegs überschneidungsfrei sind.

Unternehmers" als dem eigentlichen Motor wirtschaftlichen Wachstums, diskreditiert, als er schrieb, dass sich

> „Neuerungen in der Wirtschaft doch in aller Regel nicht so (vollziehen), dass erst neue Bedürfnisse spontan bei den Konsumenten auftreten und durch ihren Druck der Produktionsapparat umorientiert wird (...), sondern so, dass neue Bedürfnisse den Konsumenten von der Produktionsseite her anerzogen werden, so dass die Initiative bei der letzteren liegt (...)."

Gesehen wird, dass es vor allem ökonomische Motive sind, die von den kollektiven Trägern des Innovationsprozesses verfolgt werden, die sich aber mit technischen (möglicherweise auch politischen) Einflüssen mischen. Daher könne letztlich die „Frage von Ursache/Wirkung zwischen ökonomischen und technischen Einflüssen bei der Entstehung von Innovationen nicht beantwortet werden", meinen Hotz-Hart/Reuter/Vock (2001: 15). Für den Wirtschaftshistoriker und Institutionenforscher Douglas North ist diese Frage offenbar entschieden. Für ihn entstanden systematische Anreize zur Förderung technischen Wandels erst mit der Sicherung von Eigentumsrechten und damit auch der privaten Erträge aus Innovationen, wie sie vor allem das Patentrecht anstrebt. Das Patentrecht stehe nur als Beispiel, so North (1988: 169), wichtiger „sind Gestaltung und Verwirklichung eines Systems allgemeiner Rechtsgrundsätze, die Verträge durchsetzen und schützen, in denen Eigentumsrechte spezifiziert sind." Da neues Wissen, wie es Input und Output von Innovationen zugleich ist, die Eigenschaften eines reinen öffentlichen Guts hat, also ohne Einbußen und ohne dass es sich „verbraucht" von jedermann genutzt werden kann, ohne den Wissenschaftler oder Erfinder dafür zu entgelten, war ein angemessener Schutz von geistigem Eigentum nur durch entsprechende kollektive Regelungen möglich, wie sie das Patentrecht oder das Urheberrecht darstellen. Dass damit nicht alle Probleme der privaten Produktion öffentlicher Güter gelöst werden konnten, spielt gerade auch im Zusammenhang mit Medien eine zentrale Rolle (vgl. Kiefer 2001).

Technologie wird als dynamische, Ressourcen schaffende Kraft begriffen und beschrieben, gespeist aus Erfindungsgabe und Lernprozessen. „The bulk of man's resources are the result of human ingenuity aided by slowly, patiently, and painfully acquired knowledge and experience." (De Gregori 1987: 1244f.) „Resources are not. They become" lautet der Titel des Artikels, dem der obige Satz entnommen ist. Und im Rahmen dieses Ressourcen schaffenden und Knappheit überwindenden Prozesses werden zum Beispiel Kabel aus Kupfer, das knapp und teuer ist, durch Kabel aus Glasfaser ersetzt, für deren Produktion ungenutzte und billige Mineralien verwendet werden.

Der Innovationenbegriff der Ökonomen macht aber auch deutlich, dass Organisationen die Träger des technischen Wandels sind. Kreativität und Erfindungsgeist einzelner Individuen, zum Beispiel vom Typus eines Bill Gates, reichen in den hochkomplexen Innovationsprozessen moderner Gesellschaften kaum mehr aus. Träger von Innovationen sind vielmehr kollektive Akteure, vor allem Unternehmen. Schon Schumpeter hatte bei seiner Unterscheidung zwischen Unternehmer und Erfinder (vgl. 1997: 129) darauf verwiesen, dass für das wirtschaftliche Wachstum das unternehmensmäßige „Durchsetzen neuer Kombinationen" wichtiger sei als das Finden oder Erfinden dieser Kombinationen, wobei er die zentrale Frage, wie und warum neues Wissen generiert wurde, allerdings einfach beiseite schob (vgl. Witt 1997).

Pioniere sind zweifellos wichtig, aber selbst Inventionen werden heute häufig nicht von individuellen Erfindern, sondern in kleinen spezialisierten Unternehmen, den so genannten Pionierfirmen, entdeckt. Die Weiterentwicklung zur Innovation erfolgt dann jedoch zumeist in Kooperation mit Großunternehmen oder wird ganz durch diese übernommen, weil Großunternehmen eben in der Regel über die notwendigen Komplementärressourcen, vor allem auch Kapital und Kredit verfügen. Schon Gutenberg ist bei der wirtschaftlichen Nutzung seiner Invention, des Buchdrucks mit beweglichen Lettern, ja letztlich am Mangel an Komplementärressourcen - vor allem Geld - gescheitert. Jahrelange Vorbereitung, eine Vielzahl von erforderlichen komplementären Inventionen, 20 Mitarbeiter und teure Materialien verschlangen für den Druck von schließlich 180 Bibeln den Betrag von 2026 Gulden, heute ein Millionenbetrag. Zwar erbrachte der Verkauf der Bibeln fast das Dreifache dieser Summe, der Erfinder Gutenberg jedoch ward um seinen Gewinn gebracht, weil er den aufgenommenen Kredit nicht rechtzeitig zurückzahlen konnte (vgl. Berger u.a. 2000).

Entscheidend für den Innovationsprozess ist „die gelungene Einbettung verschiedenster Fähigkeitsprofile in einen adäquaten institutionellen und organisatorischen Rahmen" (Hotz-Hart/Reuter/Vock 2001: 174).

 Entscheidend für den Innovationsprozess ist „die gelungene Einbettung verschiedenster Fähigkeitsprofile in einen adäquaten institutionellen und organisatorischen Rahmen."

Diesen Rahmen stellen heute vor allem die Forschungs- und Entwicklungs-(F&E-)Abteilungen der großen Unternehmen, wobei hier in erster Linie angewandte und Entwicklungsforschung betrieben wird, während für die Grundlagenforschung, die neues Wissen ohne unmittelbaren kommerziellen Bezug generieren will, vorrangig die Universitäten und wissenschaftlichen Institute zuständig sind. Eine Aufgliederung des Zeitaufwands für ein typisches Innovationsprojekt von der Generierung der Idee bis zur Markteinführung bestätigt diese „Arbeitsteilung". Der jeweils anteilige Zeitaufwand sieht in etwa wie folgt aus (vgl. Beije 1998: 64): Fünf Prozent für die Generierung der Idee, zehn Prozent für die Marktanalyse und Abschätzung des Marktpotenzials, 42 Prozent für die technische Entwicklung, 38 Prozent für die vormarktliche Testphase, fünf Prozent für die Markteinführung. Eine solche Aufstellung verweist darauf, dass die Grundlagenforschung offensichtlich weitgehend außerhalb der F&E-Departments erfolgt.

Information von externen Quellen als Input in den Innovationsprozess spielt daher auch eine zentrale Rolle. Öffentliche Quellen wie Forschungsberichte und Fachartikel, Informationen anderer Unternehmen und Dienstleistungen von Consultants, Konkurrenzbeobachtung und die eigenen Inventionen und Erfahrungen helfen der F&E-Abteilung bei der Abklärung der Frage, welche Projekte denn nun eigentlich in Angriff genommen werden sollen. Innovationen zeichnen sich ja durch einen hohen Grad an Unsicherheit aus, technologische Unsicherheit auf der einen Seite, Marktunsicherheit auf der anderen. Nach einer amerikanischen Studie werden rund drei Viertel der Gelder in Innovationsprojekte gesteckt, die keinen Erfolg haben (vgl. Ramsey 1986). Die Unsicherheit nimmt mit der Nähe zur Grundlagenforschung deutlich zu, wie die von Freeman (1982) entwickelte Typologie von Innovationen nach Unsicherheitsgraden zeigt.

Types of innovation according to their incertainty

(1) True uncertainty	Fundamental research Fundamental invention
(2) Very high degree of uncertainty	Radical product innovation Radical process innovation outside firm
(3) High degree of uncertainty	Major product innovations Radical process innovation in own establishment or system
(4) Moderate uncertainty	New „generations" of established products
(5) Little uncertainty	Licensed innovation

	Imitation of product innovations
	Modification of products and processes
	Early adoption of established process (innovation)
(6) Very little uncertainty	New „model"
	Product differentiation
	Agency for established product innovation
	Late adoption of established process innovation and franchised operations in own establishment
	Minor technical improvements

Quelle: Beije 1998: 116

Generell wird zwischen radikalen und inkrementalen Innovationen unterschieden (vgl. Hotz-Hart/Reuter/Vock 2001: 169 ff.). Bei radikalen Innovationen handelt es sich um Basisinnovationen, die zu einem technologischen Paradigmenwechsel führen und erhebliche Strukturveränderungen im Institutionengefüge von Wirtschaft und Gesellschaft zur Folge haben, die aber kaum zu prognostizieren sind. Gutenbergs Erfindung wäre ein Beispiel. Inkrementale Innovationen erfolgen innerhalb eines bestehenden Paradigmas. Sie führen zu einem kontinuierlichen Prozess der Wissensakkumulation, haben jeweils aber nur ein beschränktes Innovationspotenzial und begrenzte institutionelle Auswirkungen.

> Bei radikalen Innovationen handelt es sich um Basisinnovationen, die zu einem technologischen Paradigmenwechsel führen und erhebliche Strukturveränderungen im Institutionengefüge von Wirtschaft und Gesellschaft zur Folge haben, die aber kaum zu prognostizieren sind. Gutenbergs Erfindung wäre ein Beispiel. Inkrementale Innovationen erfolgen innerhalb eines bestehenden Paradigmas. Sie führen zu einem kontinuierlichen Prozess der Wissensakkumulation, haben jeweils aber nur ein beschränktes Innovationspotenzial und begrenzte institutionelle Auswirkungen.

Hier vor allem gilt das Prinzip der Pfadabhängigkeit technischen Wandels.

„Innerhalb eines derartigen Paradigmas kann nun die zukünftige Entwicklung einer Idee oder Technologie verschiedene Pfade - Trajektorien (...) - einschlagen, die kumulativ und vor allem selektiv wirken. Auf diese Weise prägen und prädeterminieren Paradigmen sowie die benutzten Trajektorien die zukünftigen Neuerungsaktivitäten." (Cantner/Hanusch 1997: 783, zit. nach Hotz-Hart/Reuter/Vock 2001: 170; vgl. dazu auch Seeger 1997)

Am Anfang sind die Anwendungsmöglichkeiten und Auswirkungen einer radikalen Innovation, wie sie heute möglicherweise das Internet darstellt,[2] ja kaum bekannt, ihr technisches und ökonomisches Potenzial wird durch inkrementale Innovationen erst entwickelt.

Das Phänomen der Pfadabhängigkeit technologischer Entwicklungsprozesse gilt auch als Erklärung dafür, dass zum Teil inferiore Techniken vorherrschend werden (vgl. Arthur 1989). Die Qwertz-Schreibmaschinentastatur gilt hier als klassisches Beispiel (vgl. David 1985). Ursprünglich gewählt, um zu schnelles Schreiben zu verhindern, damit sich die Typenhebel der mechanischen Maschine nicht verhakten, wurde diese ungünstige Buchstabenanordnung auch beibehalten, nachdem der Grund dafür entfallen war, weil die Kosten einer Umstellung zu hoch sind. Erklärt werden solche Lock-in-Effekte mit der frühen Festlegung auf Techniken oder Standards, die bei der Einführung für die Produzenten profitabler oder für die frühen Adopter vorteilhafter als die Alternativen sind, während sich die Alternativen bei hoher Verbreitung durch Netzwerk-Externalitäten und Lerneffekte als überlegen erweisen.[3] Der Wechsel zur effizienteren Technik scheitert dann am Entwicklungsvorsprung, den die inferiore Technik bereits gewonnen hat (vgl. Klodt 1995: 102f.). Auch die Durchsetzung des VHS-Videorecorders gegenüber dem als technisch überlegen eingeschätzten Betamax-System wird als Lock-in-Effekt interpretiert (vgl. Hotz-Hart/Reuter/Vock 2001: 177).

Technische Innovationen spielen in den einzelnen Wirtschaftssektoren nun allerdings eine unterschiedliche Rolle. Generell lassen sich Wirtschaftssektoren danach unterscheiden, ob sie vor allem Produzenten von Innovationen sind, also einen hohen F&E-Aufwand betreiben, oder ob sie Innovationen vor allem übernehmen und anwenden, der eigene F&E-Aufwand also vergleichsweise gering ist. Untersuchungen in den USA und Großbritannien zeigten, dass zur ersten Gruppe vor allem die produzierende Industrie gehört, zur zweiten Gruppe neben der Agrarwirtschaft und Textilindustrie vor allem der Bereich

---

2   In dem Beitrag wird auf das Internet nicht näher eingegangen, da ihm eigene Kapitel in dem Sammelband gewidmet sind, die wohl auch die technischen Aspekte und das Veränderungspotenzial dieser Innovation behandeln werden.

3   Von Netzwerk-Externalitäten spricht man in der Ökonomie, wenn der Grenznutzen eines Gutes/einer Technikanwendung für den Nutzer mit der Zahl der Adopter steigt, die sich unter konkurrierenden Alternativen für dieses Gut/diese Technikanwendung entscheiden.

privater Dienstleistungen (Beije 1998: 83f.). Natürlich sind solche Zuordnungen aber nicht überschneidungsfrei, gerade im Bereich der inkrementalen Innovationen.

Wie lassen sich Medien im Rahmen dieser Konzepte beschreiben? Ökonomisch gesehen werden Medien überwiegend als Dienstleistungen „ohne oder mit geringem Sachgutcharakter" (Weigand 1988) angesehen. Sie wären damit also vor allem als Anwender und Übernehmer neuer Techniken zu charakterisieren. Tatsächlich bestätigen die (wenigen) empirischen Befunde eine solche Einstufung. So halten Altmeppen u.a. (1993: 65) für den Bereich der Zeitungen fest:

> „Forschung und Entwicklung spielen - im Unterschied zu anderen industriellen Sektoren - in der Zeitungsindustrie kaum eine Rolle. Innovation in Tageszeitungsverlagen heißt nicht Eigenentwicklung, sondern die Einführung verfügbarer Technologie; allenfalls werden betriebsspezifische Adaptionen vorgenommen."

Abwartende Zurückhaltung gegenüber technischen Innovationen konstatierte schon Hans Bredow 1922 bei der Presse, als es um die Organisation des gerade aufkommenden Mediums Rundfunk ging.

> „Die zunächst der Presse gemachten Vorschläge seien (...) teils wegen der großen Risiken, teils wegen des Mangels an Vertrauen in die neue Technik nicht ausgeführt worden." (Lerg 1980: 52)

Das mag im Bereich der Rundfunkmedien, zumindest graduell, anders aussehen. So ist der öffentliche Rundfunk mit dem Institut für Rundfunktechnik der ARD an technischen Innovationsprozessen aktiv beteiligt. Und der Kirchkonzern versucht mit der Tochtergesellschaft Beta-Research vor allem die spezifische Leistungsfähigkeit der für digitales Pay-TV unverzichtbaren und über den ökonomischen Erfolg entscheidenden Set-Top-Box voranzutreiben. Aber die Geschichte des Satellitenfernsehens in Europa (vgl. zum Beispiel Reimers 1999) als eine der jüngsten radikalen Innovationen im Bereich der Medienverbreitungstechniken macht deutlich, dass es weniger die Medienunternehmen als amerikanische Investoren waren, von denen die Initiative zur Entwicklung des leistungsstarken Telekommunikationssatelliten Astra ausging, der die Fernsehempfangsmöglichkeiten revolutionierte (vgl. Kleinsteuber/Thomaß 1999).

Sieht man sich die obige Differenzierung von Innovationen nach ihrem Grad der Unsicherheit (und damit auch des wirtschaftlichen Risikos) an, dann scheinen Medien sich als - zumindest technische - Innovatoren eher im Bereich der mittleren bis kleinen Unsicherheit zu bewegen und technischen Wandel eher nachzuvollziehen, allenfalls inkremental mit Blick auf die eigenen Anwendungsmöglichkeiten voranzutreiben. Pfadabhängigkeiten und Trajektorien wie ökonomische Motive selektieren offenbar auch hier die Neuerungsaktivitäten. So sind die Set-Top-Boxen des Kirch-Konzerns, worauf Kleinsteuber/Thomaß (1999: 1029) verweisen, zumindest in der Version von 1997 nicht online- oder internetfähig. Konzipiert vor allem für den Einsatz und die Abrechnung von Pay-TV in all seinen Erscheinungsformen, sind ins Internet abdriftende Zuschauer für die Ziele der medialen Produzenten dieser Innovation schlicht kontraproduktiv. Es zeigt sich erneut, dass „Technisierung" und „Ökonomisierung" der Medien kaum zu trennen sind, und das wohl seit Gutenbergs Zeiten (vgl. Giesecke 1991).

3   Makroökonomische Aspekte

Versteht man Technologie in Anlehnung an De Gregori als einen dynamischen Prozess, in dem Ressourcen und Instrumente ihrer Verwendung entdeckt und geschaffen werden, um damit neue Ressourcen und Instrumente zu entwickeln und so fort, dann werden die Wachstumsimpulse unmittelbar einsichtig, die in einer Ausweitung/Vertiefung des technisch-naturwissenschaftlichen Wissens einer Gesellschaft für ihre Volkswirtschaft liegen.

 Technologie ist ein dynamischer Prozess, in dem Ressourcen und Instrumente ihrer Verwendung entdeckt und geschaffen werden, um damit neue Ressourcen und Instrumente zu entwickeln.

Technologie gilt neben den Faktoren Arbeit, Kapital und natürliche Ressourcen als entscheidende Antriebskraft wirtschaftlichen Wachstums, wobei technischer Wandel bedeutet, „dass mit demselben Faktoreinsatz an Arbeit und Kapital eine höhere Produktionsleistung erzielbar wird" (Samuelson/Nordhaus 1998: 615). Vor allem arbeitssparende Innovationen wie Maschinen oder Computer haben die Produktionsleistung je Arbeitskraft im Verlauf der Wirtschaftsentwicklung ständig erhöht und die Grenze immer wieder hinausgeschoben, die der nicht beliebig vermehrbare Faktor Arbeit dem Wachstum sonst zu setzen drohte. Die Folge verbesserter Technologie in Verbindung mit Kapitalvertiefung, also verstärktem Kapitaleinsatz für Produktionsmittel und Infrastruktur, war eine kontinuierliche Verschiebung der gesamtwirtschaftlichen Produktionsfunktion, was meint, dass die mit einem bestimmten Faktoreinsatz produzierbare Gütermenge ständig stieg. Steigende Arbeitsproduktivität erlaubte nun wiederum auch steigende Reallöhne, zumal die massenhaft produzierten Güter - wie Henry Ford, der Autoproduzent, schon früh erkannte - ja auch massenhaft abgesetzt und konsumiert werden mussten, damit Wirtschaftskreislauf und Wachstum funktionieren konnten. So betrug der Monatslohn eines Arbeiters um 1850 bei vergleichbarer Kaufkraft weniger als 350 Mark und liegt heute bei halber Arbeitszeit über 2300 Mark, der Reallohn ist also um mehr als das siebenfache gestiegen, wobei das Verhältnis zwischen Wertschöpfung und Arbeitsentgelt in etwa konstant blieb (vgl. Cohen 2001: 21).

Nun ist menschliche Arbeitskraft aber nicht in jedem Fall durch Technologie und Kapital substituierbar. Substituierbar war sie vor allem als früher Energieträger, nicht oder zumindest nur schwer substituierbar ist hingegen menschliche Kreativität. Und dieses Faktum spielt für Medien und ihre ökonomische Situation eine herausragende Rolle.

Man muss sich dafür zunächst klarmachen, dass der hier gewählte Medienbegriff aus ökonomischer Sicht der Erweiterung bedarf. Medien als komplex institutionalisierte Produktionssysteme um organisierte Kommunikationskanäle sind in ihrem Produktionsprozess (zumindest) zweistufig angelegt, und diese beiden Produktionsstufen unterliegen völlig anderen ökonomischen Ausgangsbedingungen. Die erste Stufe umfasst die Produktion von Werken: Der Roman wird geschrieben, die Reportage aufgenommen und zusammengestellt, der Film gedreht und geschnitten. Auf dieser Stufe werden kreative Inputs zu einem immateriellen Gut oder Güterbündel (im Falle von Zeitungen oder Fernsehprogrammen) verarbeitet, die von Kommunikationskanälen zu transportierenden Zeichensysteme oder Kommunikate werden produziert. Auf der zweiten Stufe werden materielle (Bücher, Tonträger, Zeitungen) oder immaterielle Kopien (Ausstrahlung über Rundfunkwellen oder Satellitentransponder und Reproduktion auf entsprechenden Komplementärgeräten) des Werkes produziert und über spezifische Kommunikationskanäle distribuiert. Technik und technischer Wandel spielen vor allem auf dieser zweiten Stufe eine herausragende Rolle, auf der ersten Stufe der Werkeproduktion ist das Veränderungspotenzial durch neue Techniken hingegen bislang gering und weitgehend auf Prozessinnovationen beschränkt - auf die erwartbaren Effekte der Digitalisierung wird noch eingegangen (vgl. Kapitel 5).

Die Folgen dieser mangelnden Substitutionsmöglichkeiten durch Technik und Kapital von menschlicher Arbeitskraft, die mit Kreativität und spezifischen Talenten verknüpft ist, sind heute in der Ökonomie als das „ökonomische Dilemma" der Kulturproduktion bekannt. Der Begriff ist dem kulturökonomischen Klassiker von Baumol/Bowen (1977) entlehnt, in dem erstmals die ökonomischen Ursachen der finanziellen Nöte von Musik- und Sprechtheater,

Konzert und Ballett untersucht wurden. Baumol/Bowen erkannten den mangelnden Produktivitätszuwachs in diesem Dienstleistungssektor als die entscheidende Ursache. Während die Produktivität je Arbeitskraft in fast allen Bereichen der Wirtschaft kontinuierlich gestiegen war, stagnierte sie im Bereich der Kulturproduktion, zu der eben auch die erste Produktionsstufe der Medien zählt. Cohen (2001: 19) zeigt die Zusammenhänge am Beispiel des Theaters. Er schreibt:

> „Das Theater ist eine Welt, aus der Technik im Prinzip verbannt ist. Die Interpretation einer Rolle hat sich, ähnlich wie das Spielen eines Musikinstruments, in den vergangenen Jahrhunderten kaum verändert. Die Zeit bleibt unveränderbar an das Sprechen des Schauspielers geknüpft. (...) Weil es von der technischen Welt abgeschnitten ist, wird das Theater immer kostspieliger - jedenfalls im Vergleich zu Kino oder Fernsehen, vor allem aber im Vergleich mit der Kostenentwicklung in anderen Bereichen. So ist es beispielsweise heute im Unterschied zu Shakespeares Zeiten bedeutend teurer ins Theater zu gehen, als eine Bibel zu kaufen. Die Drucktechnik hat eben vom technischen Fortschritt profitiert, das Theater nicht.“

Was hier für die aufführenden Künste dargestellt wird, die relative Verteuerung durch die Abhängigkeit von menschlicher Arbeit, die durch Kapital und Technik nicht substituierbar ist, gilt im Prinzip genauso für den Fernsehspiel-Autor, den Filmregisseur, den Hörfunk-Korrespondenten oder den schreibenden Journalisten. Sie alle gehören dem von Baumol/Bower so genannten „unproduktiven“ Sektor einer Volkswirtschaft an, in dem Produktivitätszuwächse nicht stattfinden. Das ökonomische Problem nun ist, dass dieser Sektor, gemessen an der gesamtwirtschaftlichen Entwicklung, immer „unproduktiver“ und damit auch immer teurer wird, weil die darin Tätigen an der allgemeinen Lohn- und Einkommensentwicklung natürlich gleichwohl teilnehmen.

Was Baumol/Bowen für die darstellenden Künste diagnostizierten, gilt für die kulturelle und Dienstleistungsproduktion generell, soweit sie eng an den Faktor Arbeit und da wieder an Humankapital wie Kreativität, Talent oder persönliches, nicht kodifiziertes Wissen gebunden ist. Hier sind auch in absehbarer Zukunft nur unterdurchschnittliche Produktivitätszuwächse und gleichzeitig steigende Preise zu erwarten, weil diese Ressourcen nicht nur nicht substituierbar, sondern auch knapp sind. Das gilt auch für die mediale Werkeproduktion. Die Preise für die Inputs auf dieser Produktionsstufe werden sich erhöhen, relativ und absolut, ob die Inputs nun von Schauspielern oder Regisseuren, von Pianisten oder Talkmastern, von Fußballclubs oder Symphonieorchestern kommen.

In der ökonomischen Theorie wurde und wird das Phänomen der Kreativität als knappe Ressource, die als Essential ja auch für Inventionen und Innovationen gilt, kaum näher diskutiert, wie ja selbst bei Schumpeter deutlich wurde. Es sind wohl noch am ehesten die Richtungen der Ökonomik, die sich mit Innovation und technischem Wandel beschäftigen (vgl. Hinterberger 1996; Reuter 1994), die auch das Thema Kreativität streifen, die aber vor allem Aspekte kognitiver Prozesse des Lernens und eines dafür geeigneten institutionellen Umfelds hervorheben. Bekannter geworden ist der Ansatz von Usher (1962), obwohl ihm vorgeworfen wird, dass er den Aspekt der Invention überschätze (vgl. Scherer 1984). Usher unterscheidet drei Arten der Genesis von Kreativität. Zwar stellt auch dieser Ansatz letztlich stärker auf kognitive als auf künstlerische Fähigkeiten ab, er soll hier dennoch kurz dargestellt werden, weil er die weitgehende Unlösbarkeit des künstlerisch-kulturellen Knappheitsproblems eher unterstreicht als in Frage stellt (die Darstellung folgt Beije 1998: 75 ff.).

▪ Der erste von Ushers Ansätzen ist der „transcendalist approach": Inventionen sind Folge der Inspiration eines genialen Menschen, dem von Zeit zu Zeit einzigartige Einsichten/Taten/Werke gelingen. Die Quellen sind persönliche Fähigkeiten und Energien, Intuition, aber auch handwerkliches Können. Der „Output" ist kaum kalkulierbar.

▪ Der „mechanistic approach": Inventionen erfolgen fast zwangsläufig, da der „Erfinder" in historische Prozesse und Pfade eingebunden ist, sie haben aber eher inkrementalen Charakter. Voraussetzung und Folge dieses mechanistischen Prozesses ist eine kontinuierliche Wissensakkumulation. Während der erste Ansatz die Kreativität des Individuums als Wissenschaftler oder auch Autor oder Maler betont, zielt der zweite eher auf organisierte oder auch routinisierte Prozesse der Invention, wie sie zum Beispiel in der Wissenschaft, in den F&E-Abteilungen, aber auch wohl in einem Filmproduktionsteam, Theater-Ensemble oder Orchester möglich sind.

▪ Der dritte Ansatz, der „cumulativ synthesis approach", zielt auf den Versuch einer Zusammenführung der wesentlichen Elemente der beiden ersten Ansätze. Er steht vielleicht Modell für das Phänomen der Think-Tanks und ähnlicher Formen organisierter Kreativität in Denkfabriken, zu denen zweifellos auch Organisationen wie die Bertelsmann-Stiftung zählen (vgl. zu deren Arbeit Schöller 2001).

Ungeachtet der Kritik macht auch Ushers Konzept letztlich deutlich, dass eine Förderung der kognitiven Kreativität in Wissenschaft und Technik durch Teamwork und organisierten Informationsaustausch wahrscheinlich möglich ist, eine Annahme, auf die nicht zuletzt auch die steigenden Aufwendungen für Forschung und Entwicklung verweisen. Aber auch Teamwork und Informationsaustausch sind kein Substitut für individuelle Kreativität (vgl. Jewkes/Sawer/Stillerman 1969), schon gar nicht im künstlerisch-kulturellen Bereich. Das ökonomische Dilemma der Werkeproduktion lässt sich durch bessere Organisation der kreativen Produktion offenbar nur entschärfen, aber kaum lösen. Die Wege, die von den Medien zur Eindämmung des Dilemmas beschritten werden, sind denn auch weniger Kreativitätsförderung als Standardisierung und Formatierung der Produktion, weil das die Kreativitätsanforderungen senkt (vgl. Ziegler 2000), es sind Imitation erfolgreicher Konzepte sowie Mehrfachverwertungs- und Kaskadenstrategien zur Erweiterung der Märkte für das einmal Produzierte.

Deutlich anders ist die Situation der Medien als Produktionssysteme auf der zweiten Produktionsstufe, der Produktion von Werkkopien. Gleichgültig, welche physikalischen Eigenschaften der Träger hat, auf dieser Stufe konnten alle Medien am technischen Wandel partizipieren, mit dem Effekt, dass die Bibel heute eben billiger ist, die Theateraufführung hingegen teurer als zu Shakespeares Zeiten. So hat sich nach einer Aufstellung von Siegfried Weischenberg (1995: 24) der Zeitaufwand für die Herstellung einer Zeitungsseite, dank der Innovationen im Druckbereich, von vielen Stunden auf wenige Sekunden verringert, der Produktionsprozess von Werkkopien also eine enorme Effizienzsteigerung erfahren. Der Buchdruck war für Karl Bücher (1922) ja ein frühes Beispiel, um das „Gesetz der Massenproduktion" zu beschreiben, dem die Kopienproduktion der Medien als Blaupausenproduktion (vgl. Heinrich 1999) noch heute weitgehend folgt. Wenn heute die Produktionslogik des Fordismus als Synonym für Massenproduktion - nicht zuletzt dank der durch die I+K-Techniken eröffneten Möglichkeiten - durch „postfordistische" Formen der spezialisierten, der „just-in-time", der Produktion „on demand" abgelöst zu werden beginnt, dann stellt sich die Frage nach den Konsequenzen auch für die Medien, nach Veränderungen ihrer Produktions- und Finanzierungsbedingungen. Das wird in Kapitel 5 diskutiert werden.

Natürlich blieb eine auf den Massenmarkt zielende Kopienproduktion nicht ohne Rückwirkungen auf die Selektion der Werke, die ja nun für ein breites Publikum von Interesse sein mussten, wenn sie Abnehmer finden sollten. Diese Rückwirkungen des Prozesses einer maximalen Abschöpfung der „distributiven Produktivität" (Kiefer 2001, 1998), den alle technisch vermittelten Medien gleichermaßen durchlaufen haben, werden und wurden in der PKW unter

Stichworten wie „Populärkultur", „Entpolitisierung", „Boulevardisierung", „Verflachungsspirale" etc. diskutiert und müssen hier nicht wiederholt werden. Obwohl der „technische Fortschritt" an der Werkeproduktion weitgehend vorbei ging, gelten Medien als Wachstumsbranche mit überdurchschnittlichen Gewinnmargen, eine Entwicklung, die in einer gewissen Spannung zur These vom „ökonomischen Dilemma" steht. Der Vergleich mit dem Theater legt die Vermutung nahe, dass diese Teilnahme am allgemeinen Produktivitätszuwachs der Wirtschaft vor allem den Spezifika und Innovationen in der Herstellung und Verbreitung von Werkkopien zu danken ist, obwohl die Innovationsdynamik der Medien eher unterdurchschnittlich zu sein scheint. Dieses Ausgleichen der Nachteile der Werke durch die Vorteile der Kopienproduktion wird bei periodischen und damit auch ganz oder teilweise werbefinanzierten Medien in seiner einzelwirtschaftlichen Bedeutung allerdings durch einen anderen Kompensationsmechanismus weit übertroffen. Für die Rentabilität der werbefinanzierten Medien spielen die massenhafte Distribution von Werkkopien und das Abschöpfen von Skalenvorteilen auf dem Rezipientenmarkt eine weit geringere Rolle als die Skalenvorteile und „increasing returns", die ihnen durch ihre distributive Produktivität aus dem Werbemarkt zuwachsen. Es sind vor allem diese Finanzierungsusancen, die die periodischen Medien letztendlich zu einem lukrativen Geschäft machen und das, obwohl sie auf beiden Märkten, dem Rezipienten- wie dem Werbemarkt, nicht kostenorientiert agieren.

4 Institutionelle und organisatorische Aspekte

Dass technischer Wandel mit organisatorischem und institutionellem Wandel eng verknüpft ist, ist auch unter Ökonomen unbestritten. Zu den Zusammenhängen selbst gibt es im Bereich der Institutionenökonomie einige Ansätze, die zwar jeweils unterschiedliche Aspekte thematisieren aber in einem Punkt einig sind: „Institutions matter!".[4] Der bereits erwähnte Douglas North, der für seine Theorie der wirtschaftlichen und institutionellen Entwicklung 1994 den Nobelpreis für Wirtschaftswissenschaften erhielt, verweist in seiner Auseinandersetzung mit ökonomischen Konzepten des technischen Wandels denn auch auf eine zentrale Unterscheidung: nicht Techniken, sondern Organisationen konkurrieren.

---

4 Unter Institutionen werden hier, in Anlehnung an Dietl (1993: 37), „sozial sanktionierbare Erwartungen, die sich auf die Handlungs- und Verhaltensweisen eines oder mehrerer Individuen beziehen" verstanden.

„Unmittelbar konkurrieren miteinander die Organisationen, welche die konkurrierenden Techniken anwenden. Die Unterscheidung ist wichtig, weil sich im
Ergebnis unterschiedliche Fähigkeiten der Organisationen (persönliches Wissen
des Unternehmers) ebenso sehr wie spezifische Eigenheiten der konkurrierenden Techniken zeigen können." (North 1992: 112)

Ausgangspunkt institutionellen Wandels sind für North (1992: 98 ff.) Änderungen relativer Preise: Veränderungen der Preise für die Produktionsfaktoren
durch technischen Wandel - wie gerade für den Faktor Arbeit diskutiert -, Änderungen der Informations- oder der Distanzüberwindungskosten zum Beispiel, wie sie gerade die I+K-Techniken zur Folge haben. Veränderungen der
relativen Preise verändern die Anreizstruktur für das Verhalten von Individuen
und Organisationen, wobei mit Preisen nicht nur monetäre Güterpreise oder
Belastungen wie Steuern gemeint sind, sondern alle mit einer Handlung verbundenen Kosten, also auch Zeitkosten, physische oder psychische Belastungen (Frey 1990).

Änderungen der Preisstruktur können exogen sein, ausgelöst zum Beispiel
durch Seuchen und Kriege. In den meisten Fällen werden sie jedoch endogen
sein, das heißt innerhalb der bestehenden institutionellen Struktur kommt es zu
Neubewertungen bestehender Möglichkeiten, ausgelöst durch Innovationen,
neues Wissen und technischen Wandel, die ihrerseits Folge des nutzen-, ge-
winn- oder prestigeorientierten Maximierungsverhaltens der Akteure sind. Ist
die Folge solcher Neubewertungen, dass bestehende Institutionen die Ge-
winnmöglichkeiten mächtiger Akteure einschränken, wird es zu institutionellem Wandel kommen: Die einschränkenden Regeln werden zunächst gelockert
und schließlich durch andere ersetzt. Stellen Neubewertungen und auf Institutionen bezogene Änderungswünsche andere Akteursgruppen schlechter, werden diese sich mit Argumenten, eigenen Vorschlägen und PR-Aktionen weh-
ren, um ein Aushandeln von Kompromissen im politischen Prozess zu erreichen. Ob die so vorangetriebenen Veränderungen von Institutionen gesellschaftlich effizient sind oder nicht, darüber entscheiden letztlich die Verhand-
lungsmacht der Gruppen und die verbreiteten Ideologien. Der politische Prozess der Einführung privaten Rundfunks in Deutschland und die Ausgestaltung
des dualen Rundfunksystems bieten reichliches Anschauungsmaterial für den
hier skizzierten Ablauf institutionellen Wandels.

Was North beschreibt und analysiert, ist der institutionelle Wandel einer
Gesellschaft, wie er sich kontinuierlich vollzieht: Mehr oder weniger marginale
Anpassungen des Institutionengefüges an vor allem durch Innovationen, technischen Wandel etc. ausgelöste Veränderungen. Greift man die Unterscheidung
zwischen inkrementalen und radikalen Innovationen auf, dann ist hier wohl vor

allem die erste Art gemeint, während radikale Innovationen zu diskontinuierlichem Institutionenwandel führen, da sie sich ja gerade „durch das Fehlen etablierter gesellschaftlicher Rahmenbedingungen auf der Angebots- wie auf der Nutzerseite" auszeichnen (Seeger 1999: 197). Auch in diesem kontinuierlichen Wandel des Institutionengefüges gibt es Pfadabhängigkeiten und Lock-in-Effekte. Denn: „Je länger eine institutionelle Struktur Bestand hat, desto kostspieliger ist es, sie zu verlassen." (Erlei/Leschke/Sauerland 1999: 526)

Organisationen spielen im Prozess institutionellen Wandels nach North eine entscheidende Rolle. Denn Organisationen, die von ihren Gründern „zum Zweck der Maximierung von Vermögen, Einkommen oder anderen Zielgrößen geschaffen wurden" (North 1992: 88), verändern in Verfolgung ihrer Ziele, ihres Organisationszwecks schrittweise - intendiert oder nicht intendiert - die Institutionenordnung. Von zentraler Bedeutung sind dafür der Erwerb von Wissen und Fertigkeiten. Da der institutionelle Rahmen mitbestimmt, welche Arten von Wissen und Fertigkeiten einträglich sind, richtet sich der Erwerb vor allem auf für den Organisationszweck effizientes Wissen. North (1992: 92) gibt dazu ein einprägsames Beispiel:

> „Um als Seeräuber erfolgreich zu sein, muss man eine Menge von der Kriegsführung zur See verstehen; man muss die Routen der Handelsschiffe kennen und über Bewaffnung, Takelage und Bemannung der möglichen Opfer sowie über den Markt der Beute Bescheid wissen. Erfolgreiche Seeräuber werden sich die nötigen Kenntnisse und Fertigkeiten aneignen wissen. Solche Unterfangen können gut und gerne eine lebhafte Nachfrage nach Verbesserungen der Seekriegführungstechnik sowohl von Seiten der Seeräuber wie von deren Opfern nach sich ziehen."

Wie die Seeräuberei die Nachfrage nach verbesserter Seekriegführungstechnik belebt, so steigert das Maximierungsverhalten ökonomischer Organisationen die Nachfrage nach Wissen aller Art und treibt damit den technischen und institutionellen Wandel voran.

North ist ein Vertreter der Neuen Institutionenökonomik. Auch die „alten" Institutionalisten amerikanischer Provenienz betrachten Technologie und technischen Wandel primär unter dem Aspekt des damit verbundenen institutionellen Wandels. „(W)hat concerns us here and what concerns the world at large is not a matter of technology; rather it is a matter of institutions." (Foster 1981: 907)

Foster unterscheidet zwei Funktionen von Institutionen, die, wenn auch mit unterschiedlichem Schwerpunkt, alle Institutionen kennzeichnen: eine instrumentelle und eine zeremonielle Funktion. Die instrumentelle Funktion steht für das Potenzial von Institutionen, zur Lösung gesellschaftlicher Probleme beizutragen, die zeremonielle dient der Differenzierung zwischen Personen und Gruppen, sie beruht auf Hierarchien, Emotionen, Statussymbolen etc.

 Die instrumentelle Funktion steht für das Potenzial von Institutionen, zur Lösung gesellschaftlicher Probleme beizutragen, die zeremonielle dient der Differenzierung zwischen Personen und Gruppen, sie beruht auf Hierarchien, Emotionen, Statussymbolen etc..

Während die instrumentelle Funktion von Institutionen, schreibt Reuter (1996: 132f.), L.J. Junker (1983) zitierend, in Richtung „pressing to brack and diminish power control systems" wirke, versuche die zeremonielle Funktion die „dominance of power system over the tools of mankind" zu erhalten. Die zentrale Frage, die sich daraus ergibt, ist, inwieweit die zeremonielle Funktion die instrumentelle zu dominieren vermag und damit das Tempo bestimmen kann, in dem technologisch-instrumentelles Wissen sich durchsetzt und zur Anwendung gelangt. Vor allem von Paul D. Bush wurde auf diesen Überlegungen aufbauend das „Konzept der zeremoniellen Einkapselung" („ceremonial encapsulation") entwickelt. Das Phänomen zeremonieller Einkapselung

> „poses an obstacle to the absorption and diffusion of the new knowledge in the form of technological innovation. Consequently, a new discovery in the arts or sciences will be incorporated into behavioral patterns only to the extent that the community believes that the previously existing degree of ceremonial dominance can be maintained. Technological innovations will be permitted only if it is anticipated that they will not disrupt the existing value structure of the community." (Bush 1987: 1093)

Zeremonielle Einkapselung, sofern sie erfolgreich ist

> „denies to the community those technological innovations that the existing knowledge fund is capable of generating, thereby depriving the community of higher levels of instrumental efficiency in problem-solving processes." (Bush 1987: 1093)

Bush unterscheidet dann drei Typen zeremonieller Einkapselung, den past-binding-Typ, den future-binding-Typ und den Lysenko-Typ.

- Der past-binding-Typ: Gesellschaften reagieren auf technische Innovationen mit einem verstärkten Festhalten am Status Quo. Diffusion und Impact werden soweit zugelassen, soweit sie tradierte Denk- und Verhaltensmuster nicht tangieren. Das Phänomen des „cultural lag" trifft zu. Beispiele für diesen Typ sind nach Bush vorindustrielle Kulturen, heute aber auch unter den Entwicklungsländern zu finden.

- Der future-binding-Typ: Dieser Typ zeremonieller Einkapselung

> „involves the active development of technological innovations for the purpose
> of strengthening and extending the control of vested interests over the life of
> community (...). To the extend that vested interests can maintain control over
> the process of technological innovation, they effectively control the future of the
> community, hence the term ‚future-binding'." (Bush 1987: 1095)

Dieser Typ ist vor allem in modernen Gesellschaften zu finden, „in denen
der Gebrauch von Wissenschaft und Technologie in erster Linie eine Frage von Macht ist und Macht bedingt" (Reuter 1996: 134).

- Der Lysenko-Typ, benannt nach dem russischen Agrarwissenschaftler
  Trofim D. Lysenko, steht für einen Typ, bei dem die instrumentelle Funktion von Institutionen der zeremoniellen in Form einer geschlossenen
  Ideologie völlig untergeordnet ist, ja von dieser substituiert wird. Forschung und Wissenschaft sind in den Dienst der Ideologie gestellt. Als
  Beispiele für diesen Typ führt Bush nicht nur die ehemalige Sowjetunion,
  sondern auch die Rassentheorie des Nationalsozialismus an.

Die beiden hier vorgestellten ökonomischen Ansätze zum Beziehungsgefüge
zwischen technischem und institutionellem Wandel weisen eine Reihe von
ähnlichen Annahmen und Befunden auf, obwohl die Ansätze in ihren Grundannahmen ansonsten eher divergierenden Richtungen der Ökonomik angehö-
ren. Zumindest vier Gemeinsamkeiten lassen sich extrahieren:

(1) Die Erkenntnis, dass sich aus Marktprozessen nicht automatisch optimale
    technische und institutionelle Lösungen ergeben, sondern dass Pfadabhän-
    gigkeiten technischer wie institutioneller Art, Lock-in-Effekte etc. inferiore
    und ineffiziente Lösungen hervorbringen können.

(2) Die Erkenntnis, dass zielorientiertes Handeln mächtiger Akteure den tech-
    nologischen und institutionellen Wandel in Richtung der verfolgten Eigen-
    interessen der Akteure beeinflussen, wenn nicht steuern kann.

(3) Die Erkenntnis, dass Ideologien und Verhaltensrationalisierungen den
    technischen wie den institutionellen Wandel beeinflussen.

(4) Die Erkenntnis, dass privat- und gesamtwirtschaftliche Ziele nicht not-
    wendig übereinstimmen, dass Zielkonflikte zwischen Profit- und Wohl-
    standsmaximierung auch auf der organisatorisch-institutionellen Ebene des
    technischen Wandels virulent sind.

Auch wenn man mit Seeger (1999: 197) konzidiert, dass die Durchsetzung
einer Innovation nicht allein „durch technische, ökonomische oder politische
Definitionsmacht zu erreichen ist oder nur von der Akteurskonstellation ab-

hängt", so sind Akteure und ihre Definitionsmacht gerade vor dem Hintergrund der oben diskutierten Konzepte ganz entscheidende Parameter. Das gilt insbesondere für Medienakteure mit ihrem privilegierten Zutritt zur Öffentlichkeit und der Fähigkeit, öffentliche Meinung mit zu gestalten. Und wenn sich ein Medien-Think-Tank wie die Bertelsmann-Stiftung selbst eine zentrale Rolle als Vorreiter gesellschaftlicher Veränderungen attestiert (vgl. Bertelsmann-Stiftung 1997: 11), dann muss man diese Einschätzung ernst nehmen.

Seeger erarbeitet anhand einiger Fallbeispiele aus dem Bereich der I+K-Techniken verschiedene „Muster der Technikgenese" (Seeger 1999: 212), die alle auf starke soziale Kräfte in der Phase der technisch-institutionellen Weichenstellungen verweisen, die Bedeutung korporatistischer Akteurskonstellationen unterstreichen, aber gleichzeitig deutlich machen, dass einzelne ökonomische Akteursgruppen allein, auch wenn sie noch so mächtig sind, den Durchbruch einer technischen Innovation nicht erzwingen können. Es kann an dieser Stelle nicht entschieden werden, inwieweit diese Befunde nicht ein für elektronische Medien- oder genauer Rundfunktechniken spezifisches Ergebnis darstellen (was meint, dass sie beim - unregulierten - Buch oder Film möglicherweise anders aussehen würden), das beeinflusst wird durch den institutionellen Charakter dieser Medien in demokratischen Gesellschaften, der staatliche Akteure verstärkt aktiviert, auch und gerade um den Einfluss einzelner Marktakteure im Implementationsprozess neuer Techniken zu beschneiden. Wir hätten es dann - in analoger Anwendung - mit konkurrierenden Richtungen zeremonieller Einkapselung zu tun, die staatlichen Akteure mit Blick auf die Medienfunktionen eher dem past-binding-Typ folgend, die Marktakteure deutlich dagegen dem future-binding-Typ. Die Konstellation dient der im Medienbereich besonders prekären Abstimmung von partikularen, vor allem ökonomischen und gesellschaftlichen Zielen.

Die Macht der Akteure, technische Innovationen durchzusetzen, wird durch den institutionellen Charakter von Medien aber auch noch in anderer Weise beschnitten. Schmid/Kubicek (1994: 403f.) verweisen darauf, dass sich Medien in einem institutionellen Sinn dadurch auszeichnen, „dass sie Mitteilungen für einen mehr oder weniger definierten Nutzerkreis auswählen, strukturieren und in einer bestimmten technischen und symbolischen Form präsentieren." Und weiter: „Institutionelle Medien entwickeln deshalb ein differenziertes Produktions- und Empfangssystem." Die erfolgreiche Implementation einer technischen Innovation im Medienbereich erfordert, über das allgemeine Maß hinaus, also offensichtlich noch zusätzliche und sehr spezifische Komplementärressourcen, um diesen Institutionalisierungsprozess in Gang zu setzen, der dennoch mit hoher Unsicherheit behaftet bleibt. Selbst wenn der Institutionalisierungsprozess gelungen ist, unterliegen Medien, wie Schmid/Kubicek notieren, einem ständigen Anpassungsdruck an sich verändernde Aneignungsweisen und soziokulturelle Verwendungskontexte der Rezipienten. Eastman (1998) hat das Bild vom „tug-of-war" zwischen aktivem Publikum und aktiver Fernsehindustrie geprägt, die beide um die Kontrolle der Rezeptionssituation ringen. Die Fernbedienung zum Beispiel, eine inkrementale Innovation der Rundfunkgeräteindustrie, hat die Position des Publikums in diesem Tauziehen deutlich verändert und gestärkt und strategische Reaktionen der Rundfunkveranstalter, vor allem der werbefinanzierten, zur Sicherung ihrer ökonomischen Basis ausgelöst. Wachsende Verflechtungen zwischen dem Hard- und Softwarebereich, die gerade in den großen Medienkonzernen zu beobachten sind, schließen „Überraschungen" wie die Fernbedienung in Zukunft möglicherweise aus. Allerdings spielt die Kontrolle der Rezeptionssituation nur für den werbefinanzierten Rundfunk eine existenzielle Rolle, der insoweit - ökonomisch gesehen - eine Sondersituation einnimmt (vgl. Kiefer 1999).

5 Mikroökonomische Aspekte

Will man den Einfluss technischen Wandels auf die Produktionsbedingungen von Medien prüfen, muss man sich zunächst einige grundlegende ökonomische Spezifika der Medienproduktion in Erinnerung rufen, was hier nur stichwortartig geschehen kann. Zentral ist die bereits erörterte Unterscheidung der Produktion von Werken als den via technische Kanäle zu übertragenden Kommunikaten und der Produktion von Werkkopien, also der Exemplare eines Buchs, einer CD oder der Reproduktion des Werks auf dem Fernsehschirm.

Werke, also Medieninhalte, sind:

(1) immaterielle und öffentliche Güter. Medieninhalte verbrauchen sich nicht im Konsum und das für Märkte zentrale „Ausschlussprinzip", dass also vom Konsum eines Guts ausgeschlossen werden kann, wer sich an den Kosten für die Produktion dieses Guts nicht beteiligt, funktioniert nicht. Auf Märkten handelbar werden Medieninhalte nur durch die Verbindung mit einem materiellen Träger oder durch Möglichkeiten der Signalverzerrung für jedermann und -entzerrung für definierte, in der Regel zahlende Empfänger. Rundfunkfrequenzen als Kommunikationskanäle elektronischer Medien sind ebenfalls öffentliche Güter, so dass hier ein Ausschluss technisch nur über Signalverzerrung möglich ist, der im analogen Fernse-

hen allerdings ökonomisch aufwendig und mit Qualitätseinbußen bei den Kopien verbunden ist.

(2) Dienstleistungen. Ökonomisch gehören Dienstleistungen nicht nur zum „unproduktiven" Sektor einer Volkswirtschaft im Sinne von Baumol/Bowen, sie sind auch durch das Uno-actu-Prinzip von Produktion und Konsum gekennzeichnet. Das bedeutet, dass Produktion und Konsum einer Dienstleistung, wie der Haarschnitt beim Friseur oder die Untersuchung beim Arzt, örtlich und zeitlich zusammenfallen. Zentral für eine Erweiterung von Dienstleistungsmärkten ist die Überwindung dieses Prinzips, wie sie den Printmedien durch Bindung der Werke an den materiellen Träger Papier, wie sie Tonträgern oder Videokassetten gelungen ist. Beim Rundfunk ist die Auflösung nur teilweise erfolgt; wer eine Sendung - also eine Kopie eines Werkes - anschauen oder anhören möchte, muss sich vor dem Empfangsgerät zurzeit einfinden. Die Videotechnik dient der Auflösung auch der zeitlichen Dimension des Uno-actu-Prinzips beim Fernsehen. Die technische Geschichte der Medien lässt sich ökonomisch auch als eine Geschichte der Auflösung des Uno-actu-Prinzips begreifen: Zum Beispiel vom Konzert (Produktion und Konsum fallen örtlich und zeitlich zusammen) über den Hörfunk (der Konsum ist örtlich von der Produktion entkoppelt) bis zur Schallplatte/CD (Produktion und Konsum fallen örtlich wie zeitlich auseinander).

(3) unteilbare Unikate. Ein Roman, ein Film, eine Reportage, die Folge einer Serie vermitteln „Sinn" nur als Ganzes. Von Wert, so dass er bereit ist, dafür mit Geld und/oder Zeit zu zahlen, ist für den Konsumenten nur das ganze Werk - auch wenn er es vielleicht nicht ganz rezipiert -, der in der Hälfte abgebrochene Roman oder Film, die plötzlich aufhörende Reportage sind wertlos. Von Wert ist für den Konsumenten auch nur ein neues Produkt, der Bücherfreund kauft ja Kopien neuer Werke und nicht mehrfach die Kopie eines Werks, der Filmfan geht ins Kino, um die Kopie eines neuen, jedenfalls für ihn neuen Films anzusehen, auch wenn er ihn dann vielleicht zum zweiten Mal im Fernsehen anschaut. Eine Tageszeitung oder ein Fernsehprogramm ist die bestimmten Ordnungskriterien folgende Zusammenstellung einer Reihe von Unikaten, die als Güterbündel dem Konsumenten offeriert werden (dass beim Fernsehen Wiederholungen den Angebotszeitraum von 20 bis 24 Stunden füllen helfen müssen, ändert am Grundprinzip nichts).

Technischer Wandel beeinflusst beide Stufen der Medienproduktion, wenn auch in unterschiedlichem Ausmaß. Dabei vollzieht sich technischer Wandel offenbar vor allem in dem Sinne, dass Innovationen im Bereich der I+K-Techniken von den Medienunternehmen zur Beeinflussung vor allem ihrer spezifischen Produktionsbedingungen adaptiert werden, Produktionsbedingungen, die die privatwirtschaftliche Bereitstellung von Medien auf Märkten zu einem riskanten, mit Unsicherheit und Informationsdefiziten behafteten Geschäftsbereich machen.

In der Regel wird, wie schon erörtert, beim technischen Wandel zwischen Produkt- und Prozessinnovationen unterschieden. Im Bereich der Medien ist diese Unterscheidung zwischen neuen Produkten und neuen Produktionsverfahren aber nicht immer zweifelsfrei möglich, was mehrere Gründe hat. Zum einen haben Prozessinnovationen häufig Rückwirkungen auf das Produkt. So ist die Ersetzung der Schreibmaschine durch den Computer für den schreibenden Journalisten zunächst einmal eine Prozessinnovation, das zu schreibende Manuskript ist leichter zu korrigieren und sauberer zu gestalten. Allerdings schafft der Computer auch die Möglichkeit des Rückgriffs auf den „elektronischen Zettelkasten", aus dem Versatzstücke eigener und fremder Manuskripte in das neu zu Schreibende mit einem Mausklick eingearbeitet werden können. Ob die Qualität des neuen Manuskripts durch diese Möglichkeit steigt oder sinkt, sei dahingestellt. Zum anderen macht der zweistufige Produktionsprozess von Medien die Unterscheidung mitunter schwierig. War Gutenbergs gedruckte Bibel eine Produktinnovation? Zweifellos auf der Stufe der Werkkopien, aber nicht auf der Stufe der Werke. Das gilt wohl auch für die Einführung von Hörfunk und Fernsehen. Ohne Zweifel waren dies Produktinnovationen, von denen die Menschen des 19. Jahrhunderts noch keine Vorstellung hatten. Aber es waren Produktinnovationen wohl eher im Bereich der Kopien, wie der Rückgriff auf Werke, die auch anders distribuiert werden (Film, Theateraufzeichnung etc.), deutlich macht.[5]

Im Bereich der Werkeproduktion spielt Technik zur Hervorbringung neuer Produkte offenbar nach wie vor eine geringe Rolle. Das schließt Produktinnovationen auch auf der Stufe der Werke, wie sie ein neuer Zeitschriftentyp oder ein neues Fernsehformat darstellen können, nicht aus, diese sind dann allerdings eher der Kreativität und/oder dem marktstrategischen Denken zu danken und weniger dem technischen Wandel.

Technischer Fortschritt auf der Stufe der Produktion von Werken manifestiert sich bislang vor allem als Prozessinnovation, allerdings, wie schon betont,

---

5 Hier liegt auch eine Erklärungsmöglichkeit für das so genannte „Rieplsche Gesetz", dass es sich bei neuen Medien in der Regel um Produktinnovationen im Bereich der Kopien und nicht der Werke handelt.

mit Rückwirkungen auf die Werke. Siegfried Weischenberg (1995) hat solche Aus- und Rückwirkungen am Beispiel neuer Produktionstechniken im Rundfunk beschrieben, Produktionstechniken, die eine effizientere Bereitstellung vor allem aktueller Medienprodukte ermöglichen durch einen beschleunigten, arbeitsverdichtenden Produktionsprozess, der reale zum Teil auch durch virtuelle Welten ersetzt.

Ein neuer, möglicherweise tief greifender technischer Einschnitt in die Werkeproduktion kündigt sich, nach allem was bisher bekannt ist, nun allerdings mit der Digitalisierung an. Mit den nahezu grenzenlosen Zerlegungs-, Ordnungs-, Speicherungs- und Verknüpfungsmöglichkeiten gebiert diese Technik offenbar auch so etwas wie „künstlerische Kreativität". Bickel (1989) hat für den Bereich der Musik die Möglichkeiten beschrieben, mit Musikcomputern, gefüttert mit musikalischer Information, nicht nur Klangimitate, sondern Originalklänge zu schaffen. Und auch im Bereich der audiovisuellen Produktion wird versucht, knappe und teure menschliche Leistungen durch Technik zu ersetzen. Angepeilt wird der im Computer erzeugte synthetische Schauspieler, der als Prototyp digital gespeichert, mit geringem Aufwand beliebig oft kopiert, modifiziert und verändert werden kann, um so letztendlich auch in tragenden Rollen eingesetzt werden zu können. Freyermuth (1997) sieht den Hollywoodfilm, denn die Hollywoodindustrie experimentiert mit diesen Möglichkeiten, auf dem Weg vom „abbildenden Medium zur bildenden Kunst".

Während die Möglichkeiten, menschliche Kreativität und künstlerisches Talent nun letztendlich doch durch Technik ersetzen zu können, wohl noch weitgehend spekulativ bleiben, bietet die Digitalisierung andere, sehr konkrete Ansätze, die Werkeproduktion auszuweiten und einige der spezifischen Produktionsbedingungen von Medien zu verändern.

Die Tatsache, dass Medieninhalte immaterielle und öffentliche Güter sind, die sich im Konsum nicht verbrauchen, wird dank der Digitalisierung zum Vorteil. Die einmal digital erfasste Information im weitesten Sinne bleibt vom medialen Träger unabhängig, ist beliebig bearbeit- und kopierbar. Das Stichwort heißt Mehrfachverwertung. Die einmal produzierte digitale Information kann immer wieder neu zu den passenden Kommunikaten für verschiedene Träger, verschiedene Zielgruppen und Verwendungskontexte verarbeitet werden. Die Produktion von Unikaten muss dafür allerdings durch die Produktion von Modulen abgelöst werden, die für die unterschiedlichsten Verwertungszusammenhänge jeweils neu zusammengesetzt werden. Die Modularisierung darf den Unikat-Charakter für den Konsumenten nicht zerstören, was an die Produzenten zweifellos neue Anforderungen stellt. Die veränderte Ausgangssituation für die Produktion von Werken birgt aber ein erhebliches ökonomisches Potenzial, was die Durchsetzung vorantreiben wird, allerdings auch die weitere Standardisierung der Werke.

Die Digitalisierung ist eine Technik, die auch das Uno-actu-Prinzip medialer Dienstleistungen im Bereich des Rundfunks weiter erodieren lassen könnte. Video-on-demand löst die zeitliche Verknüpfung von Kopienproduktion und Konsum zwar nicht auf, aber die Kopienproduktion ist zu jeder Zeit nach den Wünschen des Rezipienten möglich und erfolgt nicht zu vom Veranstalter vorgegebenen Zeiten. Die zeitliche Wahlfreiheit gleicht der bei Videokassetten, ohne dass Lagerprobleme mit dem Träger entstehen - ein Komfort, der natürlich entsprechend bezahlt werden muss. Denn die Digitalisierung schafft gleichzeitig die Voraussetzungen für eine marktmäßige Bereitstellung auch von Rundfunkprodukten. Pay-TV wird eine zumindest technisch und wirtschaftlich für den Rundfunkveranstalter attraktive Alternative - eine entsprechende Nachfrage vorausgesetzt -, weil diese Technik zwei Probleme löst: Die Verschlüsselung der Signale ohne Beeinträchtigung der Produktqualität und die Sicherung des Inkassos. Die Set-Top-Box als Tor zur digitalen Fernsehwelt stellt auch die Bezahlung sicher oder zumindest die Erfassung dessen, was bezahlt werden muss.

Durch technische Innovationen rund um die Digitalisierung scheint auch eine weitere Charakteristik der Medienproduktion zu schwinden: Die Blaupausenproduktion, also die Produktion völlig identischer Werkkopien - Lebenstraum und Lebenswerk von Gutenberg (vgl. Berger u.a. 2000: 29). Aus Kostengründen muss die Blaupausenproduktion bei Printmedien zudem auf einmal in der erwarteten Auflage erfolgen, wobei die Kopien wertlos sind, wenn die Nachfrage ausbleibt. Dieses mit hohem wirtschaftlichen Risiko belastete Verfahren der Kopienproduktion kann nun offensichtlich durch flexiblere Produktionsverfahren „on demand" abgelöst werden. Inwieweit das die Medienproduktion generell oder nur einige ausgewählte Sparten betreffen wird, bleibt abzuwarten. Technische Möglichkeiten unterliegen auch auf dem Medienmarkt dem Primat der Wirtschaftlichkeit, ihr Einsatz rechtfertigt sich ökonomisch ja nur, wenn er profitabel ist. Medien „on demand" verzichten möglicherweise auf einen ihrer größten wirtschaftlichen Vorteile: ihre distributive Produktivität. Zumindest werbefinanzierte Medien, für die eine stabile Rezipientenschaft, gestützt zum Beispiel in Form des Abonnements, eine Frage des wirtschaftlichen Überlebens ist, werden die diesbezüglichen Vor- und Nachteile wohl sehr sorgfältig erwägen müssen.

6   Schlussbemerkung

Die hier ausgewählten und dargestellten ökonomischen Konzepte und Theorien zum Stellenwert des Produktionsfaktors Technologie und zum technischen Wandel erweisen sich offensichtlich als auch für den Bereich Medien aussagefähig. Natürlich lässt die aus Platzgründen sehr verknappte Darstellung viele Fragen zur analogen Anwendung auf den Medienbereich offen, und der Mangel an empirischem Material ist offenkundig. Deutlich wird dennoch, dass auf allen drei hier behandelten Ebenen der Analyse eine gründliche Auseinandersetzung mit diesen und möglicherweise weiteren Konzepten der Ökonomik einen fruchtbaren Beitrag zur Erklärung von Transformationsprozessen im Medienbereich leisten könnte, die Medienökonomie hier also gefordert ist.

Kommentierte Literaturhinweise

Beije, Paul (1998): Technological Change in the Modern Economy. Basic Topics and New Developments, Cheltenham (UK)/Northampton(USA): Edward Elgar

Hotz-Hart, Beat/Andreas Reuter/Patrick Vock (2001): Innovationen: Wirtschaft und Politik im globalen Wettbewerb, Bern u.a.: Lang

> Beide Bücher bieten eine gute Einführung in Theorien und Konzepte der Wirtschaftswissenschaften zum Komplex Innovation und technischer Wandel.

Kiefer, Marie Luise (2001): Medienökonomik: Einführung in eine ökonomische Theorie der Medien, 1. Aufl., München/Wien: Oldenbourg

> Hier findet der Leser eine ausführliche Behandlung der in dem Beitrag stark verkürzten medienökonomischen Fragen und Befunde.

Seeger, Peter (1999): Technisierung der Medien und ökonomischer Strukturwandel, in: Manfred Knoche/Gabriele Siegert (Hg.): Strukturwandel der Medienwirtschaft im Zeitalter digitaler Kommunikation, München, Reinhard Fischer: 195-217

> Hier findet sich eine Übertragung auch ökonomischer Konzepte auf den Bereich der Medien, insbesondere Fernsehen und Internet.

Der Journalist als aufgeklärter Homo oeconomicus

Ökonomische Analyse journalistischen Handelns am Beispiel der Berichterstattung über Massenmedien

Susanne Fengler / Stephan Ruß-Mohl

Um journalistische Handlungsentscheidungen zu erklären, ist in der Publizistik- und Kommunikationswissenschaft in der Vergangenheit vielfach die Systemtheorie herangezogen worden. Versuche, journalistisches Handeln mithilfe von anderen Theorieansätzen zu erläutern, sind selten. Dieser Beitrag plädiert dafür, die den Wirtschaftswissenschaften entstammende Ökonomik (auch: „Rational Choice"-Theorie) heranzuziehen, die derzeit in vielen anderen sozialwissenschaftlichen Disziplinen zunehmend Verwendung findet. Die Ökonomik basiert auf der Annahme, dass Menschen in Entscheidungssituationen eine Strategie der Wahrung des eigenen Vorteils verfolgen - wobei neuere Forschungen zur Ökonomik zeigen, dass das Verfolgen des Eigennutzes durchaus altruistisches Verhalten einschließen kann. Die Möglichkeiten der Anwendung der Ökonomik in der Kommunikationswissenschaft werden am Beispiel des Medienjournalismus - also der Berichterstattung von Medien über Medien - verdeutlicht: In wohl keinem anderen Ressort kann die Arbeit der Journalisten durch mehr - mitunter widerstreitende - Eigeninteressen verschiedenster Akteure beeinflusst werden.

1 Das „Gespenst des Ökonomismus"

„Ein Gespenst geht um und wird hie und da gesichtet: der Ökonomismus. Besonders häufig scheint es Philosophen und Ethikern zu begegnen." Das schreibt der Schweizer Wirtschaftswissenschaftler Gebhard Kirchgässner (1997) - einer der prominentesten Vertreter einer Theorie, die auch unter dem

Begriff „Rational Choice" diskutiert wird und in deren Zentrum der rational im eigenen Interesse agierende Akteur steht.

Noch immer überrascht also offenbar, dass die Ökonomik seit einiger Zeit die enge Gemarkung der Wirtschaftswissenschaften verlassen hat und zunehmend zur Erklärung von menschlichem Handeln in sozialen Zusammenhängen herangezogen wird - schließlich geht es in der Ökonomik nicht nur um die Analyse wirtschaftlicher Entscheidungsprozesse, sondern allgemein um die Analyse von Situationen, bei denen die beteiligten Akteure zwischen mindestens zwei Handlungsmöglichkeiten wählen können. Das Denkmodell der Ökonomik basiert auf der Annahme, dass Individuen in wirtschaftlichen wie auch in politischen und sozialen Zusammenhängen prinzipiell die gleichen Verhaltensmuster aufweisen; hier wie da treten die Akteure in Austauschbeziehungen ein.

 Das Denkmodell der Ökonomik basiert auf der Annahme, dass Individuen in wirtschaftlichen wie auch in politischen und sozialen Zusammenhängen prinzipiell die gleichen Verhaltensmuster aufweisen; hier wie da treten die Akteure in Austauschbeziehungen ein.

In der Publizistik- und Kommunikationswissenschaft ist das „Gespenst des Ökonomismus" bislang noch äußerst selten gesichtet worden - was vielleicht insofern nicht erstaunlich ist, als die landläufig oft emotional bzw. sinnlich geprägte Beschreibung von Journalisten mit Begriffen wie „Vollblut-Journalist", „Edelfeder", „Aufklärer" usw. die Frage nach der Rationalität journalistischen Handelns nicht unbedingt nahe legt. Immerhin: Vereinzelt wird in der Kommunikationswissenschaft bereits gefordert, mit Hilfe der Ökonomik die theoretische Diskussion über Medien voranzutreiben (vgl. unter anderem die Beiträge von Neuberger; Altmeppen; Raabe in Löffelholz 2000; Scholl/Weischenberg 1998; Ruß-Mohl 1994, 1991 und 1986).

Im letzten Jahrzehnt waren in Deutschland Journalismus und Medien zudem ganz besonders von Prozessen der Ökonomisierung betroffen: Die Privatisierung des Rundfunks hat zu geradezu revolutionären Umwälzungen in Fernsehen und Hörfunk geführt. Die Folgen verschärfter Konkurrenz sind fast überall auf den Medienmärkten spürbar. Generell nimmt der Druck zu, einerseits Kosten zu senken, andererseits Auflagen, Einschaltquoten und Marktanteile zu erhöhen, um letztendlich Gewinne zu erzielen und so den „shareholder value" zu steigern.

Auch die Rolle der Journalisten hat sich verändert:

> „Ökonomische Handlungskriterien gewinnen (...) sowohl bei der Organisation des Journalismus wie beim journalistischen Handeln stärker an Gewicht, wie die Beispiele Redaktionsmanagement und -marketing zeigen (...)", so Altmeppen (2000: 226).

Dass vielerorts in der Medienberichterstattung erkennbar die Eigeninteressen individueller bzw. kollektiver Akteure durchschlagen, auch dort, wo eine Orientierung am Gemeinwohl und am öffentlichen Interesse gefordert wird, verstärkt den Bedarf nach einer „Ökonomik des Journalismus" - nicht zu verwechseln mit Medienökonomie, die in der Publizistik- und Kommunikationswissenschaft selbstredend seit langem stattfindet (vgl. Altmeppen 1996; Schenk/Donnerstag 1989). Aber: „Ökonomik als Methode und Ökonomie als Gegenstandsbereich der Wirtschaftswissenschaften sind zwei verschiedene Dinge." (Kirchgässner 1991: 2)

Unser Ziel ist es, im Rahmen dieses Aufsatzes erste Bausteine für eine Ökonomik des Journalismus und damit für eine ökonomische Theorie der „vierten Gewalt" zu liefern, nachdem bislang nur die „klassischen" drei Gewalten eine solche Betrachtung erfahren haben: Ökonomische Theorien der Politik, der Bürokratie und des Rechts liegen seit langem vor. Und während unter anderem Heinrich und Kiefer inzwischen auch medienwirtschaftliche Zusammenhänge institutionenökonomisch beschrieben haben (vgl. Heinrich 1994; Kiefer 1994), soll im Rahmen dieses Aufsatzes umrissen werden, auf welchen Annahmen eine Ökonomik des Journalismus fußt. An Beispielen wird gezeigt, dass sich Journalismus und Medienbetrieb besser verstehen lassen, wenn man sie mithilfe ökonomischer Denkmuster und Forschungsmethoden analysiert.[1]

Im Mittelpunkt unserer Überlegungen steht dabei ein Bereich der Berichterstattung, in dem Eigeninteressen und Gemeinwohlorientierung besonders heftig konfligieren - der Medienjournalismus, also die Berichterstattung von Massenmedien über Massenmedien. Die Interessenlagen der Akteure, die am Kommunikationsprozess der Massenmedien über Journalismus und Medien beteiligt sind, werden zunächst ebenso wie ihre Handlungsmöglichkeiten geklärt. An diese theoretische Reflexion knüpft die Darstellung von Ergebnissen empirischer, auf das Feld des Medienjournalismus bezogener internationaler Kommunikatorstudien an, die Belege für die Leistungsfähigkeit der Ökonomik zur Analyse des Journalismus liefern.

---

1 In den USA hat McManus (1994) bereits journalistische Handlungsroutinen bei einem Fernsehsender mithilfe der Rational-Choice-Theorie analysiert.

2   Grundzüge der Ökonomik

Zentrale Annahme der Ökonomik ist, dass die Akteure sich in einer gegebenen
Entscheidungssituation rational - das heißt unter Berücksichtigung der zu er-
wartenden Kosten und Nutzen - für die ihnen vorteilhafter erscheinende Alternative entscheiden werden („Rational Choice") (vgl. Kirsch 1993: 4 ff.):

> „Unter rationalem Handeln verstehen wir eine Handlungsweise, die so angelegt
> ist, dass durch sie auf ökonomisch sinnvolle Weise die bewusst gewählten politi-
> schen und wirtschaftlichen Ziele des Handelnden erreicht werden." (Downs
> 1968: 20)

> Unter rationalem Handeln verstehen wir eine Handlungsweise, die
> so angelegt ist, dass durch sie auf ökonomisch sinnvolle Weise die
> bewusst gewählten politischen und wirtschaftlichen Ziele des Han-
> delnden erreicht werden.

Grundlegend für eine ökonomische Analyse menschlichen Handelns sind ferner folgende Annahmen (in Anlehnung an Kirchgässner 1991: 12 ff.):

- Der einzelne Akteur, das Individuum, ist die „handelnde Einheit".

- Er handelt im eigenen Interesse und ist auf den eigenen Vorteil bedacht.

- Er handelt insofern auch vorhersehbar, als er - bei unvollständiger Information - auf ihm vorteilhaft erscheinende Anreize reagiert.

- Diese Anreize entstehen aufgrund seiner Präferenzen, aber auch bestehender Handlungseinschränkungen.

- Seine individuellen Handlungsspielräume werden gleichwohl durch bestimmte Beschränkungen wie Regeln, kulturgebundene Normen und Routinen sowie durch das Wirken verschiedener Institutionen, etwa des Staates, der Bürokratie oder der Familie, begrenzt (vgl. Frey 1990: 4-7; vgl. dazu auch Buchanan 1984: 168 sowie Downs 1968: 6).

Führende Vertreter der Theorie sind unter anderem Kenneth Arrow (1984),
Gary S. Becker (1982), James M. Buchanan (1985, 1962), Anthony Downs
(1968), Albert O. Hirschman (1974) und Mancur Olson (1968). Im deutschsprachigen Raum wird die Ökonomik bislang vor allem von den Schweizer
Ökonomen Bruno Frey, Gebhard Kirchgässner und Guy Kirsch, in Deutschland von Philipp Herder-Dorneich und Charles Beat Blankart vertreten (vgl.
u.a. Frey/Kirchgässner 1994; Kirsch 1993; Kirchgässner 1991). Sie alle plädie-
ren für eine breite Anwendung der ökonomischen Theorie in den unterschiedlichsten gesellschaftlichen Bereichen - und haben immer wieder gezeigt, wie

fruchtbar die ökonomische Analyse auch im Recht, in der Kunst, im Bildungssystem und im Gesundheitswesen, bei der Analyse von Kriminalität und Drogenkonsum oder auch von Familien- und Geschlechterbeziehungen sein kann.[2]

Diesen Autoren ist auch zu verdanken, dass das auf Adam Smith zurückgehende, heute „stumpf" und egoistisch anmutende Modell des „klassischen" Homo oeconomicus längst durch ein differenziertes Akteursbild ersetzt wurde: Der „rational fool" ist in der Ökonomik zum Homo oeconomicus maturus herangereift (vgl. Frey 1997: 5). Den „neuen" Homo oeconomicus kennzeichnet, dass er beispielsweise unter Bedingungen unvollständiger Information handelt - insbesondere aufgrund von Zeitdruck, eingespielten Routinen und der Uneinschätzbarkeit einer zukunftsoffenen Welt. Rationalität bedeutet folglich nicht,

> „dass das Individuum in jedem Augenblick optimal handelt, dass es also gleichsam wie ein wandelnder Computer durch die Welt schreitet, der immer die beste aller vorhandenen Möglichkeiten blitzschnell ermittelt." (Kirchgässner 1997: 17)

Ökonomiker haben längst erkannt, dass es in den meisten Fällen Geld oder Zeit kostet, zusätzliche Informationen zu beschaffen, um eine rationale Entscheidung zu fällen. Rationales Handeln setzt gerade unter den heutigen Bedingungen der Informationsüberflutung nicht vollständige Information, sondern hinreichende Information voraus.

Aufgrund der Handlungsbeschränkungen, unter denen er agiert - das heißt angesichts limitierter Möglichkeiten, Zeit und Geld für die Entscheidungsfindung aufzuwenden, aber auch rechtlicher, institutioneller, normativer Vorgaben - kann der Homo oeconomicus auch nur seinen relativen Vorteil suchen, wenn er Handlungsspielräume abschätzt und bewertet. Losgelöst von der jeweiligen Kultur und den Organisationskontexten, in die der einzelne Akteur eingebunden ist, kann es gleichfalls keine Rationalität geben (vgl. Karmasin/Karmasin 1997: 28). Die Vertreter der Ökonomik behaupten denn auch keineswegs, wie ihnen noch immer gerne unterstellt wird, der Homo oeconomicus verfolge ausschließlich materielle Ziele. Je nach Wertorientierung können es sehr komplexe Zielsysteme sein, an denen der Einzelne sein Handeln ausrichtet (vgl. Schüßler 1988; Downs 1968: 92 ff.); „die Nutzenfunktion des (modernen) Homo oeconomicus (ist) prinzipiell offen" (Kirchgässner 1997: 24). Es wird auch längst nicht mehr in Abrede gestellt, dass es neben ökonomischen Anreizen intrinsische Motivationen gibt, die menschliches Verhalten

---

2   Vgl. beispielsweise zum Recht Schäfer/Ott 1986; zur Kunst Frey/Pommerehne 1989; zum Gesundheitswesen Herder-Dorneich 1980; zur Kriminalität Friedman 1996; Becker 1982; zu Geschlechterbeziehungen, Liebe und Ehe Friedman 1996; Becker 1982; Boulding 1973.

steuern, und eine der interessanteren Forschungsfragen geht inzwischen dahin, wie ökonomische Anreize auf solche intrinsischen Motivationen zurückwirken und damit die (Arbeits-)Moral stärken oder schwächen (vgl. Frey 1997). Rationales Handeln zielt auf Effektivität und Effizienz des Mitteleinsatzes, jedoch keineswegs zwingend auf eng vorgegebene Zielvorgaben wie den größtmöglichen Gewinn oder den persönlichen finanziellen Vorteil.

 Rationales Handeln zielt auf Effektivität und Effizienz des Mitteleinsatzes, jedoch keineswegs zwingend auf eng vorgegebene Zielvorgaben wie den größtmöglichen Gewinn oder den persönlichen finanziellen Vorteil.

Damit zusammen hängt nicht zuletzt, dass der „moderne" Homo oeconomicus versucht, sich in der Interaktion wertvolle Kooperationspotenziale zu erhalten, wozu auch das Kalkül gehört, dass man bei ausschließlicher Verfolgung von Eigeninteressen allenfalls kurzfristig besser fährt, mittel- bis langfristig jedoch Kooperationspotenziale verspielt, auf die man einmal angewiesen sein könnte. Auch altruistische und gemeinnützige Ziele lassen sich rational verfolgen, nur sind Ökonomen an dieser Stelle vielleicht illusionsloser als andere Wissenschaftler. Denn „(...) viel von dem, was sich als moralisches Verhalten gebärdet, (kann) als verkappter Eigennutz demaskiert werden" (Kirchgässner 1997: 16). Letztlich ist es - dieser Hinweis ist bereits Schumpeter zu verdanken - sehr schwer, überhaupt zu bestimmen, was gemeinnützig ist - und damit in oder von öffentlichem Interesse.

Autoren wie Schimank sprechen dem modernen Homo oeconomicus inzwischen das theoretische Primat unter den soziologischen Akteursmodellen zu, da es am ehesten der Beschreibung von menschlichem Handeln unter dem steigenden sozialen Interdependenzdruck zunehmend funktional differenzierter moderner Gesellschaften gerecht werde. Auch entspräche die Ökonomik der derzeit zu beobachtenden „kulturellen Aufwertung von Eigeninteressen", dem wachsenden gesellschaftlichen Druck zur „Affektregulierung" und der Zunahme des Rationalitätsdrucks und damit einhergehend des wachsenden Rückgriffs auf „Rationalitätsfiktionen" in der Interaktion (vgl. Schimank 2000: 160 ff.). Ein Grund, rationales Verhalten zu unterstellen, ist, dass sich damit Verhalten besser prognostizieren lässt als mit jeder alternativen Annahme.[3]

---

3   „One reason to assume rationality is that it predicts behavior better than any alternative assumption. Another is that, when predicting a market or a mob, what matters is not the behavior of a single individual but the summed behavior of many. If irrational behavior is random, its effects may average out." (Friedman 1996: 5)

3 Systemtheorie versus Akteurstheorie in der Kommunikationswissenschaft?

Der „Erfolgsstory" der Ökonomik in vielen anderen Disziplinen zum Trotz - in der Kommunikationswissenschaft sind in den letzten Jahren die Systemtheorie und der an sie anschließende Konstruktivismus zum wichtigsten Anknüpfungs- und Referenzpunkt zahlreicher Studien geworden.[4] Andere Theorieansätze hatten es hingegen schwer - zumal ökonomische, die sich so leicht als „neokonservativ" abstempeln lassen, aber auch hermeneutische oder historische, die beispielsweise die Einzelleistung publizistischer Persönlichkeiten würdigen.

Auch in der Kommunikationswissenschaft mehren sich inzwischen jedoch die Stimmen, die darauf verweisen, dass die Systemtheorie nicht alle Phänomene im Bereich des Journalismus zufrieden stellend zu erklären vermag. Mit wachsendem Unbehagen wird insbesondere die Reduzierung des Individuums auf die Systemumwelt betrachtet - denn einem „System" ist es ausgeliefert, es lässt sich kaum oder gar nicht vom Einzelnen beeinflussen, sondern wird allenfalls von der Umwelt und sich selbst in einem Prozess wechselseitiger Rückkopplung und Anpassung gesteuert. Ist das System mächtig, steuert es sich in erster Linie selbst. Die Systemtheorie leistet somit dem Fatalismus Vorschub. Sie macht es auch Journalisten zu leicht, persönliche Verantwortung zu negieren und Fehlleistungen auf Systemzwänge zurückzuführen. Selbst ein Forscher wie Ulrich Saxer (1997: 45), dessen publizistikwissenschaftliches Lebenswerk stark von der Systemtheorie geprägt ist, plädiert inzwischen für eine stärker „personalistische Perspektive der Kommunikatorforschung". Ausgeblendet wird ansonsten, so kritisiert auch Haller, die Bedeutung des Subjekts für die Aussagenentstehung und die Untrennbarkeit kommunikativen Handelns durch Journalisten von sozialen Prozessen und dem Kontext der Kommunikationspartner (vgl. Haller 2000: 114f.). Insofern setzt sich in der Publizistik- und Kommunikationswissenschaft die Diskussion fort, im Rahmen derer akteurstheoretisch orientierte Soziologen wie Uwe Schimank und Renate Mayntz Systemtheoretikern Luhmannscher Prägung entgegen halten, dass Personen als Akteure mit ihren eigenen Präferenzen, Strategien und Absichten in der Systemtheorie nicht ausreichend Beachtung gegenüber der anonymen Dynamik des Systems fänden (vgl. Mayntz/Scharpf 1995).

---

4   Herauszuheben sind hier, aufbauend auf Pionierarbeiten von Manfred Rühl, insbesondere die Arbeiten von Schmidt (1999); Scholl/Weischenberg (1998); Kohring (1997); Blöbaum (1994); Merten et al. (1994) und Marcinkowski (1993).

Scholl/Weischenberg (1998: 194f.) schlagen daher unter Bezug auf einen von
Gerhards (1994) geäußerten Vorschlag vor, die Systemtheorie als Supertheorie
zu benutzen, unter deren Dach auch andere, am Akteur orientierte Ansätze,
ihren Platz bekommen können - ansonsten sei kein Anschluss an die Forschung zum Rollen- und Berufsverständnis der Journalisten möglich.
Ähnlich stellt Löffelholz (2000: 207) fest:

> „Nur Systeme zu betrachten, verschließt freilich den Blick auf den Mikrokosmos
> sozialer Wirklichkeit. Wenn Kommunikation, wie auch Systemtheoretiker Luh-
> mannscher Prägung konzedieren, nur durch strukturelle Kopplung an das indi-
> viduelle Bewusstsein von Menschen möglich wird, müssen psychische Systeme
> Gegenstand einer sozialwissenschaftlichen Analyse von Journalismus und Öf-
> fentlichkeitsarbeit bleiben. Statt individuelle Akteure auszugrenzen, ist eine An-
> näherung system- und akteursbezogener Denkansätze erforderlich, ohne die
> Einsicht in die operative Geschlossenheit von Sinnsystemen preiszugeben."

Eine Vielzahl von gesellschaftlichen und medialen Prozessen und Phänomenen
lässt sich ohnehin sowohl aus systemtheoretischer als auch aus ökonomischer
Perspektive beobachten. Dabei wird aber mit einem unterschiedlichen begriff-
lichen Instrumentarium gearbeitet, was gelegentlich Verwirrung stiften mag. So
ist bei Systemtheoretikern beispielsweise von System-Umwelt-Beziehungen die
Rede, wenn Ökonomen von externen Effekten oder „Spill-Overs" reden. Beiden Sichtweisen ist als vielleicht wichtigste Gemeinsamkeit die dynamische
Perspektive zu eigen, unter der sie die Weltläufe beobachten. Auch die Orientierung auf Gleichgewichte hin, die gemeinhin Ökonomen unterstellt wird,
findet sich als Denkfigur in der Systemtheorie wieder: Im einen Fall ist vom
Ausgleich zwischen Angebot und Nachfrage auf Märkten die Rede, im anderen
von einer Abfolge aufeinander bezogener, systemstabilisierender Anpassungs-
und Austauschprozesse zwischen Systemen und ihrer Umwelt. Nicht zuletzt
wird auch dem System seitens der Systemtheoretiker eine „Rationalität" zugesprochen.

Trotz aller Analogien und Parallelen bleibt allerdings ein Unterschied in den
Betrachtungsperspektiven, auf den es letztlich ankommt: Während sich in der
Perspektive der Systemtheorie die Persönlichkeit und der Einzelne zum Rollen-
träger auflösen, bleibt in der Ökonomik das Individuum die treibende Kraft -
selbst dann, wenn sich seine Entscheidungen und Handlungen tausend- und
millionenfach zu der von Adam Smith beschriebenen „hidden hand", der ver-
borgenen marktlenkenden Hand, aggregieren.

Beim Versuch, kommunikationswissenschaftliche Fragestellungen unter
dem Blickwinkel der Ökonomik zu betrachten und damit Bausteine für eine
akteursbezogene „Ökonomik des Journalismus" zusammenzutragen, finden

sich rasch erste Hinweise dafür, dass sich die Ökonomik als Methode Gewinn bringend auf die Analyse von Medienproduktions- und Mediennutzungsentscheidungen anwenden lässt.

In Journalismuslehrbüchern wird beispielsweise einerseits auf gründlicher Recherche insistiert, andererseits findet sich aber auch der Hinweis auf das eherne Gesetz der Rechercheökonomie: Man könne, so warnt beispielsweise Michael Haller (1983: 31),

> „jedes Thema auch ‚zu Tode' recherchieren, wenn genug Zeit und Geldmittel gegeben sind: Bald einmal ist so viel Wissen über Umstände und Hintergründe angehäuft, dass der Wald vor so vielen Bäumen aus den Augen verschwindet. Das eigentliche Recherchierthema, die Einstiegsfrage, geht verloren, ebenso der rote Faden. Der Artikel ufert aus, wird langatmig. Darum wird der kompetente Redakteur ab einem gewissen Punkt die alte Regel befolgen müssen: ‚Go with what you've got'."

Hier reduziert sich also der Grenznutzen: Mit jedem Tag zusätzlicher Recherche steigen zwar die Kosten, aber oft nicht mehr der zusätzliche Rechercheertrag; und obendrein wächst das Risiko, dass Konkurrenzmedien sich zu einem früheren Zeitpunkt zum gleichen Thema äußern und damit der Recherchevorsprung durch zu langes Zuwarten bei der Veröffentlichung wieder verspielt wird.

Zwei weitere Beispiele: In ihrem Buch „Die Schweigespirale" beschreibt Elisabeth Noelle-Neumann (1982) den Bürger und Mediennutzer als einen Menschen, der seine Artikulationsbereitschaft und sein Verhalten von den herrschenden Stimmungen und Mehrheitsmeinungen abhängig macht. Auch diese Kommunikationstheorie basiert letztlich auf dem Homo oeconomicus als Leitbild: Der Einzelne wägt die Kosten und Nutzen ab, die entstehen, wenn er seine Meinung öffentlich kundtut (vgl. van Aaken 1992). Obendrein wird er aus der Sicht der Ökonomik zum Trittbrettfahrer, wenn er sich - für ihn kostengünstig - der Mehrheitsmeinung anschließt und sich so nicht nur die Mühsal erspart, sich eine eigene Meinung zu bilden, sondern auch all den Widrigkeiten entgeht, die mit der Artikulation einer abweichenden Position für ihn verbunden sein könnten.

Solche Trittbrettfahrer gibt es freilich nicht nur im Publikum, sondern auch unter den Journalisten. Der Spiegel könnte seine Rolle als Leitmedium gar nicht spielen, würde er nicht Ausgabe für Ausgabe von Journalisten anderer Medien nach Themen für die jeweils eigene Berichterstattung durchkämmt. Ökonomisch betrachtet, profitieren die Mitläufer von den Leitmedien, weil sie sich eigenen Rechercheaufwand sparen, aber auch umgekehrt die Leitmedien von den Trittbrettfahrern: Seine Machtstellung gewinnt der Spiegel eben nicht allein aus seiner Millionenauflage, sondern auch aus den Multiplikatoreffekten, die er daraus erzielt, dass andere Medien rund 180.000 mal im Jahr Spiegel-Themen aufgreifen.[5] Dass Spiegel und Focus Woche für Woche mehrere Vorabmeldungen an die Nachrichtenagenturen geben, zeigt, wie mit Trittbrettfahrern regelrecht ökonomisch kalkuliert wird - natürlich in der Hoffnung, damit den eigenen Kioskverkauf anzuheizen.

Schon diese wenigen Beispiele zeigen: Ökonomik hilft, Ereignisse und Entwicklungen im Medienbetrieb besser zu verstehen. Implizit und auch explizit wird in der Publizistikwissenschaft im Übrigen ja auch häufig ökonomisch argumentiert, nur dass bisher kaum der Versuch unternommen wurde, partielle Erkenntnisse und Theorieversatzstücke zu einer umfassenden Ökonomik des Journalismus und der Medien zusammenzufügen.

Im Folgenden soll die Ökonomik in einem hierfür besonders geeigneten Bereich angewandt werden - dem Medienjournalismus, der hier in Anlehnung an Krüger und Müller-Sachse (1998: 2 ff.) definiert werden soll als „jedes journalistische Produkt, das Medien oder die betreffenden Sachverhalte, Ereignisse etc. thematisiert" und sich dabei einerseits an ein Fachpublikum sowie andererseits an ein Nicht-Fachpublikum wendet.

 Als Medienjournalismus gilt jedes journalistische Produkt, das Medien oder die betreffenden Sachverhalte, Ereignisse etc. thematisiert und sich dabei einerseits an ein Fachpublikum sowie andererseits an ein Nicht-Fachpublikum wendet.

Medienjournalismus hat die Aufgaben, „alle Aktionsbereiche im Mediensektor" zu thematisieren, die Thematisierung zu strukturieren, und durch regelmäßige Berichterstattung einen Kontext zu schaffen, in den der Rezipient neue Entwicklungen einzuordnen lernt. Ferner soll er die Einhaltung von Normen im Journalismus prüfen und, wo nötig, die Normen selbst reflektieren sowie zur journalistischen Selbstkontrolle beitragen.

---

5   Gespräch mit Heinz P. Lohfeldt, Leiter des Ressorts Information beim Spiegel, und Matthias Schmolz, Leiter Kommunikation und Verlagskoordination im Spiegel-Verlag, vom 30.1.1998. Die Zahl ist Ergebnis einer EDV-Auszählung, bei der allerdings auch Wortkombinationen mit „Spiegel", also zum Beispiel Quellen wie der Tagesspiegel oder der MPG-Spiegel, mitgezählt werden. Der Löwenanteil der Zitationen dürfte allerdings, wie etwa auch Auszählungen des Medien-Tenors immer wieder bestätigen, tatsächlich auf das Hamburger Nachrichtenmagazin entfallen.

4 Medienjournalismus als „rationales" Instrument der Medienselbstkontrolle

Medienjournalismus erlebt derzeit einen Boom.[6] In den USA beschäftigen inzwischen so gut wie alle führenden Printmedien neben ihren obligaten Fernsehkritikern mindestens einen Medienjournalisten, die New York Times allein unterhält sechs Medienreporter. Es gibt nationale und regionale Medien-Talk-Shows im Fernsehen, Medienradiosendungen, Medienfachzeitschriften und eine ganze Reihe medienkritischer Angebote im Internet. Rund drei Jahre lang gab es mit dem inzwischen eingestellten Magazin Brill's Content sogar eine „Medienkonsumentenzeitschrift".

Auch in Deutschland hat die Berichterstattung von Massenmedien über Massenmedien in den vergangenen Jahren stark zugenommen. Sogar ein Medien-Fernsehmagazin ist geplant (vgl. Niggemeier 2001). Die breite Mediendebatte, die unter anderem über die Fußball-Übertragungsrechte, den Fall „Tom Kummer" bei der Süddeutschen Zeitung und den vermuteten „Rechtsruck" in Folge des Generationswechsels unter den redaktionellen Führungskräften im Haus Springer entbrannte, hat gezeigt, wie prominent und intensiv medienkritische Debatten inzwischen auch im deutschsprachigen Raum geführt werden. In jüngster Zeit hat die Massenkommunikation über Massenkommunikation also insgesamt spürbar zugenommen.

Mit der Ausweitung der auf das eigene Metier bezogenen Medienberichterstattung sind aber auch die Probleme sichtbarer geworden, die es in diesem durch handfeste Eigeninteressen und Konkurrenzdenken verminten Terrain zu bewältigen gilt: Der Berichterstattungsbereich ist für das Bemühen um journalistische Objektivität sperrig. Dass viele Medienunternehmen, vor allem die großen Medienkonzerne, ihre Öffentlichkeitsarbeit und Werbung in den letzten Jahren rapide verstärkt haben, vereinfacht und erschwert zugleich das Alltagsgeschäft der Redaktionen und trägt zum Problemknäuel ebenfalls bei. Gerade in Deutschland ist es auch immer noch üblich, dass zum Beispiel die Berliner Zeitung oder der Berliner Tagesspiegel Meldungen drucken, die in Verlautbarungscharakter Positionen ihrer Mutterhäuser Bertelsmann bzw. Holtzbrinck referieren, ohne im Text auf die Verbindung der Zeitung zum jeweiligen Konzern hinzuweisen - „verkappte Hausmitteilungen", die „nicht aufgrund der üblichen journalistischen Auswahlkriterien wie Relevanz, Aktualität und Publikumsattraktivität ins Blatt oder auf die Mattscheibe kommen, sondern aus

---

6 Vgl. dazu für die USA insbesondere die März/April 2000-Ausgabe des Columbia Journalism Review mit dem Schwerpunktthema Medienjournalismus.

ökonomischem Eigennutz" (Thomsen 1997: 143). In den USA würde ein Medienjournalist - dies ein Beispiel für den Einfluss der Kultur auf die Rationalität des Handelns - hierdurch seine journalistische Glaubwürdigkeit aufs Spiel setzen; in Deutschland lassen die Kollegen es achselzuckend durchgehen.

Seitens der Kommunikationswissenschaft, aber auch von Politikern und Medienunternehmen, wird derweil - häufig unter Verweis auf eine sich mehrende Zahl von „Medien-Exzessen" - immer öfter gefordert, die Massenmedien müssten sich selbst besser kontrollieren. Als schlagkräftiges Instrument der Medienselbstkontrolle wird seit einigen Jahren vermehrt der Medienjournalismus genannt: Dadurch, dass die Medien kritisch über die eigene Branche berichten, könnten sie ihr Verantwortungsbewusstsein gegenüber der Gesellschaft demonstrieren und letztlich potenziellen Eingriffen in die Medienfreiheit vorbeugen.[7] Hier wird folglich unterstellt, dass die Medien und damit die Akteure der Medienbranche aus einem „eigennützigen" rationalen Interesse an der Wahrung ihres Handlungsspielraums heraus - und damit im Schumpeterschen Sinne - einen Beitrag zum „Gemeinwohl" leisten, indem sie, mitunter auch selbstkritisch, helfen, Transparenz über das Geschehen im Medienbereich herzustellen. Dem Medienjournalismus in Massenmedien wird besondere Schlagkraft zugeschrieben, da durch ihn die Eigeninteressen der Medienmacher und der Mediennutzer unmittelbar berührt werden.

Medienjournalismus hat das Potenzial, Missstände im Journalismus über den engen Bereich der Fachöffentlichkeit hinaus publik zu machen. Das Bewusstsein, dass Journalisten bei Verstößen gegen journalistische Normen von Kollegen „an den Pranger" gestellt werden und ihnen ein Gesichtsverlust droht, trage, so die Hoffnung, präventiv dazu bei, dass sie sich um die Einhaltung professioneller Normen bemühten: Medienselbstregulierung könne funktionieren, da jeder Journalist ein ausgeprägtes Eigeninteresse daran besitze, sich nicht bei journalistischen „Sünden" ertappen zu lassen und durch publik werden der „Verfehlungen" professionellen Status, insbesondere im Kollegenkreis, einzubüßen. Die starke „Kollegenorientierung" von Journalisten ist in der Kommunikationswissenschaft vielfach diskutiert worden (vgl. Donsbach 1982). Es steht zudem zu vermuten, dass Journalisten letztlich nur Kollegen als Kontrollinstanz akzeptieren, da sie weiteren potenziellen Kontrollgruppen wie Politikern, Medienmanagern, dem (Laien-)Publikum und der Kommunikationswissenschaft in Befragungen immer wieder die notwendige Expertise (oder im Fall von Politikern die moralische „Berechtigung") absprechen, um journa-

---

7   Auch die Gründungsgeschichte von Presseräten ist eng mit angedrohten staatlichen Eingriffen in die Pressefreiheit verknüpft (vgl. unter anderem Wiedemann 1992).

listische Leistungen kompetent beurteilen zu können.[8] Zudem sind angesichts einer stark expandierenden Medienindustrie zunehmend nur noch professionelle Beobachter der Medien in der Lage, Entwicklungen im Bereich von Journalismus und Medien einzuordnen und einzuschätzen.

In der Diskussion um Qualitätsstandards und Qualitätssicherung im Journalismus wird Transparenz zunehmend häufiger als besonders vernachlässigtes Qualitätskriterium genannt (vgl. Austermann 1995; Zerdick 1995; ferner auch Ruß-Mohl 1994: 96 und 223 ff.). Weithin scheint Einigkeit darüber zu bestehen, dass Medienjournalismus gerade deshalb für die Entwicklung von Demokratie und Gesellschaft relevant ist, weil er zumindest die Chance beinhaltet, das Mediensystem, das den öffentlichen Diskurs prägt und seine Funktionsweisen für den Mediennutzer durchsichtiger werden zu lassen. Medienjournalismus könne, so die Hoffnung, einen Beitrag dazu leisten, Vorgänge im Medienbereich auch für das „Laien-Publikum" transparenter zu machen und ihm „mehr Medienkompetenz" zu vermitteln, so dass die Mediennutzer in die Lage versetzt werden, durch ihr gezieltes, da informiertes Medienkonsumverhalten ebenfalls einen Beitrag zur Qualitätssicherung im Journalismus zu leisten (vgl. Saxer 2000). Unterstellt wird bei dieser Annahme, dass die Mediennutzer ein hinreichendes rationales Interesse an Informationen über den Medienbetrieb besitzen, um „vernünftigere Medienkonsumentscheidungen" zu treffen.

5 Zum Stand der Medienjournalismus-Forschung

Die Frage, ob Medienjournalismus tatsächlich als schlagkräftiges Instrument der Medienselbstkontrolle wirken kann, hat die Kommunikationswissenschaft bislang nicht zufrieden stellend beantwortet. Parallel zur Expansion der Medienberichterstattung wächst zwar allmählich auch das Ausmaß, in dem sich Wissenschaftler mit dem noch vergleichsweise neuen Berichterstattungsfeld befassen und es analytisch zu durchdringen versuchen. Ihr Interesse galt dabei allerdings bislang mehr dem Medienjournalismus als der Medien-PR, und insgesamt gibt es nur wenige aktuelle Forschungsergebnisse zum Thema.[9]

Krüger/Müller-Sachse haben 1997 in einer Auftragsstudie für das Bundespresseamt Inhalte des deutschen Medienjournalismus untersucht; Beck (2001a) hat unlängst eine Inhaltsanalyse zur Berichterstattung über die Fusion von

---

8   Vgl. zum Beispiel für die USA Harwood 1999, Pew Research Center for the People and the Press 1999; Birkhead 1986; Ryan 1978.
9   Wehmeier/Bentele (2000) haben inzwischen Überlegungen zur Medien-PR vorgelegt.

AOL und Time Warner vorgelegt.[10] Choi hat 1999 im Rahmen seiner Dissertation eine Inhaltsanalyse der Medienberichterstattung von Frankfurter Rundschau, Süddeutscher Zeitung, FAZ und Welt sowie der Zeit und der Woche durchgeführt und sich hier insbesondere mit Unterschieden der Medienberichterstattung „konservativer" und „linksorientierter" Zeitungen beschäftigt. Ansätze, das Thema theoretisch zu fassen, haben insbesondere Jarren und Ruß-Mohl unternommen (vgl. Ruß-Mohl 1994; Jarren 1988). Außerdem existieren inzwischen mehrere Kommunikatorstudien zum deutschen sowie seit kurzem je eine Kommunikatorstudie zum britischen und zum US-amerikanischen Medienjournalismus (vgl. Fengler 2002; Skut 2001; Linke 1999; Buntrock 1999; Kreitling 1996; Kepplinger 1993).

Dürftig ist die Forschungslage zum Medienjournalismus überraschenderweise auch in den USA, die vielerorts als „Mutterland der Medienkritik" gelten und in Deutschland häufig als diesbezüglich vorbildlich dargestellt werden (vgl. Ruß-Mohl 1994). In Großbritannien liegt so gut wie keine wissenschaftliche Literatur zum Thema vor (vgl. Skut 2001; einzige nennenswerte Veröffentlichung ferner: Fiddick 1993). Studien zur Nutzung von Medienjournalismus durch das brancheninterne und das branchenexterne Publikum sowie zur „Wirkung" von Medienjournalismus auf diese beiden Rezipientengruppen fehlten bisher sowohl in Deutschland als auch in den USA. Aktuelle Daten aus den USA nähren zudem Zweifel, ob im Zuge des derzeitigen Medienjournalismusbooms ein Publikum für das vermehrte Angebot im gleichen Tempo mitgewachsen ist: So musste Brill's Content ihre Auflage zunächst von 300.000 auf 200.000 Exemplare korrigieren und von monatlichem auf quartalsweisen Erscheinungsrhythmus umstellen, bis die Zeitschrift Ende 2001 schließlich eingestellt wurde. Die ursprünglich auf 100.000 Nutzer angelegte Medien-Website www.inside.com hat nach mehr als einem Jahr lediglich 1.200 registrierte Nutzer akquirieren können.[11]

Festzuhalten ist außerdem, dass den wenigen deutschsprachigen Veröffentlichungen, die sich bisher mit Medienjournalismus befassen, häufig ein systemtheoretischer Untersuchungsansatz zugrunde liegt (vgl. Choi 1999; Kreitling 1996). Die Systemtheorie liefert fraglos auch einen Schlüssel zu einem besseren grundlegenden Verständnis vieler Probleme des Medienjournalismus: Medienjournalismus kann als „Reflexionsfähigkeit" des Mediensystems beschrieben

---

10   Vgl. den Vortrag von Klaus Beck im Rahmen der DGPuK-Jahrestagung 2000 in Münster.
      Vgl. auch Weßler u.a. 1997; für einen Überblick über die Forschung zum Medienjournalismus ab 1970 Fengler 2000: 74-91.
11   Vgl. Auletta, Ken: Inside Out, in: The New Yorker vom 11.6.2001.

werden, die Willke (2000: 99f.) als „Fähigkeit sozialer Systeme, sich selbst zu thematisieren und sich selbst als (geeignete) Umwelt anderer sozialer Systeme zu verstehen", definiert. Vergleicht man die Ergebnisse der erwähnten Studien zum Selbstbild der Medienjournalisten und ergänzt man sie um Befunde weiterer Studien zu Einzelaspekten des Medienjournalismus, dann ergeben sich jedoch eine Reihe von Anhaltspunkten für die dominante Rolle, die die Eigeninteressen rational handelnder Medienjournalisten bei der Medienberichterstattung spielen, und die verhindern, dass das qualitätssichernde Potenzial des Medienjournalismus als Instrument der Medienselbstkontrolle voll ausgeschöpft wird. Eine Betrachtung der Akteure und Interaktionen im Bereich des Medienjournalismus unter Rückgriff auf die Ökonomik bietet sich daher an.

6 Bausteine für eine „Ökonomik des Journalismus"

Im Folgenden sollen am Beispiel des Medienjournalismus erste Bausteine für eine Ökonomik des Journalismus herausgearbeitet werden. Als zentrale Akteure im Spannungsfeld „Medienjournalismus" sind dabei zunächst die Medienjournalisten, die Gruppe der Journalisten, die der Medienmanager und -eigentümer, die Rezipienten sowie staatliche Institutionen zu identifizieren. Dass die Interessen der Manager keineswegs mit denen der Eigentümer eines Unternehmens identisch sein müssen, hat frühzeitig vor allem John Kenneth Galbraith herausgearbeitet (vgl. Galbraith 1971); aus Gründen der Übersichtlichkeit sollen sie hier dennoch gemeinsam diskutiert werden. Ebenso soll auf die Berücksichtigung weiterer Akteure, deren Interessen an Medienjournalismus diskutiert werden könnten, also beispielsweise der werbetreibenden Wirtschaft oder der Kommunikationswissenschaftler, verzichtet werden.

6.1 Die Interessen der Akteure an Medienjournalismus

Welche „rationalen" Interessen an Medienjournalismus sind nun den genannten Akteuren zu unterstellen? Staatliche Institutionen haben, so die These, ein Interesse an Medienjournalismus, da sie selbst in westlichen Demokratien kaum Möglichkeiten der Regulierung von Medieninhalten besitzen. Eine funktionierende Medienselbstkontrolle erspart staatlichen Institutionen Medienkontrollkosten, die anfallen würden, wenn sich wachsende Teile der Bevölkerung unzufrieden mit den Medien zeigten und nach einer „besseren Medienkontrolle" riefen.

Rezipienten haben ein Interesse an Medienjournalismus, um für sie vorteilhaftere Medienkonsumentscheidungen treffen zu können und Suchkosten nach geeigneten Medienangeboten zu vermindern. Ferner ist ein Interesse an Unterhaltung, zum Beispiel bei der Berichterstattung über prominente Journalisten, denkbar.

Journalisten können mittels Medienjournalismus Zielkonflikte der Journalisten artikulieren: Je nach Medienunternehmen, für das sie tätig sind, müssen sie die Ansprüche des Medienunternehmens, die auf Steigerung des Unternehmensertrags zielen, und die der (Teil-)Öffentlichkeit, die möglichst vollständig und umfassend informiert werden möchte, mehr oder weniger stark austarieren. Zugleich können Medienjournalisten als Fachkollegen journalistische Leistungen kompetent beurteilen. Auf individueller Ebene können Journalisten ein Interesse an Medienjournalismus zur Förderung eigener beruflicher Ziele haben: Durch Medienjournalismus können sie auf sich und ihre eigenen beruflichen Leistungen aufmerksam machen, und sie erhalten durch Medienberichterstattung Informationen über die Entwicklung des Medienmarkts, die sie für ihre eigene berufliche Karriere nutzen können.

Medieneigentümern und -managern insbesondere von „Prestigemedien" kann, so schließlich die Annahme, kritischer Medienjournalismus zur Wahrung eines glaubwürdigen und verantwortungsvollen Images und damit zur Distinktion von „unseriöseren" Medien dienen - mit dem langfristigen Ziel der Kundenbindung. Im Gegensatz hierzu stünde das Ausnutzen von Medienberichterstattung zur „Cross-Promotion" weiterer Medienprodukte desselben Medienunternehmens, was als ein weiteres ökonomisches Motiv zur Ausweitung von „Medienjournalismus" seitens der Eigentümer und Manager zu sehen ist.

6.2 Droh- und Sanktionspotenziale der Akteure

Medienjournalisten gehen, so lautet die Vermutung weiter, strategisch kalkulierend mit den hier skizzierten Interessen ihrer wichtigsten Interaktionspartner um. Also werden sie, so die These, die unterstellten rationalen Interessen dieser „Anspruchsgruppen" bei ihren journalistischen Handlungsentscheidungen berücksichtigen - dies aber nur in dem Maße, wie sie deren jeweilige Sanktionspotenziale fürchten müssen.

Kaum Gefahr droht seitens staatlicher Institutionen: Ihnen bleibt letztlich nur die Möglichkeit des Appells an die Medien, qualitativ hochwertige Medienberichterstattung zu betreiben, die zugleich als Instrument der Medienselbstkontrolle dienen kann.

Die Rezipienten verfügen gleichfalls über ein eher geringes Droh- und Sanktionspotenzial: Es stehen ihnen allenfalls die Optionen „Abwanderung" und „Widerspruch" zur Verfügung (vgl. Hirschman 1974), wenn sie mit den ihnen angebotenen medienjournalistischen Leistungen nicht zufrieden sind, das heißt sie können aus Enttäuschung über den von einem Medium angebotenen Medienjournalismus künftig ein anderes Medium nutzen, oder sie können gegen das unbefriedigende Angebot protestieren, beispielsweise durch einen Leserbrief.

Die Eigentümer und Manager von Medienunternehmen verfügen hingegen ebenso wie die Journalisten über ein großes Droh- und Sanktionspotenzial zur Durchsetzung ihrer Interessen an Medienberichterstattung: Nur sie können den Medienjournalisten begehrte materielle und soziale Anreize bieten und gegebenenfalls mit deren Entzug drohen. So können als zu kritisch empfundene Medienjournalisten von anderen Journalisten beispielsweise als „Nestbeschmutzer" angeprangert und aus dem Kollegenkreis - und damit nicht zuletzt von wichtigen Informationsquellen - ausgeschlossen werden. Medienjournalisten, die Medienberichterstattung zur Beförderung der Interessen „ihres" Medienunternehmens via „Cross-Promotion" missbrauchen, können aber gleichfalls ihr Ansehen bei Kollegen verlieren und auf diese Weise ebenfalls durch Statusverlust nachhaltig „sanktioniert" werden.

Einen Hinweis auf den hohen Grad an Loyalität zu den Kollegen gibt übrigens bereits ein Blick auf die Sprache, die Medienjournalisten verwenden: Im Rückblick beispielsweise auf die Geschichte des Medienjournalismus in den USA zeigt sich, dass die Journalisten von den Medienjournalisten seit Jahrzehnten immer wieder mit Metaphern der Geistlichkeit belegt werden: Hier ist immer wieder von den Journalisten als einer „Priesterschaft" die Rede, die die Redaktion vor einer Einflussnahme der Anzeigenabteilung mit „missionarischem" Eifer verteidigten und die eine Art monetäres Keuschheitsgelübde abgelegt hätten: „Most who chose journalism in their college years felt that they were taking a vow of relative poverty as the price of admittance to the fourth estate." (Colamosca 2000) Die Medienmanager und Medieneigentümer werden hingegen mit Begriffen aus der Welt der undemokratischen Herrscher („lords of the press", „Mogule" etc.) beschrieben (vgl. Lippmann 1995: 17f.; Mencher 1981: 43). Wenn für Medienjournalisten aber bereits im Vorhinein die Rollenverteilung zwischen „Guten" und „Bösen" feststeht, kann daraus wohl keine fruchtbare Medienkritik entstehen.

Medienmanager und -eigentümer schließlich können Medienjournalisten bei unliebsamer Medienberichterstattung als potenzielle Mitarbeiter ablehnen oder entlassen und ihnen damit die materielle Basis für ihre Tätigkeit entziehen - so geschehen im viel diskutierten Fall des Medienjournalisten Dieter Anschlag, dem nach einem kritischen Bericht über Bertelsmann die bereits zugesagte

Leitung eines Seminars bei der Bertelsmann-Stiftung aufgekündigt wurde (vgl. Bünger 1997). Medienunternehmen können sich die Kenntnisse herausragender Medienjournalisten aber auch auf andere Weise zunutze machen - und sie, wie bei der taz geschehen, zu Chefredakteuren, oder, wie bei Bertelsmann, zum Unternehmenssprecher befördern (gemeint ist der frühere Medienredakteur der Berliner Zeitung, Oliver Herrgesell).

Es soll schließlich angenommen werden, dass das Kalkül der Interessen und Drohpotenziale der genannten Akteure die Medienjournalisten in ihren journalistischen Handlungsentscheidungen unmittelbar beeinflusst. Dementsprechend würden Medienjournalisten bei ihrer journalistischen Arbeit verstärkt Rücksicht auf die Interessen der Medienmanager und -eigentümer sowie der Journalisten, also ihrer Kollegen, nehmen. Die Berücksichtigung der Interessen des „Laienpublikums" sowie staatlicher Institutionen träte demgegenüber zurück.

Im Folgenden sollen die Ergebnisse der bereits genannten Kommunikatorstudien auf Anhaltspunkte untersucht werden, die diese Thesen - die es freilich in einem nächsten Schritt noch empirisch zu erhärten gälte - untermauern.

7 Zwischen Eigeninteressen und Drohpotenzialen: Ergebnisse internationaler Kommunikatorstudien

Der Vergleich der Befragungen von Medienjournalisten in Deutschland sowie den USA gibt Hinweise darauf, welch herausgehobene Rolle die Interessen von Journalisten und Medienmanagern bzw. -eigentümern bei journalistischen Entscheidungen von Medienjournalisten in beiden Ländern spielen - wenn auch landesspezifisch und kulturell bedingt, in unterschiedlichem Ausmaß.[12]

---

12 Kreitling hat 1996 im Rahmen seiner an der FU Berlin eingereichten Magisterarbeit 14 Medienredakteure von insgesamt zwölf Printmedien in persönlichen Leitfadeninterviews befragt. Diese Studie ist explorativer Natur und kann - angesichts der kleinen Zahl der Befragten - natürlich keinerlei Repräsentativität für den Medienjournalismus insgesamt beanspruchen, zumal weder die audiovisuellen Medien noch die Programmzeitschriften oder gar die Fachpresse berücksichtigt wurden. Ihr Gewicht erhalten diese Befunde dadurch, dass Vertreter von Redaktionen befragt wurden, die als Trendsetter oder „Innovatoren" im deutschen Medienjournalismus auszumachen sind - jedenfalls im Bereich der Tageszeitungen und Wochenzeitungen sowie der Nachrichtenmagazine, auf den sich Kreitlings Analyse bezog. Aneta Skut hat im Rahmen ihrer 2001 an der FU Berlin eingereichten Magisterarbeit sieben Medienjournalisten von maßgeblichen britischen Medien befragen können. Für die USA hat Fengler (2002) 21 führende Medienjournalisten, unter anderem von der New York Times, der Washington Post, des Boston Globe und der Los Angeles Times, Ende 1999 bzw. Anfang 2000 in Leitfadeninterviews befragt.

7.1   Medienjournalisten und die Interessen der Journalisten

Werden die Aussagen der befragten Medienjournalisten im Hinblick auf die Beurteilung der beruflichen Leistungen ihrer Kollegen betrachtet, dann zeigt sich, dass das Sanktionspotenzial des Medienjournalismus in beiden Ländern nicht ausgenutzt wird - aus Rücksicht auf die Kollegen. Die Vermutung, die Tätigkeit als Medienjournalist konfligiere in vielerlei Hinsicht mit der starken Kollegenorientierung von Journalisten, wird somit von den befragten Medienjournalisten in Deutschland wie auch in den USA bestätigt.

In den USA lehnen insbesondere jüngere und weniger berufserfahrene Medienjournalisten die Rolle eines „media watchdogs" für sich ab. Sie halten es für überheblich, sich als „Richter" über ihre Kollegen „aufzuspielen". Die Veränderungen im Medienbetrieb sehen sie stattdessen pragmatisch; ihre eigenen Möglichkeiten, auf das Mediengeschehen Einfluss zu nehmen, seien verschwindend gering. Sie fühlten sich auch häufig von besonderen Skrupeln geplagt, wenn es darum geht, das Fehlverhalten von Journalisten zu thematisieren. Sich selbst billigten die meisten nicht zu, über die Karrieren von Kollegen zu „richten" - eine Einstellung, die einer potenziellen Kontrollfunktion im Wege steht. Nicht geheuer schien manchen amerikanischen Medienjournalisten auch die Macht über Kollegenkarrieren, die sie durch ihre Berichterstattung haben. Mehrfach hat beispielsweise Cynthia Cotts, Medienkritikerin bei der Village Voice, die Erfahrung gemacht, dass insbesondere freie Journalisten, deren Arbeit sie kritisierte, fortan um ihre Aufträge bangen mussten.

Nicht abgelehnt wurde die Bezeichnung „media watchdog" in den USA nur von erfahrenen und in der Branche weithin respektierten Journalisten wie zum Beispiel Howard Kurtz von der Washington Post, David Shaw von der Los Angeles Times und Ken Auletta vom New Yorker. So erklärte Howard Kurtz, gemessen an den Reaktionen, die er von Journalisten anderer Medien erhalte, habe er tatsächlich eine gewisse sanktionierende Wirkung. Beispielsweise habe ein früherer leitender Redakteur von Newsweek einmal ein Memo über ethische Fragen im Journalismus verfasst und seine Mitarbeiter darin gebeten, nichts zu schreiben, was einmal in einem Artikel von Howard Kurtz aufgegriffen werden könne (vgl. Fengler 2002).

Einige der US-amerikanischen Medienjournalisten berichteten im Übrigen sogar davon, dass sich ihr Bild von der eigenen Berufsgruppe durch ihre Arbeit positiv gewandelt habe. Ihr Verständnis für journalistisches Fehlverhalten, das häufig aus unglücklichen Umständen resultiere, sei gewachsen. Der Grad ihrer Identifikation mit den Kollegen hat also zugenommen, und es wird für sie noch schwieriger, das Branchengeschehen mit den Augen Außenstehender zu sehen und zu kommentieren. Auch die deutschen Medienjournalisten sprachen von einem insgesamt positiven Medienbild. Bei der Befragung nannten zudem nur zwei der insgesamt 14 interviewten Medienredakteure von sich aus die Kontrolle der Medien als Aufgabe der Medienberichterstattung. Die deutschen Medienjournalisten - die im Übrigen im Durchschnitt rund zehn Jahre jünger waren als ihre amerikanischen Kollegen - gaben mehrheitlich an, sich einer Funktion als „Kontrolleur der Kontrolleure" allenfalls unterschwellig bewusst zu sein; öffentliche Kritik an Kollegen wird abgelehnt (vgl. Kreitling 1996: 86f.; vgl. auch Kepplinger 1993). Auch die von Skut (2001) befragten britischen Medienjournalisten lehnten eine Beschreibung ihrer beruflichen Rolle als „media watchdog" - obwohl sie sich des Sanktionspotenzials durchaus bewusst waren - überwiegend ab und verwiesen auf ihren geringen Einfluss auf die Branche.

Zusammenfassend lässt sich feststellen, dass sich nur ein kleiner Teil der Medienjournalisten als „media watchdog" versteht. In den USA sind es interessanterweise vor allem die respektiertesten und beruflich erfahrensten Medienjournalisten, deren Eigeninteresse an Anerkennung im Kollegenkreis vermutlich längst befriedigt ist, so dass sie glauben, weniger Rücksicht auf die Interessen ihrer „peers" nehmen zu müssen. Die jüngeren Medienjournalisten in den USA lehnten hingegen ebenso wie die meisten deutschen Medienjournalisten - zum Zeitpunkt der Kreitling-Befragung häufig ebenfalls meist jüngere, noch weniger berufserfahrene Journalisten - eine Rollenzuschreibung als Kontrolleure der Medien bzw. ihrer Kollegen ab. Zu wichtig sind diese offenbar als Bezugsgruppe, so dass es den Eigeninteressen der meisten Medienjournalisten zuwider laufen würde, die Gruppenzugehörigkeit durch zu scharfe Kritik aufs Spiel zu setzen und sich damit selbst als „Außenseiter" zu positionieren.

7.2   Medienjournalisten und die Interessen der Medieneigentümer

Bisher wurde unterstellt, die Manager und Eigentümer von Qualitätsmedien hätten ein Interesse daran, sich durch kritischen Medienjournalismus als „vertrauenswürdiges Medium" darzustellen, das die Interessen der Allgemeinheit über die Interessen der Medien bzw. des eigenen Mediums stellt. Vergleicht man die Medienberichterstattung in Deutschland, Großbritannien und den USA, zeigen sich hier allerdings rasch Unterschiede. So fällt für die USA auf, dass viele der führenden Printmedien sich seit Jahrzehnten kritisch mit den Medien befasst haben; auf unternehmerische Verbindungen des Mediums, in dem ein fraglicher Artikel erscheint bzw. des Autors zu Medienunternehmen,

die Gegenstand des Berichts sind, wird in der Regel unmissverständlich hingewiesen. Viele der befragten US-Medienjournalisten betonten im Rahmen der
Befragung auch, dass ein Eingriff von Chefredaktion bzw. Verlagsleitung in
ihre Beiträge absolut unüblich sei, und sie berichteten von dem latenten
Zwang, den eigenen Arbeitgeber regelmäßig in die kritische Berichterstattung
über Medien mit einzubeziehen, wolle man sich bei Kollegen nicht dem Vorwurf der „Totaldistanz" aussetzen. Häufig äußerten die Medienjournalisten
auch Befürchtungen, im Verdacht zu stehen, Agent der Interessen des eigenen
Hauses zu sein, dem David Shaw von der Los Angeles Times beispielsweise zu
begegnen versucht, indem er Aktien des eigenen Hauses, die er als Mitarbeiter
regelmäßig zugeteilt erhält, stets baldmöglichst verkauft. Howard Kurtz von
der Washington Post sagte, er sei gegenüber seinem „Arbeitgeber" publizistisch noch strenger als gegenüber anderen Medienunternehmen (vgl. Fengler
2002); dieser „Sportsgeist" mag nicht zuletzt in der für die USA typischen Bedeutung von „Fairness" begründet liegen.

In Deutschland ist es hingegen erst seit einigen Jahren unter führenden
Printmedien üblich, Medienjournalismus zu betreiben und mitunter - wie die
Süddeutsche Zeitung im Fall Tom Kummer - auch über das eigene Haus kritisch zu berichten. Die deutschen Medienjournalisten fühlen sich jedoch -
wenn auch, jüngeren Studien zufolge, offenbar in abnehmendem Maße - in den
Möglichkeiten der Berichterstattung beschränkt (vgl. Linke 1999), wenn über-
geordnete Interessen ihres Arbeitgebers berührt sind. Viele deutsche Medienredakteure benannten im Rahmen der Kreitling-Befragung Mitte der 90er Jahre
„positive Synergieeffekte". Das eigene Haus sei häufig tabu. Alle befragten
deutschen Redakteure bestätigten auch, „in bestimmten, die Belange des Hauses betreffenden Fällen, die Linie des Hauses im Blatt zu vertreten." Besonders
freimütig hätten Journalisten des Hauses Springer eingeräumt, dass die Medienberichterstattung „aus der Sicht der Redaktion anders gehandhabt wird als
die Berichterstattung anderer Ressorts" und damit „partiell übergeordneten

Interessen folgt" (Kreitling 1996: 80f.).[13] Ähnlich gaben die von Skut (2001)
befragten britischen Medienjournalisten an, dass insbesondere Medienjournalisten von Zeitungen der Verlagsgruppe von Rupert Murdoch kaum Möglichkeiten der kritischen Beschäftigung mit Medien des Konzerns hätten, während
andererseits Selbstkritik in Blättern der Pearson-Gruppe, zu der unter anderem
die Financial Times gehört, durchaus gepflegt werde.

Der Vergleich des publizistischen Umgangs von Medienjournalisten mit
den Interessen der Medienunternehmer und -manager in Deutschland, Großbritannien und den USA zeigt, dass es in den USA schon seit langem für einen
Medienjournalisten „rational" ist, sich dem eigenen Medienunternehmen so
weit als möglich aus der Perspektive eines „desinteressierten Außenstehenden"
zu nähern, um nicht die eigene Glaubwürdigkeit als Medienjournalist aufs Spiel
zu setzen. In Deutschland und in Großbritannien wird mitunter immer noch
unter Medienjournalisten toleriert, dass diese sich zumindest partiell die Interessen ihres Arbeitgebers publizistisch zu Eigen machen. Zugleich wiesen die
befragten britischen Medienjournalisten daraufhin, dass sich viele der in einem
starken Konkurrenzkampf stehenden Medien in Großbritannien über die häufig anonym veröffentlichten Medienmeldungen in den einzelnen Blättern gegenseitig attackierten (vgl. Skut 2001).

Der unterschiedliche Umgang mit den Interessen des Arbeitgebers in den
Ländern ist vermutlich nicht zuletzt in der unterschiedlichen Konkurrenzsituation zu begründen, in der sich die Medienjournalisten in Deutschland, Großbritannien und in den USA befinden. Während sich das Ressort in Deutschland
und auch in Großbritannien erst seit rund zehn Jahren entwickelt, hat die
schon seit längerer Zeit hohe medienjournalistische Konkurrenz in den USA -
und damit der verstärkte Vergleich mit der Arbeit von Kollegen und die latente
Beobachtung der eigenen Arbeit durch andere Medienkritiker - dazu geführt,

---

13   Obschon die PR-Abteilungen der Medienunternehmen in den letzten Jahren kaum minder
      rapide ausgebaut wurden als die Medienressorts, schätzen die deutschen Medienredakteure
      „den Einfluss von Öffentlichkeitsarbeit auf ihre Tätigkeit und die Medienberichterstattung
      allgemein als gering bis sehr gering ein". Auch von den US-Medienjournalisten wird die Be-
      deutung der Medien-PR-Abteilungen für die medienjournalistische Arbeit als gering einge-
      schätzt. Noch liegen keine Studien vor, die den Einfluss von PR-Arbeit auf Themen und
      Timing der Medienberichterstattung empirisch analysieren - analog zu den Untersuchungen
      von Baerns und anderen, die sich inzwischen auf verschiedene Berichterstattungsfelder be-
      ziehen. Es ist zu vermuten, dass die Befragten die Realität an dieser heiklen Stelle geschönt
      wahrnehmen; andererseits ist aber auch festzuhalten, dass das untersuchte Sample sich in
      beiden Ländern fast ausschließlich aus Redakteuren zusammensetzte, die bei Qualitäts- und
      Leitmedien und damit unter Arbeitsbedingungen tätig sind, die ihnen mehr Unabhängigkeit
      von PR-Zulieferungen gewährleisten, als das etwa beim Medienredakteur einer kleinstädti-
      schen Regionalzeitung der Fall sein dürfte.

dass amerikanische Medienjournalisten sich verstärkt darum bemühen, insbesondere in heiklen Situationen journalistische Normen einzuhalten. Inzwischen berichten amerikanische Medienkritiker sogar über Medienjournalisten, wenn diese im Verdacht stehen, nicht objektiv zu berichten.[14]

Die stark gewachsene Konkurrenz der Medienjournalisten in den USA untereinander wirkt sich jedoch möglicherweise nicht nur positiv, sondern zugleich kontraproduktiv auf eine mögliche qualitätssichernde Funktion des Medienjournalismus aus: Deutlich ist zu erkennen, dass viele US-Medienjournalisten im Kampf um die Aufmerksamkeit ihrer Publika dieselben „verwerflichen" Methoden anwenden, für deren Gebrauch sie die Kollegen in den anderen Ressorts heftig kritisieren - sie verlassen sich insbesondere in starkem Maße auf zweifelhafte und anonyme Quellen und beschäftigen sich journalistisch besonders intensiv mit prominenten Medienpraktikern (vgl. Fengler 2001).[15] Dies könnte die Akzeptanz von Medienjournalisten als „Kontrollinstanz" bei ihren Kollegen verringern.

7.3 Medienjournalisten und die Interessen branchenexterner Akteure

Als Adressaten spielten in Deutschland Laiennutzer nur eine untergeordnete und staatliche Institutionen so gut wie keine Rolle. Die von Kreitling (1996: 55f., 89f.) befragten deutschen Medienjournalisten vermuteten sämtlich, dass ihre Berichte hauptsächlich von Mitarbeitern anderer Medien bzw. der Medienbranche rezipiert würden. Das Echo aus der Medienbranche sei hoch und ersetze das Publikumsecho, verleite aber auch immer wieder dazu, einer Tendenz zur Insiderberichterstattung nachzugeben; ähnliche Antworten gaben die von Skut (2001) befragten britischen Medienjournalisten.

Auch in den USA beklagten viele Medienjournalisten einen Mangel an Feedback seitens des breiten Publikums. Von den Medienpraktikern erhielten sie dagegen vergleichsweise häufig Reaktionen. Ihrer Erfahrung nach stoßen auch Medienberichte, die sich mit in der Medienszene prominenten Journalisten oder Medienunternehmen befassen, auf mehr Resonanz. Dies verstärke allerdings die schon jetzt zu beobachtende Tendenz, dass ein großer Teil der

---

14 So geriet der einflussreiche Medienjournalist Howard Kurtz bereits verschiedentlich in die Kritik, da er nicht nur für die Washington Post, sondern auch für CNN, Buchverlage und Zeitschriften tätig ist und dadurch seine Unabhängigkeit eingebüßt habe (vgl. Foer 2000; Brill 1999).

15 Für Deutschland liegen bisher keine vergleichbaren Ergebnisse vor; zum Zeitpunkt der Befragung deutscher Medienredakteure durch Kreitling 1996 war die Konkurrenzsituation unter den deutschen Medienjournalisten auch längst noch nicht mit der derzeitigen Situation im US-Medienjournalismus vergleichbar.

Medienberichterstattung erhebliches Vorwissen über Personal und Strukturen der Medienwirtschaft voraussetzt - und damit große Teile des Laienpublikums ausschließt.

In den USA nannten eine Reihe der Befragten aber auch das breite Publikum als potenzielle Zielgruppe. Interessanterweise handelte es sich meist um diejenigen Medienjournalisten, die sich zugleich explizit als „media watchdogs" verstanden. Insbesondere Mark Jurkowitz vom Boston Globe und Geneva Overholser von der Washington Post, die zuvor als Ombudsleute tätig waren billigten den „Laiennutzern" ein weit höheres Interesse an Medienthemen zu, sofern man diese verständlich aufbereite, und beschrieben ihre eigene Rolle mitunter sogar als „Medienkonsumberater" der breiten Öffentlichkeit (vgl. Fengler 2002).

Es zeigt sich also, dass die deutschen und eine Reihe amerikanischer Medienjournalisten das Interesse des breiten Publikums an Medienthemen als sehr gering einschätzen. In ihrem Interessenkalkül spielen „Laiennutzer" demnach, wie schon vermutet, nur eine marginale Rolle. Dass diejenigen Medienjournalisten, die sich als „media watchdogs" verstehen, jedoch zugleich ein deutlich höheres Interesse des Nicht-Fachpublikums für Medienthemen erwarten, deutet darauf hin, wie eng die Definition der beruflichen Rolle als Journalist mit der Wahrnehmung der Zielgruppe verbunden ist.

8   Fazit

Zusammenfassend lässt sich festhalten: Mit der „Scheu der Publizistik vor der Publizität in eigener Sache", die bereits Emil Dovifat (1990: 30) konstatierte und die die Medienberichterstattung in Deutschland und auch in Großbritannien bis in die 80er Jahre hinein zum Ausnahmefall, ja zum Tabu werden ließ, scheint es endgültig vorbei zu sein. In den USA ist eine intensive Beschäftigung der Medien mit dem eigenen Metier ohnehin schon seit Jahrzehnten an der Tagesordnung (vgl. Fengler 2002).

Doch so sehr die zunehmende Thematisierung der vorangegangenen Tabuisierung der Medien vorzuziehen ist - sie ist ihrerseits nicht ganz unproblematisch. Sowohl für die USA als auch für Deutschland lässt sich konstatieren, dass Medienjournalismus gezielt eingesetzt wird, um ein brancheninternes Publikum an das jeweilige Medium zu binden. In Deutschland profilierten sich zum Beispiel neu auf den Markt drängende Wettbewerber wie Focus und Die Woche mit intensiver Medienberichterstattung und brachten so etablierte Anbieter wie den Spiegel und Die Zeit in Zugzwang. Auch Medienjournalisten in den USA bestätigten, dass Medienjournalismus von den Medienunternehmen benutzt wird, um sich in der wachsenden Konkurrenz der Medienangebote um Aufmerksamkeit der Journalisten zu behaupten. Wenn sich der Medienjournalismus in den Massenmedien jedoch zunehmend von den Informationsbedürfnissen - und vom Vorverständnis - des breiten Publikums abkoppelt, sinken die Chancen weiter, dass er sich als Korrektiv versteht.

Die Analyse der Aussagen deutscher und amerikanischer Medienjournalisten zu ihrem beruflichen Selbstverständnis hat gezeigt, wie stark Eigeninteressen der Medienjournalisten deren journalistische Handlungsentscheidungen beeinflussen und dazu führen, dass insbesondere die Journalisten von den Medienjournalisten vergleichsweise rücksichtsvoll behandelt werden. Die starke Kollegenorientierung steht insbesondere bei jüngeren und weniger berufserfahrenen Medienjournalisten einer Rolle als „Medienkontrolleur", die von branchenexternen Kreisen zunehmend von ihnen verlangt wird, im Wege. Beim heiklen Umgang mit Themen, die das eigene Haus betreffen, deutet sich der positive Einfluss des Wettbewerbs an: In den USA, wo eine große Zahl von Medienjournalisten miteinander um die begrenzte Aufmerksamkeit eines an Medienthemen interessierten Publikums konkurriert, überwachen sich die Medienjournalisten als „rationale Journalisten" gegenseitig auf Einhaltung der Normen hin und brandmarken voreingenommene Medienberichterstattung öffentlich.

Die Ökonomik bietet, das zeigt die Beschäftigung mit der Berichterstattung von Massenmedien über Massenmedien ganz besonders deutlich, eine Reihe von Ansatzpunkten, um journalistische Handlungen und Entscheidungen unter neuen Blickwinkeln zu analysieren. Das berufliche Handeln der Journalisten wird nicht zuletzt durch deren Kalkül des Droh- und Sanktions-, aber auch des Gratifikations-Potenzials ihrer Kollegen, Arbeitgeber und des breiten Publikums beeinflusst. Spürhund, Oberlehrer oder Missionar, „watchdog" oder „lapdog", „Anwalt" oder „neutraler Informationsvermittler": Journalistenbilder gibt es viele in der Kommunikationswissenschaft. Kratzt man ein bisschen an der Oberfläche, so lugt hinter jedem dieser Bilder der Journalist als aufgeklärter Homo oeconomicus hervor.

Kommentierte Literaturhinweise

Becker, Gary S. (1982): Der ökonomische Ansatz zur Erklärung menschlichen Verhaltens, Tübingen: J.C.B. Mohr

> Dieses Werk gehört zu den „Klassikern" der institutionenökonomischen Literatur und zeigt die Vielseitigkeit des Ansatzes bei der Anwendung auf unterschiedlichste Forschungs- und Lebensbereiche auf.

Kirchgässner, Gebhard (1991): Homo oeconomicus: Das ökonomische Modell individuellen Verhaltens und seine Anwendung in der Wirtschafts- und Sozialwissenschaft, Tübingen: J.C.B. Mohr

> Das Buch führt auf anschauliche Weise in das Theoriegebäude der Ökonomik ein.

Schimank, Uwe (2000): Theorien gesellschaftlicher Differenzierung, Opladen: Leske+Budrich

> Der Autor zeigt Vor- und Nachteile der verschiedenen sozialwissenschaftlichen Theorien anhand plastischer Beispiele auf.

Literaturverzeichnis

A

Adams, William/J. Eastman/Susan Tyler (2001): Broadcast/Cable/Web programming: Strategies and practices, 6. ed., Belmont (USA): Wadsworth

Adorno, Theodor W. (1963): Eingriffe. Neun kritische Modelle, Frankfurt a.m.: Suhrkamp

Altmeppen, Klaus-Dieter (2000): Funktionale Autonomie und organisationale Abhängigkeit. Inter-Relationen von Journalismus und Ökonomie, in Martin Löffelholz (Hg.): Theorien des Journalismus. Ein diskursives Handbuch, Opladen/Wiesbaden, Westdeutscher Verlag: 225-239

Altmeppen, Klaus-Dieter u.a. (1993): Die Bedeutung von Innovationen in Zeitungsverlagen, in: Peter A. Bruck (Hg.): Print unter Druck. Zeitungsverlage auf Innovationskurs, München, Reinhard Fischer: 38-193

ARD-Jahrbuch (2000): Hamburg: Hans-Bredow-Institut

Arrow, Kenneth (1984): The Economics of Information, Oxford: Blackwell

Arthur, W. Brian (1989): Competing Technologies, Increasing Returns, and Lock-in by Historical Events, in: The Economic Journal: 116-131

Aufderheide, Patricia (1999): Communications policy and the public interest: The Telecommunications Act of 1996, New York: Guilford Press

Aufermann, Jörg u.a. (1970) (Hg.): Pressekonzentration. Eine kritische Materialsichtung und -systematisierung, München/Pullach/Berlin: Verlag Dokumentation

Auletta, Ken (2001): Inside Out, in: The New Yorker vom 11.06.2001

Austermann, Anton (1995): Unter der Maske des Berufs das Gesicht wahren. Die Wiederentdeckung der publizistischen Persönlichkeit, in: Aviso: 7-10

Averbeck, Stefanie (1999): Kommunikation als Prozess. Soziologische Perspektiven in der Zeitungswissenschaft 1927-1934, Münster: Lit

B

Baacke, Dieter u.a. (1999) (Hg.): Handbuch Medien: Medienkompetenz: Modelle und Projekte, Bonn: Bundeszentrale für politische Bildung

Baumol, William J./William G. Bowen (1977): Performing Arts - The Economic Dilemma, 2. ed., Cambridge (USA)/London: MIT Press

Beck, Klaus (2001): Aufmerksamkeitsökonomie - die Funktion von Kommunikation und Medien, in: Klaus Beck/Wolfgang Schweiger (Hg.): Attention Please! Online-Kommunikation und Aufmerksamkeit, München, Reinhard Fischer: 19-37

Beck, Klaus (2001a): Medienberichterstattung über Medienkonzentration. Journalistische Strategien am Fallbeispiel der Fusion von AOL und Time Warner, in: Publizistik (4)

Beck, Klaus/Wolfgang Schweiger (2001) (Hg.): Attention Please! Online-Kommunikation und Aufmerksamkeit, München: Reinhard Fischer

Becker, Gary S. (1982): Der ökonomische Ansatz zur Erklärung menschlichen Verhaltens, Tübingen: J.C.B. Mohr

Beije, Paul (1998): Technological Change in the Modern Economy. Basic Topics and New Developments, Cheltenham (UK)/Northampton(USA): Edward Elgar

Benjamin, Walter (1955): Schriften, Bd. 1, Frankfurt a.M.: Suhrkamp

Bentele, Günter/Hans-Bernd Brosius/Otfried Jarren (2001) (Hg.): Öffentliche Kommunikation. Handbuch Kommunikations- und Medienwissenschaft, Opladen/Wiesbaden: Westdeutscher Verlag

Bentele, Günter/Michael Haller (1997) (Hg.): Aktuelle Entstehung von Öffentlichkeit. Akteure, Strukturen, Veränderungen, Konstanz: UVK-Medien

Berelson, Bernard (1949): What „Missing the Newspaper" Means, in: Paul Felix Lazarsfeld/Frank Stanton (eds.): Communication Research 1948-1949, New York, Harper: 111-129

Berger, Holler/Martin Jatzek/Unger Mauz/Gutenberg-Museum Mainz (2000): Von Gutenberg zum World Wide Web, Wien: Dachs-Verlag

Berger, Peter L. (1997) (Hg.): Die Grenzen der Gemeinschaft: Konflikt und Vermittlung in pluralistischen Gesellschaften. Ein Bericht der Bertelsmann Stiftung an den Club of Rome, Gütersloh: Verlag Bertelsmann-Stiftung

Berger, Peter L./Thomas Luckmann (1995): Modernität, Pluralismus und Sinnkrise. Die Orientierung des modernen Menschen, Gütersloh: Verlag Bertelsmann-Stiftung

Berliner Autorenkollektiv Presse (1972): Wie links können Journalisten sein, Reinbek b. Hamburg: Rowohlt

Bertelsmann-Stiftung (1992) (Hg.): Medienkompetenz als Herausforderung an Schule und Bildung: Ein deutsch-amerikanischer Dialog, 1. Aufl., Gütersloh: Verlag Bertelsmann-Stiftung

Bertelsmann-Stiftung (1997) (Hg.): Operative Stiftungsarbeit. Strategien - Instrumente - Perspektiven, Gütersloh: Verlag Bertelsmann-Stiftung

Bickel, Peter (1989): RealtimeWaveshapingCrossfade-SamplestackingDumprequest. Musiker, Musik und Musikproduktion unter dem technischen Diktat der Musikmaschinen?, in: Media Perspektiven (9): 559-571

Birkhead, Douglas (1986): The Dual Role of Critic and Academic Journalist, in: Critical studies in mass communication (3): 96-117

Bizer, Kilian (1999): Anreizstrukturen der Akteure beim Kinder- und Jugendschutz in der Werbung, Darmstadt: Sofia

Bizer, Kilian (2000): Umweltpolitik und Gewaltenteilung - die Sonderabgabenrechtsprechung des Bundesverfassungsgerichts als Indiz für ein „Judikationsversagen"?, in: Kilian Bizer/Bodo Linscheidt/Achim Truger (Hg.): Staatshandeln im Umweltschutz, Berlin, Springer: 67-89

Bizer, Kilian/Bodo Linscheidt/Achim Truger (2000) (Hg.): Staatshandeln im Umweltschutz, Berlin: Springer

Blanchard, Margaret A. (1986): Exporting the First Amendment: The press-government crusade of 1945-1952, White Plains (USA): Longman

Blöbaum, Bernd (1994): Journalismus als soziales System. Geschichte, Ausdifferenzierung und Verselbständigung, Opladen/Wiesbaden: Westdeutscher Verlag

Blumers, Marianne (2000): Qualitätskontrolle im SWR: Ein theoretisches Modell auf dem Weg in den Redaktionsalltag, in: Media Perspektiven (5): 201-206

Blumler, Jay G. et al. (1985): Reaching Out: A Future for Gratifications Research, in: Karl Erik Rosengren et al. (eds.): Media Gratifications Research. Current Perspectives, Beverly Hills, Sage: 255-273

Blumler, Jay G./Elihu Katz (1974) (eds.): The Uses of Mass Communications. Current Perspectives on Gratifications Research, Beverly Hills/London: Sage

Boehnke, Klaus/Nicola Döring (2001) (Hg.): Neue Medien im Alltag. Die Vielfalt individueller Nutzungsweisen, Lengerich u.a.: Pabst Science Publishers

Bohn, Cornelia/Alois Hahn (1999): Pierre Bourdieu, in: Dirk Kaesler (Hg.): Klassiker der Soziologie 2, München, Beck: 252-271

Bohrmann, Hans (1986): Grenzüberschreitung? Zur Beziehung von Soziologie und Zeitungswissenschaft 1900-1960, in: Sven Papcke (Hg.): Ordnung und Theorie. Beiträge zur Geschichte der Soziologie in Deutschland, Darmstadt, Wissenschaftliche Buchgesellschaft: 93-112

Bohrmann, Hans/Wilbert Ubbens (1984): Kommunikationsforschung. Eine kommentierte Auswahlbibliographie der deutschsprachigen Untersuchungen zur Massenkommunikation 1945-1980, Konstanz: UVK-Medien

Bömer, Karl (1932): Internationale Bibliographie des Zeitungswesens, Leipzig: Harrassowitz

Bondebjerg, Ib (1996): Public Discourse/Private Fascination: Hybridisation in „True-Life-Story" Genres, in: Media, Culture and Society (1): 27-45

Boulding, Kenneth (1973): The Economy of Love and Fear, Belmont (USA): Wadsworth Publ.

Bourdieu, Pierre (1984): Die feinen Unterschiede. Kritik der gesellschaftlichen Urteilskraft (1979), Frankfurt a.M.: Suhrkamp

Brennan, Geoffrey/James M. Buchanan (1985): The Reason of Rules. Constitutional Political Economy, Cambridge, London: Cambridge University Press

Brill, Steven (1999): Rewind: Conflicted Out, in: Brill's Content

Bromley, Roger/Udo Göttlich/Carsten Winter (1999) (Hg.): Cultural Studies. Grundlagentexte zur Einführung, Lüneburg: zu Klampen

Bruck, Peter A. (1993) (Hg.): Medienmanager Staat: Von den Versuchen des Staates, Medienvielfalt zu ermöglichen. Medienpolitik im internationalen Vergleich, München: Reinhard Fischer

Bruck, Peter A. (1993a) (Hg.): Print unter Druck. Zeitungsverlage auf Innovationskurs, München: Reinhard Fischer

Brunst, Klaudia (2000): Fernsehen zwischen Qualität und Quote? Wenn es nur so einfach wäre! Eine Antwort unter vielen möglichen, in: ARD-Jahrbuch 2000, Hamburg, Hans-Bredow-Institut: 75-80

Buchanan, James M. (1962): The Calculus of Consent: Logical Foundations of Constitutional Democracy. Ann Arbor: University of Michigan Press

Buchanan, James M. (1984): Die Grenzen der Freiheit. Zwischen Anarchie und Leviathan, Tübingen: J.C.B. Mohr

Bücher, Karl (1922) (Hg.): Die Entstehung der Volkswirtschaft. Vorträge und Aufsätze, Bd. 1, 7. Aufl., Tübingen: Laupp

Bücher, Karl (1922): Das Gesetz der Massenproduktion, in: Karl Bücher (Hg.): Die Entstehung der Volkswirtschaft. Vorträge und Aufsätze, Bd. 1, 7. Aufl., Tübingen, Laupp: 87-118

Bücher, Karl (1926): Gesammelte Aufsätze zur Zeitungskunde, Tübingen: Laupp

Bücher, Karl (1981): Auswahl der publizistikwissenschaftlichen Schriften, herausgeg. von Heinz Dietrich Fischer und Horst Minte, Bochum: Brockmeyer

Budzislawski, Hermann (1966): Sozialistische Journalistik. Eine wissenschaftliche Einführung, Leipzig: VEB-Bibliographisches Institut

Bundeszentrale für Politische Bildung (1988): Schriftenreihe 261: Medienkritik im Blickpunkt. Plädoyer für eine engagierte Programmkritik, Bonn

Bünger, Reinhart (1997): Ein Anschlag zu viel, in: Der Tagesspiegel vom 7./8.5.1997

Buntrock, Tanja (1999): Medienfachtitel im Spannungsfeld der Konkurrenz - Eine Untersuchung anhand von Leitfadengesprächen mit Chefredakteuren und Ressortleitern, unveröff. Magisterarbeit: Freie Universität Berlin

Bush, Paul D. (1987): The Theory of Institutional Change, in: Journal of Economic Issues (3): 1075-1116

BVerfGE/Entscheidungen des Bundesverfassungsgerichts (1991), Tübingen: J.C.B. Mohr

C

Cantner, Uwe/Horst Hanusch (1997): Evolutorische Ökonomik - Konzeption und Analytik, in: Wirtschaftswissenschaftliches Studium (8-9): 776-785

Carlsson, Ulla (2000) (ed.): The 14th Nordic Conference on Media and Communication Research, Göteborg: Nordicom

Chipty, Tasneem (2001): Vertical integration, market foreclosure, and consumer welfare in the cable television industry, in: The American Economic Review (3): 428-453

Choi, Kyung-Jin (1999): Medien-Selbstberichterstattung als Medienjournalismus. Selbstreferentielle Themen der Medienseiten in überregionalen Tages- und Wochenzeitungen, Münster u.a.: Lit

Cohen, Daniel (2001): Unsere modernen Zeiten. Wie der Mensch die Zukunft überholt, Frankfurt a.M.: Campus

Colamosca, Anne (2000): The Options Option, in: Columbia Journalism Review

Coleman, James S. (1991): Grundlagen der Sozialtheorie, Bd. 1: Handlungen und Handlungssysteme, München: Oldenbourg

Coleman, James S. (1992): Grundlagen der Sozialtheorie, Bd. 2: Körperschaften und die moderne Gesellschaft, München: Oldenbourg

Columbia Journalism Review (März/April 2000): Schwerpunktthemen Medienjournalismus und Medienkritik

Croteau, David/William Hoynes (2001): The business of media: Corporate media and the public interest, Thousand Oaks: Pine Forge Press

D

David, Paul D. (1985): Clio and the Economies of Qwerty, in: American Economic Review. Papers and Proceedings (3): 332-337

De Gregori, Thomas R. (1987): Ressources Are Not. They become. An Institutional Theory, in: Journal of Economic Issues (3): 1241-1263

Diederichs, Rainer/Ulrich Saxer/Werner Stocker (1999) (Hg.): Buchbranche im Wandel. Zum 150-jährigen Bestehen des Schweizerischen Buchhändler- und Verleger-Verbandes, 1. Aufl., Zürich: Orell Füssli

Dietl, Helmut (1993): Institutionen und Zeit, Tübingen: J.C.B. Mohr

Donnerstag, Joachim (1996): Der engagierte Mediennutzer. Das Involvement-Konzept in der Massenkommunikationsforschung, München: Reinhard Fischer

Donsbach, Wolfgang (1982): Legitimationsprobleme des Journalismus. Gesellschaftliche Rolle der Massenmedien und berufliche Einstellung von Journalisten, Freiburg u.a.: Alber

Donsbach, Wolfgang u.a. (1993) (Hg.): Beziehungsspiele - Medien und Politik in der öffentlichen Diskussion, Gütersloh: Verlag Bertelsmann-Stiftung

Dörr, Dieter (2000): Europäische Medienordnung und -politik, in: Hans-Bredow-Institut (Hg.): Internationales Handbuch für Hörfunk und Fernsehen 2000/2001, Baden-Baden, Hans-Bredow-Institut: 65-88

Dovifat, Emil (1925): Die Zeitungen, in: Die deutsche Wirtschaft und ihre Führer, Gotha, Flamberg: 7-118

Dovifat, Emil (1931): Zeitungswissenschaft, 2 Bde., Berlin: de Gruyter (Sammlung Göschen 1039, 1040)

Dovifat, Emil (1937): Rede und Redner, Leipzig: Bibliographisches Institut (Meyers kleine Handbücher 8)

Dovifat, Emil (1954): Deutsche Presse. Zeitungen und Zeitschriften, Berlin: de Gruyter

Dovifat, Emil (1968/1969): Handbuch der Publizistik, 3 Bde., Berlin: de Gruyter

Dovifat, Emil (1990): Die publizistische Persönlichkeit, herausg. von Dorothee von Dadelsen, mit einem Vorwort von Otto B. Roegele, Berlin/New York: de Gruyter

Downs, Anthony (1957): An Economic Theory of Democracy, New York: Harper & Row

Downs, Anthony (1968): Ökonomische Theorie der Demokratie, Tübingen: J.C.B. Mohr

Drabczynski, Michael (1982): Motivationale Ansätze in der Kommunikationswissenschaft. Theorien, Methoden, Ergebnisse, Berlin: Spiess

Druwe, Ulrich/Volker Kunz (1994) (Hg.): Rational Choice in der Politikwissenschaft. Grundlagen und Anwendungen, Opladen: Leske+Budrich

Druwe, Ulrich/Volker Kunz (1996) (Hg.): Handlungs- und Entscheidungstheorien in der Politikwissenschaft. Eine Einführung in Konzepte und Forschungsstand, Opladen: Leske+Budrich

du Gay, Paul (1977) (ed.): Production of Culture/Cultures of Production, London u.a.: Sage

du Gay, Paul et al. (1997): Doing Cultural Studies. The Story of the Sony Walkman, London u.a.: Sage

Duchkowitsch, Wolfgang u.a. (1998) (Hg.): Journalismus als Kultur: Analysen und Essays, 1. Aufl., Opladen/Wiesbaden: Westdeutscher Verlag

Durkheim, Émile (1992): Über soziale Arbeitsteilung. Studien über die Organisation höherer Gesellschaften (1893), Frankfurt a.M.: Suhrkamp

E

Eastman, Susan Tyer (1998): Programming theory under stress: The active industry and the active audience, in: Michael E. Roloff/Gaylen D. Paulson (eds.): Communication Yearbook 21, Thousand Oaks u.a., Sage: 323-377

Eberhard, Fritz (1962): Der Rundfunkhörer und sein Programm. Ein Beitrag zur empirischen Sozialforschung, Berlin: Colloquium

Eifert, Martin/Wolfgang Hoffmann-Riem (1999): Die Entstehung und Ausgestaltung des dualen Rundfunksystems, in: Dietrich Schwarzkopf (Hg.): Rundfunkpolitik in Deutschland, München, Deutscher Taschenbuch-Verlag: 50-116

Elster, Jon (1987) (Hg.): Subversion der Rationalität, Frankfurt a.M./New York: Campus

Elster, Jon (1999): Wesen und Reichweite rationaler Handlungserklärung, in: Stefan Gosepath (Hg.): Motive, Gründe, Zwecke, Frankfurt a.M., Fischer: 57-75

Enderle, George (1985) (Hg.): Ethik und Wirtschaftswissenschaft (Schriften des Vereins für Sozialpolitik N.F. Bd. 147), Berlin: Duncker & Humblot

Enderle, George (1988): Wirtschaftsethik im Werden. Ansätze und Problembereiche der Wirtschaftsethik, Stuttgart: Akademie der Diözese Rottenburg-Stuttgart

Engel, Christoph (1993): Privater Rundfunk vor der Europäischen Menschenrechtskonvention, Baden-Baden: Nomos

Engelmann, Jan (1999) (Hg.): Die kleinen Unterschiede. Der Cultural Studies Reader, Frankfurt a.M.: Campus

Erlei, Mathias (1998): Institutionen, Märkte und Marktphasen, Tübingen: J.C.B. Mohr

Erlei, Mathias/Martin Leschke/Dirk Sauerland (1999): Neue Institutionenökonomik, Stuttgart: Schäffer-Poeschel

Eschenauer, Barbara (1989): Medienpädagogik in den Lehrplänen: Eine Inhaltsanalyse zu den Curricula der allgemeinbildenden Schulen im Auftrag der Bertelsmann-Stiftung Gütersloh, Gütersloh: Verlag Bertelsmann-Stiftung

Esser, Hartmut (1991): Rational Choice, in: Berliner Journal für Soziologie (2): 231-243

Esser, Hartmut (1993): Soziologie. Allgemeine Grundlagen, Frankfurt a.M./New York: Campus

Esser, Hartmut (1999): Soziologie: Spezielle Grundlagen, Frankfurt a.M.: Campus

F

Fengler, Susanne (2000): Propaganda oder Polizei? Medienjournalismus im Spiegel der Medienforschung, in: Stephan Ruß-Mohl/Susanne Fengler (Hg.): Medien auf der Bühne der Medien. Zur Zukunft von Medienjournalismus und Medien-PR, Berlin, Dahlem University Press: 74-91

Fengler, Susanne (2001): How Journalists Cover Themselves: A Survey of Research on Media Journalism and Media Criticism in The United States, in: Studies in Communication Sciences/Studi di scienze della comunicazione (2): 183-192

Fengler, Susanne (2002): Medienjournalismus in den USA: Zwischen ökonomischer Rationalität und öffentlichem Auftrag, Konstanz: UVK-Medien

Ferguson, Marjorie/Peter Golding (1997) (eds.): Cultural Studies in Question, London: Routledge

Fiddick, Peter (1993): Monitoring the media, in: British Journalism Review (2): 44-48

Foer, Franklin (2000): The Wayward Critic. Howard Kurtz and the decline of media criticism, in: The new republic vom 15.5.2000

Fornet-Betancourt, Raul/Celina A. Mendoza (1987) (Hg.): Ethik in Deutschland und Lateinamerika heute. Akte der Ersten Germano-Iberoamerikanischen Ethik-Tage, Bern u.a.: Lang

Forster, J. Fagg (1981): The Effect of Technology on Institutions, in: Journal of Economic Issues (4): 907-913

Fowler, Mark S./Daniel L. Brenner (1982): A marketplace approach to broadcast regulation, in: Texas Law Review (2): 207-257

Franck, Georg (1998): Ökonomie der Aufmerksamkeit: Ein Entwurf, München/Wien: Hanser

Frank, Bernward/Gerhard Maletzke/Karl H. Müller-Sachse (1991) (Hg.): Kultur und Medien. Angebote - Interessen - Verhalten. Eine Studie der ARD/ZDF-Medienkommission, Baden-Baden: Nomos

Freeman, Christopher (1982): The Economics of Industrial Innovation, London: Edward Elgar

Freidson, Eliot (1953): Communications Research and the Concept of the Mass, in: American Sociological Review (18): 313-317

Frey, Bruno S. (1990): Ökonomie ist Sozialwissenschaft: Die Anwendung der Ökonomie auf neue Gebiete, München: Vahlen

Frey, Bruno S. (1997): Markt und Motivation. Wie ökonomische Anreize die (Arbeits-)Moral verdrängen, München: Vahlen

Frey, Bruno S./Gebhard Kirchgässner (1994): Demokratische Wirtschaftspolitik, 2. Aufl., München: Vahlen

Frey, Bruno S./Werner W. Pommerehne (1989): Ökonomische Theorie der Politik, Berlin: Springer

Freyermuth, Gundolf S. (1997): A Cyberstar is born. Wie das Kino durch den Computer vom abbildenden Medium zur Bildenden Kunst wird, in: Frankfurter Rundschau vom 19.10.1997

Friedman, David (1996): Hidden Order. The Economics of Everday Life, New York: Harper

Fritz, Angela (1991) (Hg.): Lesen im Medienumfeld, 1. Aufl., Gütersloh: Verlag Bertelsmann-Stiftung

Fuchs-Heinritz, Werner u.a. (1995) (Hg.): Lexikon zur Soziologie, 3. überarb. Aufl., Opladen/ Wiesbaden: Westdeutscher Verlag

Funiok, Rüdiger (1996) (Hg.): Grundfragen der Kommunikationsethik, Konstanz: UVK-Medien

Funiok, Rüdiger (1996): Grundfragen einer Publikumsethik, in: Rüdiger Funiok (Hg.): Grundfragen der Kommunikationsethik, Konstanz, UVK-Medien: 107-122

Funiok, Rüdiger/Udo F. Schmälzle/Christoph H. Werth (1999) (Hg.): Medienethik - die Frage nach Verantwortung, Bonn: Bundeszentrale für politische Bildung

G

Galbraith, John Kenneth (1971): Die moderne Industriegesellschaft, München: Knaur

Garnham, Nicholas (1995): Political Economy and Cultural Studies: Reconciliation or Divorce, in: Critical Studies in Mass Communication: 62-71

Garnham, Nicholas (1995a): Cultural Studies vs. Political Economy - is Anyone else Bored with this Debate - Abolishing the Old Spirit World - reply to Grossberg and Carey, in: Critical Studies in Mass Communication: 95-100

Garnham, Nicholas (1997): Political Economy and the Practice of Cultural Studies, in: Marjorie Ferguson/Peter Golding (eds.): Cultural Studies in Question, London, Routledge: 56-73

Gaustad, Terje (2000): The Economics of Sports Programming, in: Ulla Carlsson (ed.): The 14th Nordic Conference on Media and Communication Research, Göteborg, Nordicom: 101-113

Gebhardt, Winfried/Ronald Hitzler/Michaela Pfadenhauer (2000) (Hg.): Events. Soziologie des Außergewöhnlichen, Opladen: Leske+Budrich

Geiger, Theodor (1950/1951): A Radio Test of Musical Taste, in: Public Opinion Quarterly: 453-460

Geißler, Rainer (1996): Kein Abschied von Klasse und Schicht. Ideologische Gefahren der deutschen Sozialstrukturanalyse, in: Kölner Zeitschrift für Soziologie und Sozialpsychologie (48): 319-338

Gerhards, Jürgen (1994): Politische Öffentlichkeit. Ein system- und akteurstheoretischer Bestimmungsversuch, in: Friedhelm Neidhardt (Hg.): Öffentlichkeit, öffentliche Meinung, soziale Bewegungen, Opladen/Wiesbaden, Westdeutscher Verlag: 77-105

Gerhardt, Volker (1995): Sinn des Lebens, in: Historisches Wörterbuch der Philosophie, Bd. 9, Darmstadt, Wissenschaftliche Buchgesellschaft: 815-824

Giesecke, Hermann (1968) (Hg.): Freizeit und Konsumerziehung. Daten, Meinungen, Analysen, Göttingen: Vandenhoeck & Ruprecht

Giesecke, Michael (1991): Der Buchdruck in der frühen Neuzeit. Eine historische Fallstudie über die Durchsetzung neuer Informations- und Kommunikationstechnologien, Frankfurt a.M.: Suhrkamp

Gore, Albert (1994): Speech before the International Telecommunications Union, Buenos Aires (Argentina), in: www.seflin.org/nii/cc.11.html vom 21.3.1994

Gosepath, Stefan (1999) (Hg.): Motive, Gründe, Zwecke, Frankfurt a.M.: Fischer

Göttlich, Udo (1999): „Unterschiede durch Verschieben. Zur Theoriepolitik der Cultural Studies", in: Jan Engelmann (Hg.): Die kleinen Unterschiede. Der Cultural Studies Reader, Frankfurt a.M., Campus: 49-63

Göttlich, Udo (1999a): „Die Wahrnehmung der Cultural Studies. Cultural Studies zwischen hilfswissenschaftlicher Vereinnahmung und radikaler Kontextualität", in: Sociologia Internationalis (2): 189-219

Göttlich, Udo (2001): Fernsehproduktion, factual entertainment und Eventisierung. Aspekte der Verschränkung von Fernsehproduktion und Alltagsdarstellung, in: Montage/AV (1): 71-90

Göttlich, Udo/Carsten Winter (1999): „Wessen Cultural Studies?", in: Roger Bromley/Udo Göttlich/Carsten Winter (Hg.): Cultural Studies. Grundlagentexte zur Einführung, Lüneburg, zu Klampen: 25-39

Göttlich, Udo/Jörg-Uwe Nieland (1998): Daily Soaps als Umfeld von Marken, Moden und Trends. Von Seifenopern zu Lifestyle-Inszenierungen, in: Michael Jäckel (Hg.): Die umworbene Gesellschaft, Opladen/Wiesbaden, Westdeutscher Verlag: 179-208

Göttlich, Udo/Lothar Mikos/Rainer Winter (2001) (Hg.): Die Werkzeugkiste der Cultural Studies: Perspektiven, Anschlüsse und Interventionen, Bielefeld: transcript

Grossberg, Lawrence (1994): Cultural Studies. Was besagt ein Name? in: IKUS Lectures (17-18): 11-40

Grossberg, Lawrence (1995): Cultural Studies vs. Political Economy: Is Anybody else bored with this Debate?, in: Critical Studies in Mass Communication: 72-81

Grossberg, Lawrence (1996): On Postmodernism and Articulation: an Interview with Stuart Hall, in: David Morley/Kuan-Hsing Chen (eds.): Stuart Hall. Critical Dialogues in Cultural Studies, London/New York, Routledge: 131-150

Grossberg, Lawrence (1999): Zur Verortung der Populärkultur, in: Roger Bromley/Udo Göttlich/Carsten Winter (Hg.): Cultural Studies. Grundlagentexte zur Einführung, Lüneburg, zu Klampen: 215-236

Große Holtforth, Dominik (2000): Medien, Aufmerksamkeit und politischer Wettbewerb, Berlin: Vistas

Groth, Otto (1928-1930): Die Zeitung. Ein System der Zeitungskunde (Journalistik), 4 Bde., Mannheim/Berlin/Leipzig: Bensheimer

Groth, Otto (1948): Die Geschichte der deutschen Zeitungswissenschaft. Probleme und Methoden, München: Weinmayer

Gryspeerdt, Axel (1974): Sociologie des intérêts culturels: Analyse de constellations culturelles, Bruxelles: Editions Vie Ouvrière

Günther, Eberhard (1968): Schlussbericht von der Kommissionsuntersuchung der Gefährdung der wirtschaftlichen Existenz von Presseunternehmen ... Pressekommission, Bonn: Deutscher Bundestag, 5. Wahlperiode (Drucksache V/3122 vom 3. Juli 1968)

H

Habermas, Jürgen (1968): Soziologische Notizen zum Verhältnis von Arbeit und Freizeit, in: Hermann Giesecke (Hg.): Freizeit und Konsumerziehung. Daten, Meinungen, Analysen, Göttingen, Vandenhoeck & Ruprecht: 105-122

Habermas, Jürgen (1990): Strukturwandel der Öffentlichkeit. Untersuchungen zu einer Kategorie der bürgerlichen Gesellschaft, um ein Vorwort ergänzte Neuaufl., Frankfurt a.M.: Suhrkamp

Haferkamp, Hans (1990) (Hg.): Sozialstruktur und Kultur, Frankfurt a.M.: Suhrkamp

Hagelweide, Gert (1985): Literatur zur deutschsprachigen Presse. Eine Bibliographie, Bd. 1 ff., München: Saur

Hagemann, Walter (1955): Wieviel Zeitungen gibt es in Deutschland?, in: Gazette: 103-106

Hagemann, Walter (1957): Dankt die Presse ab?, München: Isar

Hagemann, Walter (1966): Grundzüge der Publizistik. Als eine Einführung in die Lehre von der sozialen Kommunikation, neu herausgeg. von Henk Prakke, Münster: Regensberg

Hall, Stuart (1997) (ed.): Representation: Cultural Representations and Signifying Practices, London u.a.: Sage

Hall, Stuart (1999): Cultural Studies. Zwei Paradigmen, in: Roger Bromley/Udo Göttlich/Carsten Winter (Hg.): Cultural Studies. Grundlagentexte zur Einführung, Lüneburg, zu Klampen: 113-138

Hall, Stuart/Paul du Gay (1997) (eds.): Questions of Cultural Identity, London u.a.: Sage

Haller, Michael (1983): Recherchieren. Ein Handbuch für Journalisten, München: Ölschläger

Haller, Michael (2000): Die zwei Kulturen. Journalismustheorie und journalistische Praxis, in: Martin Löffelholz (Hg.): Theorien des Journalismus. Ein diskursives Handbuch, Opladen/Wiesbaden, Westdeutscher Verlag: 101-122

Hamm, Ingrid (1996) (Hg.): Verantwortung im freien Medienmarkt. Internationale Perspektiven zur Wahrung professioneller Standards, Gütersloh: Verlag Bertelsmann-Stiftung

Hans-Bredow-Institut (2000) (Hg.): Internationales Handbuch für Hörfunk und Fernsehen 2000/2001, Baden-Baden: Hans-Bredow-Institut

Hartley, John (1992): The Politics of Pictures, London/New York: Routledge

Hartmann, Frank (2000): Medienphilosophie, Wien: WUV

Harwood, Richard (1999): Mencken Is Probably Snoring in His Grave, in: International Herald Tribune vom 15.8.1996

Hasebrink, Uwe/Friedrich Krotz (1996) (Hg.): Die Zuschauer als Fernsehregisseure? Zum Verständnis individueller Nutzungs- und Rezeptionsmuster, Baden-Baden/Hamburg: Nomos

Heinrich, Herbert (1991): Deutsche Medienpolitik, Nauheim: Koch

Heinrich, Jürgen (1994): Medienökonomie, Bd. 1: Mediensystem, Zeitung, Zeitschrift, Anzeigenblatt, Opladen/Wiesbaden: Westdeutscher Verlag

Heinrich, Jürgen (1999): Medienökonomie, Bd. 2: Hörfunk und Fernsehen, Opladen/Wiesbaden: Westdeutscher Verlag

Hennen, Manfred/Elisabeth Springer (1996): Handlungstheorien - Überblick, in: Ulrich Druwe/Volker Kunz (Hg.): Handlungs- und Entscheidungstheorien in der Politikwissenschaft. Eine Einführung in Konzepte und Forschungsstand, Opladen, Leske+Budrich: 12-41

Hennen, Manfred/Thomas Rein (1994): Bindung und Motivation als implizite Annahmen der ‚Rational Choice'-Theorie, in: Ulrich Druwe/Volker Kunz (Hg.): Rational Choice in der Politikwissenschaft. Grundlagen und Anwendungen, Opladen, Leske+Budrich: 206-242

Herder-Dorneich, Philipp (1980): Gesundheitsökonomik im Gesundheitswesen, Stuttgart: Enke

Herger, Nikodemus (1996): Private Kunstförderung: Die private Kunstförderung als öffentlich-relevantes Wirkungsfeld. Eine Befragung von Künstlerinnen, Künstlern und Kunstinstitutionen. Diskussionspunkt 32, Zürich: Seminar für Publizistikwissenschaft der Universität Zürich

Heuser, Joachim (1994): Zeitungswissenschaft als Standespolitik. Martin Mohr und das „Deutsche Institut für Zeitungskunde" in Berlin, Münster: Lit

Heuß, Ernst (1965): Allgemeine Markttheorie, Zürich/Tübingen: J.C.B. Mohr

Hickethier, Knut (1998): Produzenten und Vermittler von Medienkultur - am Beispiel des Fernsehspiels, in: Ulrich Saxer (Hg.): Medien- und Kulturkommunikation (Publizistik Sonderheft 2), Opladen/Wiesbaden, Westdeutscher Verlag: 141-159

Hinterberger, Friedrich (1996): Hayek, Selbstorganisation und Evolution. Theoretische Überlegungen und politische Schlussfolgerungen, in: Birger P. Priddat/Gerhard Wegner (Hg.): Zwischen Evolution und Institution. Neue Ansätze in der ökonomischen Theorie, Marburg, Metropolis-Verlag: 245-270

Hirschman, Albert O. (1974): Abwanderung und Widerspruch, Tübingen: J.C.B. Mohr

Historisches Wörterbuch der Philosophie (1995): Bd. 9, Darmstadt: Wissenschaftliche Buchgesellschaft

Hoffmann, Burkhard (1973): Zum Problem der Entwicklung einer materialistischen Kommunikationstheorie, in: Jörg Aufermann (Hg.): Gesellschaftliche Kommunikation und Information. Forschungsrichtungen und Problemstellungen, Frankfurt a.M., Athenäum Fischer: 190-206

Hoffmann-Riem, Wolfgang (1989): Kommentar zu Art. 5 Abs. 1,2 GG, in: Rudolf Wassermann (Hg.): Kommentar zum Grundgesetz für die Bundesrepublik Deutschland, Reihe Alternativkommentare, Bd. 1, 2. Aufl., Neuwied u.a., Luchterhand: 408-533

Hoffmann-Riem, Wolfgang (2000): Regulierung der dualen Rundfunkordnung, Baden-Baden: Nomos

Hoffmann-Riem, Wolfgang/Heide Simonis (1995) (Hg.): Chancen, Risiken und Regelungsbedarf im Übergang zum Multi-Media-Zeitalter, Dokumentation zum Medienworkshop vom 21.8.1995, Kiel: Hans-Bredow-Institut für Rundfunk und Fernsehen

Hoggart, Richard (1999): Die wirkliche Welt der Leute. Beispiele aus der populären Kunst (1957), in: Roger Bromley/Udo Göttlich/Carsten Winter (Hg.): Cultural Studies. Grundlagentexte zur Einführung, Lüneburg, zu Klampen: 43-56

Hollifield, C. Ann/Gerald M. Kosicki/Lee B. Becker (2001): Organizational vs. professional culture in the newsroom: Television news directors' and newspaper editors' hiring decisions, in: Journal of Broadcasting & Electronic Media (1): 92-117

Hollifield, C. Ann/Rohan Samarajiva (1994): Changing discourses in U.S. international information-communication policy: From free-flow to competitive advantage?, in: Gazette: 121-143

Homann, Karl (1995): Ethik und Ökonomie, in: Ekkehard Kappler/Tobias Scheytt (Hg.): Unternehmensführung - Wirtschaftsethik - Gesellschaftliche Evolution. Annäherungen an eine verantwortungsbewußte Führungspraxis, Gütersloh, Verlag Bertelsmann-Stiftung: 177-200

Homans, George Caspar (1968): Elementarformen sozialen Verhaltens, Köln: Westdeutscher Verlag

Hömberg, Walter/Heinz Pürer (1996) (Hg.): Medien-Transformation. Zehn Jahre dualer Rundfunk in Deutschland, Konstanz: UVK-Medien

Horwitz, Robert (1989): The irony of regulatory reform, New York: Oxford University Press

Hotz-Hart, Beat/Andreas Reuter/Patrick Vock (2001): Innovationen: Wirtschaft und Politik im globalen Wettbewerb, Bern u.a.: Lang

Hotz-Hart, Beat/Carsten Küchler (1999): Wissen als Chance. Globalisierung als Herausforderung für die Schweiz, Wien/Zürich: Ruegger

I

Imhof, Kurt u.a. (im Druck) (Hg.): Integration und Medien, Wiesbaden: Westdeutscher Verlag

Institut für Publizistik an der Freien Universität Berlin (1954): Die deutsche Presse. Zeitungen und Zeitschriften, Berlin: Duncker & Humblot

J

Jäckel, Michael (1992): Mediennutzung als Niedrigkostensituation. Anmerkungen zum Nutzen- und Belohnungsansatz, in: Medienpsychologie (4): 246-266

Jäckel, Michael (1996): Was machen die Menschen mit den Medien?, in: Michael Jäckel/Peter Winterhoff-Spurk (Hg.): Mediale Klassengesellschaft? Politische und soziale Folgen der Medienentwicklung, München, Reinhard Fischer: 149-175

Jäckel, Michael (1996a): Wahlfreiheit in der Fernsehnutzung. Eine soziologische Analyse zur Individualisierung der Massenkommunikation, Opladen/Wiesbaden: Westdeutscher Verlag

Jäckel, Michael (1998) (Hg.): Die umworbene Gesellschaft, Opladen/Wiesbaden: Westdeutscher Verlag

Jäckel, Michael/Jan D. Reinhardt (2001): Über welche Brücke muss man gehen? Die Mehr-Ebenen-Analyse und ihre Relevanz für die Rezeptionsforschung, in: Patrick Rössler/Uwe Hasebrink/Michael Jäckel (Hg.): Theoretische Perspektiven der Rezeptionsforschung, München, Reinhard Fischer: 35-58

Jäckel, Michael/Peter Winterhoff-Spurk (1996) (Hg.): Mediale Klassengesellschaft? Politische und soziale Folgen der Medienentwicklung, München: Reinhard Fischer

Jacobi, Reinhold (2001) (Hg.): Medien Markt Moral. Vom ganz wirklichen, fiktiven und virtuellen Leben, Freiburg/Basel/Wien: Herder

Jarren, Otfried (1988): Medienkritik und medienbezogene Berichterstattung in Tageszeitungen. Ursachen und Begründungen für ein Defizit, in: Bundeszentrale für Politische Bildung, Schriftenreihe 261: Medienkritik im Blickpunkt. Plädoyer für eine engagierte Programmkritik, Bonn: 90-112

Jarren, Otfried (1998): Medienpolitische Kommunikation, in: Otfried Jarren/Ulrich Sarcinelli/Ulrich Saxer (Hg.): Politische Kommunikation in der demokratischen Gesellschaft, Opladen/Wiesbaden, Westdeutscher Verlag: 616-629

Jarren, Otfried/Hartmut Wessler (2001) (Hg.): Journalismus - Medien - Öffentlichkeit: Kommunikationswissenschaft für Medienpraktiker, Opladen/Wiesbaden: Westdeutscher Verlag

Jarren, Otfried/Klaus-Dieter Altmeppen/Wolfgang Schulz (1993): Parteiintern - Medien und innerparteiliche Entscheidungsprozesse, in: Wolfgang Donsbach/Otfried Jarren/Hans Mathias Kepplinger u.a. (Hg.): Beziehungsspiele - Medien und Politik in der öffentlichen Diskussion, Gütersloh, Verlag Bertelsmann-Stiftung: 111-157

Jarren, Otfried/Ulrich Sarcinelli/Ulrich Saxer (1998) (Hg.): Politische Kommunikation in der demokratischen Gesellschaft, Opladen/Wiesbaden: Westdeutscher Verlag

Jarren, Otfried/Werner A. Meier (2001): Ökonomisierung und Kommerzialisierung von Medien und Mediensystemen, einleitende Bemerkungen zu einer (notwendigen) Debatte, in: Otfried Jarren/Werner A. Meier (Hg.): Ökonomisierung der Medienindustrie: Ursachen, Formen und Folgen. Themenheft Medien & Kommunikationswissenschaft, Baden-Baden, Nomos: 145-158

Jarren, Otfried/Wolfgang Schulz (1999): Rundfunkaufsicht zwischen Gemeinwohlsicherung und Wirtschaftsförderung, in: Dietrich Schwarzkopf (Hg.): Rundfunkpolitik in Deutschland, München, Deutscher Taschenbuchverlag: 117-148

Jenöffi-Lochau, Marek (1997): Medien, Propaganda und Public Relations, Opladen/Wiesbaden: Westdeutscher Verlag

Jewkes, John/David Sawer/Richard Stillerman (1969): The Sources of Innovation, London: Macmillan

Johnson, Richard (1986/1987): „What is Cultural Studies anyway?", in: Social Text: 38-80

Johnson, Richard (1999): „Was sind eigentlich Cultural Studies?", in: Roger Bromley/Udo Göttlich/Carsten Winter (Hg.): Cultural Studies. Grundlagentexte zur Einführung, Lüneburg, zu Klampen: 139-188

Jüngling, Thomas/Hartmut Schultz (2000) (Hg.): Medienjournalismus und Medien-PR. Systematische Grundlagen und Beiträge aus der Praxis, Berlin: Vistas

Junker, Louis J. (1983): The Conflict Between the Scientific-Technical Progress and Maliguant Ceremonialism, in: American Journal of Economics and Sociology: 341-352

| K

Kaase, Max/Winfried Schulz (1989) (Hg.): Massenkommunikation. Theorien, Methoden, Befunde, Opladen/Wiesbaden: Westdeutscher Verlag

Kappler, Ekkehard/Tobias Scheytt (1995) (Hg.): Unternehmensführung - Wirtschaftsethik - Gesellschaftliche Evolution. Annäherungen an eine verantwortungsbewußte Führungspraxis, Gütersloh: Verlag Bertelsmann-Stiftung

Karmasin, Helene/Matthias Karmasin (1997): Cultural Theory. Ein neuer Ansatz für Kommunikation, Marketing und Management, Wien: Linde

Karmasin, Matthias (1993): Das Oligopol der Wahrheit. Medienunternehmen zwischen Ökonomie und Ethik, Wien u.a.: Böhlau

Karmasin, Matthias (1996): Ethik als Gewinn. Zur ethischen Rekonstruktion der Ökonomie: Konzepte und Analysen von Wirtschafts-, Unternehmens- und Führungsethik, Wien: Linde

Karmasin, Matthias (1998): Medienökonomie als Theorie (massen-)medialer Kommunikation. Kommunikationsökonomie und Stakeholder-Theorie, Graz: Nausner & Nausner

Käsler, Dirk (1999) (Hg.): Klassiker der Soziologie 2, München: Beck

Katona, George (1962): Die Macht des Verbrauchers, Düsseldorf/Wien: Econ

Katz, Elihu et al. (1974): Utilization of Mass Communication by the Individual, in: Jay G. Blumler/Elihu Katz (eds.): The Uses of Mass Communications. Current Perspectives on Gratifications Research, Beverly Hills/London, Sage: 19-32

Katz, Elihu/David Foulkes (1962): On the Use of Mass Media as ‚Escape': Clarification of a Concept, in: Public Opinion Quarterly (26): 377-388

Keppler, Angela (1994): Wirklicher als die Wirklichkeit? Das neue Realitätsprinzip der Fernsehunterhaltung, Frankfurt a.M.: Fischer

Kepplinger, Hans Mathias (1993): Kritik am Beruf - Zur Rolle der Kollegenkritik im Journalismus, in: Walter A. Mahle (Hg.): Journalisten in Deutschland. Nationale und internationale Vergleiche und Perspektiven, München, Teubner: 161-182

Kerschbaumer, Ken (2001): Special report: Bigger than ever, in: Broadcasting & Cable: 30

Kiefer, Marie Luise (1989): Medienkomplementarität und Medienkonkurrenz. Notizen zum weitgehend ungeklärten ‚Wettbewerbsverhältnis' der Medien, in: Max Kaase/Winfried Schulz (Hg.): Massenkommunikation. Theorien, Methoden, Befunde, Opladen/Wiesbaden, Westdeutscher Verlag: 337-350

Kiefer, Marie Luise (1994): Wettbewerb im dualen Rundfunksystem? Betrachtungen aus wirtschaftswissenschaftlicher Sicht, in: Media Perspektiven (9): 430-437

Kiefer, Marie Luise (1996): Schwindende Chancen für anspruchsvolle Medien? Langzeitstudie Massenkommunikation: Generationenspezifisch veränderte Mediennutzung, in: Media Perspektiven (11): 589-597

Kiefer, Marie Luise (1998): Die ökonomischen Zwangsjacken der Kultur: Wirtschaftliche Bedingungen der Kulturproduktion und -distribution durch Massenmedien, in: Ulrich Saxer (Hg.): Medien- und Kulturkommunkation (Publizistik Sonderheft 2), Opladen/Wiesbaden, Westdeutscher Verlag: 97-114

Kiefer, Marie Luise (1998a): Medienkultur als Nachfrageproblem?, in: Wolfgang Duchkowitsch u.a. (Hg.): Journalismus als Kultur: Analysen und Essays, 1. Aufl., Opladen/Wiesbaden, Westdeutscher Verlag: 227-240

Kiefer, Marie Luise (1999): Das Rundfunkpublikum als Bürger und Kunde, in: Dietrich Schwarzkopf (Hg.): Rundfunkpolitik in Deutschland, Bd. 2, München, Deutscher Taschenbuch-Verlag: 701-744

Kiefer, Marie Luise (2001): Medienökonomik: Einführung in eine ökonomische Theorie der Medien, 1. Aufl., München/Wien: Oldenbourg

Kirchgässner, Gebhard (1991): Homo oeconomicus, Tübingen: J.C.B. Mohr

Kirchgässner, Gebhard (1997): Auf der Suche nach dem Gespenst des Ökonomismus: Einige Bemerkungen über Tausch, Märkte und die Ökonomisierung der Lebensverhältnisse, Manuskript, St. Gallen

Kirchner, Hans Martin (1962): Wirtschaftliche Grundlagen des Zeitschriftenverlages im 19. Jahrhundert, in: Joachim Kirchner (Hg.): Geschichte des deutschen Zeitschriftenwesens, Bd. 2, Wiesbaden, Harrassowitz: 379-476

Kirchner, Joachim (1962) (Hg.): Geschichte des deutschen Zeitschriftenwesens, Bd. 2, Wiesbaden: Harrassowitz

Kirsch, Guy (1993): Neue Politische Ökonomie, 3. Aufl., Düsseldorf: Werner

Kisker, Klaus Peter/Manfred Knoche/Axel Zerdick (1979): Wirtschaftskonjunktur und Pressekonzentration in der Bundesrepublik, München u.a.: Saur

Klaue, Siegfried (1991) (Hg.): Marktwirtschaft in der Medienberichterstattung. Wirtschaftsjournalismus und Journalistenausbildung, Düsseldorf u.a.: Econ

Kleinsteuber, Hans J./Barbara Thomaß (1999): Der deutsche Rundfunk auf internationaler Ebene, in: Dietrich Schwarzkopf (Hg.): Rundfunkpolitik in Deutschland, Bd. 2, München, Deutscher Taschenbuch-Verlag: 1008-1071

Kliment, Tibor (1997): Programmwahl und alltagskulturelle Orientierungen. Zur Tragfähigkeit von Lebensstilanalysen bei der Analyse des Fernsehverhaltens, in: Günter Bentele/Michael Haller (Hg.): Aktuelle Entstehung von Öffentlichkeit. Akteure, Strukturen, Veränderungen, Konstanz, UVK-Medien: 409-427

Klodt, Henning (1995): Grundlagen der Forschungs- und Technologiepolitik, München: Vahlen

Knies, Karl (1857): Der Telegraph als Verkehrsmittel. Mit Erörterungen über den Nachrichtenverkehr überhaupt, Tübingen: Laupp

Knoche, Manfred/Gabriele Siegert (1999) (Hg.): Strukturwandel der Medienwirtschaft im Zeitalter digitaler Kommunikation, München: Reinhard Fischer

Kohring, Matthias (1997): Die Funktion des Wissenschaftsjournalismus - ein systemtheoretischer Entwurf, Opladen/Wiesbaden: Westdeutscher Verlag

Kopper, Gerd G. (1992): Medien- und Kommunikationspolitik der Bundesrepublik Deutschland: ein chronologisches Handbuch 1944 bis 1988, München u.a.: Saur

Kopper, Gerd G. u.a. (1993): Steuerungs- und Wirkungsmodelle, in: Peter A. Bruck (Hg.): Medienmanager Staat: Von den Versuchen des Staates, Medienvielfalt zu ermöglichen. Medienpolitik im internationalen Vergleich, München, Reinhard Fischer: 35-181

Koslowski, Peter (1992) (Hg.): Neuere Entwicklungen in der Wirtschaftsethik und Wirtschaftsphilosophie, Berlin u.a.: Springer

Koszyk, Kurt (1966): Deutsche Presse im 19. Jahrhundert, Berlin: Colloquium

Krämer, Hans (1992): Integrative Ethik, Frankfurt a.M.: Suhrkamp

Kreitling, Holger (1996): Das neue Ressort. Warum ist Medienberichterstattung zum festen Bestandteil bundesdeutscher Printmedien avanciert? Eine qualitative Befragung von Ressortleitern und Redakteuren, unveröff. Magisterarbeit, Freie Universität Berlin

Krug, Hans-Jürgen (2000): Zwischen kulturellem Anspruch und leichter Musik: Perspektiven des Radios in der ARD, in: ARD-Jahrbuch 2000, Hamburg, Hans-Bredow-Institut: 51-60

Krüger, Udo Michael (1999): Stabile Programmstrukturen trotz besonderer Fernsehereignisse: Programmanalyse 1998: ARD, ZDF, RTL, SAT 1 und Pro Sieben im Vergleich, in: Media Perspektiven (7): 322-339

Krüger, Udo Michael/Karl H. Müller-Sachse (1998): Medienjournalismus: Strukturen, Themen, Spannungsfelder, Opladen/Wiesbaden: Westdeutscher Verlag

Kunczik, Michael/Astrid Zipfel (2001): Publizistik. Ein Studienhandbuch, Köln u.a.: Böhlau

L

Labation, Stephen (2001): Court weighs easing limits on big media, in: New York Times vom 8.09.2000

Lange, Bernd-Peter/Peter Seeger (1997) (Hg.): Technisierung der Medien. Strukturwandel und Gestaltungsperspektiven, Baden-Baden: Nomos

Langenbucher, Wolfgang R. (1988) (Hg.): Publizistik- und Kommunikationswissenschaft. Ein Textbuch zur Einführung in ihre Teildisziplinen, 2. Aufl., Wien: Braumüller

Langenbucher, Wolfgang R. (1999): Rundfunk und Gesellschaft, in: Dietrich Schwarzkopf (Hg.): Rundfunkpolitik in Deutschland: Wettbewerb und Öffentlichkeit, Bd. 1, 1. Aufl., München, Deutscher Taschenbuch-Verlag: 149-315

Lazarsfeld, Paul Felix/Frank Stanton (1949) (eds.): Communication Research 1948-1949, New York: Harper

Lenk, Hans (1980) (Hg.): Handlungstheorien interdisziplinär I: Handlungslogik, formale und sprachwissenschaftliche Handlungstheorien, München: Fink

Lerg, Winfried B. (1980): Rundfunkpolitik in der Weimarer Republik, München: Deutscher Taschenbuch-Verlag

Levy, Mark R./Sven Windahl (1985): The Concept of Audience Activity, in: Karl Erik Rosengren et al. (eds.): Media Gratifications Research. Current Perspectives, Beverly Hills, Sage: 109-122

Lindenberg, Siegwart (1990): Rationalität und Kultur, in: Hans Haferkamp (Hg.): Sozialstruktur und Kultur, Frankfurt a.M., Suhrkamp: 249-278

Linke, Thomas (1999): Der Medienjournalist - das unbekannte Wesen, unveröff. Diplomarbeit, Katholischen Universität Eichstätt

Lippmann, Walter (1990): Die öffentliche Meinung (1922), Bochum: Brockmeyer

Lippmann, Walter (1995): Liberty and the News, Nachdruck der Ausgabe von 1920, New Brunswick/London

Löffelholz, Martin (2000) (Hg.): Theorien des Journalismus. Ein diskursives Handbuch, Opladen/Wiesbaden: Westdeutscher Verlag

Lowery, Shearon A./Melvin L. DeFleur (1995): Milestones in Mass Communication Research. Media Effects, 3. ed., White Plains/New York: Longman

Ludwig, Johannes (1998): Zur Ökonomie der Medien: Zwischen Marktversagen und Querfinanzierung, Opladen/Wiesbaden: Westdeutscher Verlag

Luhmann, Niklas (1997): Die Gesellschaft der Gesellschaft, 2 Bde., 1. Aufl., Frankfurt a.M.: Suhrkamp

M

Mahle, Walter A. (1993) (Hg.): Journalisten in Deutschland. Nationale und internationale Vergleiche und Perspektiven, München: Ölschläger

Maier-Rabler, Ursula /Michael Latzer (2001) (Hg.): Kommunikationskulturen zwischen Kontinuität und Wandel. Universelle Netzwerke für die Zivilgesellschaft, Konstanz: UVK-Medien

Maletzke, Gerhard (1963): Psychologie der Massenkommunikation. Theorie und Systematik, Hamburg: Hans-Bredow-Institut

Marci-Boehncke, Gudrun/Renate Müller/Horst Niesyto/Matthias Rath (2002): Medien zwischen Pädagogik und interdisziplinärer Forschung, in: Hartmut Melenk/Karl-Heinz Fingerhut/Matthias Rath/Gerd Schweizer (Hg.): Perspektiven der Lehrerbildung - das Modell Baden-Württemberg. 40 Jahre Pädagogische Hochschulen, Freiburg i. Br., Fillibach Verlag: 132-146

Marcinkowski, Frank (1993): Publizistik als autopoietisches System. Politik und Massenmedien: Eine systemtheoretische Analyse, Opladen/Wiesbaden: Westdeutscher Verlag

Martin, Hugh J. (2001): A study of how a strategy creating clusters of commonly owned newspapers affects prices, quality and profits, Dissertation, Michigan State University

Mast, Claudia (1996) (Hg.): Markt - Macht - Medien: Publizistik zwischen gesellschaftlicher Verantwortung und ökonomischen Zielen (Schriftenreihe der deutschen Gesellschaft für Publizistik- und Kommunikationswissenschaft, Bd. 23), 1. Aufl., Konstanz: UVK-Medien

McGuigan, Jim (1992): Cultural Populism, London/New York: Routledge

McManus, John H. (1994): Market-Driven Journalism: Let the Citizens Beware?, Thousand Oaks u.a.: Sage

McQuail, Denis (1997): Audience Analysis, Thousand Oaks u.a.: Sage

Medienpädagogischer Forschungsverbund Südwest (1998) (Hg.): Zeitenwende? Zukunftsperspektiven der Informationsgesellschaft. Dokumentation einer Fachtagung am 29. April 1998 in Stuttgart, Baden-Baden: Nomos

Mehra, Achal (1986): Free flow of information: A new paradigm, Westport: Greenwood Press

Melenk, Hartmut/Karl-Heinz Fingerhut/Matthias Rath/Gerd Schweizer (2002) (Hg.): Perspektiven der Lehrerbildung - das Modell Baden-Württemberg. 40 Jahre Pädagogische Hochschulen, Freiburg i. Br.: Fillibach Verlag

Mencher, Melvin (1981): Romantics in the Newsroom, in: Columbia Journalism Review: 41-43

Mensch, Kirsten (2000): Niedrigkostensituationen, Hochkostensituationen und andere Situationstypen: Ihre Auswirkungen auf die Möglichkeit von Rational-Choice-Erklärungen, in: Kölner Zeitschrift für Soziologie und Sozialpsychologie (52): 246-263

Merten, Klaus u.a. (1994): Die Wirklichkeit der Medien, Opladen/Wiesbaden: Westdeutscher Verlag

Merton, Robert King (1968): Social Theory and Social Structure, New York: Free Press

Michel, Elmar (1967): Bericht der Kommission zur Untersuchung der Wettbewerbsgleichheit von Presse, Funk/Fernsehen und Film. Deutscher Bundestag, 5. Wahlperiode

Mikos, Lothar/Patricia Feise/Katja Herzog u.a. (2000): Im Auge der Kamera. Das Fernsehereignis Big Brother. Beiträge zur Film und Fernsehwissenschaft, Bd. 55, Berlin: Vistas

Mueller, Milton (2000): Technology and Institutional Innovation: Internet Domain Names, in: International Journal of Communications Law and Policy (1): 1-32

Müller, Hans-Peter (1992): Sozialstruktur und Lebensstile. Der neuere theoretische Diskurs über soziale Ungleichheit, Frankfurt a.M.: Suhrkamp

Müller, Peter (1970): Die soziale Gruppe im Prozeß der Massenkommunikation, Stuttgart: Enke

N

Naschold, Frieder (1970): Systemsteuerung, Stuttgart u.a.: Kohlhammer

Neidhardt, Friedhelm (1994) (Hg.): Öffentlichkeit, öffentliche Meinung, soziale Bewegungen, Opladen/Wiesbaden: Westdeutscher Verlag

Neuman, W. Russell (1991): The Future of the Mass Audience, New York: Cambridge University Press

Newspaper Association of America (1999): Daily Newspaper Readership Trends, in: www.naa.org/ marketscope/databank/tdnpr.htm

Niggemeier, Stefan (2001): Wir über uns, in: Süddeutsche Zeitung vom 6.6.2001

Noelle-Neumann, Elisabeth (1982): Die Schweigespirale. Öffentliche Meinung, unsere soziale Haut, München/Zürich: Piper

Norris, Pippa (2000): A Virtuous Circle: Political Communication in Post-Industrial societies, Cambridge: Cambridge University Press

North, Douglas C. (1992): Institutionen, institutioneller Wandel und Wirtschaftsleistung, Tübingen: J.C.B. Mohr

North, Douglass C. (1988): Theorie des institutionellen Wandels, Tübingen: J.C.B. Mohr

Nossiter, Bernard D. (1985): Licenses to coin money: The F.C.C.'s giveaway show. The Nation 241

O

O'Sullivan, Tim et al. (1994): Key Concepts in Communication and Cultural Studies, London/New York: Routledge

Olson, Mancur (1968): Die Logik des kollektiven Handelns. Kollektivgüter und die Theorie der Gruppen, Tübingen: J.C.B. Mohr

P

Papcke, Sven (1986) (Hg.): Ordnung und Theorie. Beiträge zur Geschichte der Soziologie in Deutschland, Darmstadt: Wissenschaftliche Buchgesellschaft

Parsons, Talcott (1969): Politics and Social Structure, New York: Free Press

Pathania-Jain, Geetika (2001): Global parents, local partners: A value-chain analysis of collaborative strategies of media firms in India, in: Journal of Media Economics (3): 169-187

Paul, H. (1992): Deutsches Wörterbuch, 9. vollst. neu bearb. Aufl. von H. Henne und G. Objartel unter Mitarbeit von H. Kämper-Jensen, Tübingen: Niemeyer

Pew Research Center for the People and the Press (1999): 1999 Journalists Survey, Striking the Balance: Audience Interests, Business Pressures and Journalists' Values

Popper, Karl R. (1994): Logik der Forschung, 10. verb. u. erw. Aufl. (1935), Tübingen: J.C.B. Mohr

Popper, Karl Raimund (1962): Die Logik der Sozialwissenschaften, in: Kölner Zeitschrift für Soziologie und Sozialpsychologie (14): 233-148

Priddat, Birger P./Gerhard Wegner (1996) (Hg.): Zwischen Evolution und Institution. Neue Ansätze in der ökonomischen Theorie, Marburg: Metropolis-Verlag

Prokop, Dieter (1995): Medien-Macht und Massen-Wirkung. Ein geschichtlicher Überblick, Freiburg i. Br.: Rombach

Pszczolowski, Tadeusz (1980): Die praxeologische Theorie der Handlung, in: Hans Lenk (Hg.): Handlungstheorien interdisziplinär I: Handlungslogik, formale und sprachwissenschaftliche Handlungstheorien, München, Fink: 303-321

R

Ramsey, Jackson Eugen (1986): Research and Development, Ann Arbor/Michigan: Umi Research Press

Rath, Matthias (1987): Karl-Otto Apels Transformation der Philosophie und die Ethik der Wissenschaft, in: Raul Fornet-Betancourt/Celina A. Mendoza (Hg.): Ethik in Deutschland und Lateinamerika heute. Akte der Ersten Germano-Iberoamerikanischen Ethik-Tage, Bern u.a., Lang: 61-68

Rath, Matthias (1989): Pechmarie oder Goldmarie - Marketingethik als ökonomisches Kalkül?, in: Die Betriebswirtschaft (49): 122-124

Rath, Matthias (1990): Wirtschaftsethik und Praxeologie, in: Michael Wörz/Paul Dingwerth/Rainer Ohlschläger (Hg.): Moral als Kapital. Perspektiven des Dialogs zwischen Wirtschaft und Ethik, Stuttgart, Akademie der Diözese Rottenburg-Stuttgart: 337-344

Rath, Matthias (1993): Wertorientierung, in: Angela Schorr (Hg.): Handwörterbuch der angewandten Psychologie, Bonn, Deutscher Psychologen Verlag: 725-730

Rath, Matthias (1999): Haben und Nichthaben. Die Wissensgesellschaft auf dem Prüfstand, in: Rheinischer Merkur (2): 28

Rath, Matthias (2000) (Hg.): Medienethik und Medienwirkungsforschung, Opladen/Wiesbaden: Westdeutscher Verlag

Rath, Matthias (2000): Kann denn empirische Forschung Sünde sein? Zum Empiriebedarf der normativen Ethik, in: Matthias Rath (Hg.): Medienethik und Medienwirkungsforschung, Opladen/Wiesbaden, Westdeutscher Verlag: 63-87

Reimer, Bo (1994): The Most Common of Practices. Media Use in Late Modernity, Stockholm: Almqvist and Wiksell International

Reimers, Ulrich (1999): Rundfunkpolitik und Technik, in: Dietrich Schwarzkopf (Hg.): Rundfunkpolitik in Deutschland, Bd. 1, München, Deutscher Taschenbuch-Verlag: 550-613

Reinhardt, Jan D./Michael Jäckel (2002): Zurechnungsmodelle und Themenrepertoires. Gedanken zur Integrationsleistung von Massenmedien in der Moderne, in: Kurt Imhof/Otfried Jarren/Roger Blum (Hg.): Integration und Medien, Wiesbaden, Westdeutscher Verlag: 77-92

Reuter, Norbert (1994): Institutionalismus, Neo-Institutionalismus, Neue Institutionelle Ökonomie und andere „Institutionalismen". Eine Differenzierung konträrer Konzepte, in: Zeitschrift für Wirtschafts- und Sozialwissenschaften: 5-23

Reuter, Norbert (1996): Zur Bedeutung von Institutionen für die ökonomische Theorie, zugleich ein Beitrag zum Verständnis evolutionärer Theorieentwicklung, in: Birger P. Priddat/Gerhard Wegner (Hg.): Zwischen Evolution und Institution. Neue Ansätze in der ökonomischen Theorie, Marburg, Metropolis-Verlag: 113-144

Roloff, Michael E./Gaylen D. Paulson (eds.): Communication Yearbook 21, Thousand Oaks u.a.: Sage

Romer, Paul M. (1994): The Origins of Endogenous Growth, in: Journal of Economic Perspectives (1): 3-22

Rosengren, Karl Erik (1996): Inhaltliche Theorien und formale Modelle in der Forschung über individuelle Mediennutzung, in: Uwe Hasebrink/Friedrich Krotz (Hg.): Die Zuschauer als Fernsehregisseure? Zum Verständnis individueller Nutzungs- und Rezeptionsmuster, Baden-Baden/Hamburg, Nomos: 13-36

Rosengren, Karl Erik et al. (1985) (eds.): Media Gratifications Research. Current Perspectives, Beverly Hills: Sage

Rössler, Patrick/Uwe Hasebrink/Michael Jäckel (2001) (Hg.): Theoretische Perspektiven der Rezeptionsforschung, München: Reinhard Fischer

Röttgers, Kurt (2000): Wirtschaftsphilosophie in Forschung und Weiterbildung. Vortrag gehalten auf den Tagen der Forschung 1998 am 3. Juni 1998, Hagen: FernUniversität

Rowley, Charles K. (1993) (ed.): Public Choice Theory, Vol. I-III, Aldershot: Bookfield

Rowley, Charles K. (1993a) (ed.): Public Choice Theory, Vol. I: Homo Economicus in the Political Market Place, Aldershot: Bookfield

Rowley, Charles K. (1993b) (ed.): Public Choice Theory, Vol. II: The Characteristics of Political Equilibrium, Aldershot: Bookfield

Rowley, Charles K. (1993c) (ed.): Public Choice Theory, Vol. III: The Separation of Powers and Constitutional Political Economy, Aldershot: Bookfield

Ruß-Mohl, Stephan (1986): Hochschulgebundene Journalistenausbildung. Von der Problemverstaatlichung zur Problemlösung?, in: Publizistik (1): 5-22

Ruß-Mohl, Stephan (1991): Vom investigativen Unternehmer und vom Journalisten als Entrepreneur. Zum Ausklang: Bemerkungen über Wirtschaftsjournalismus und Wirtschaftsjournalistenausbildung, in: Siegfried Klaue (Hg.): Marktwirtschaft in der Medienberichterstattung. Wirtschaftsjournalismus und Journalistenausbildung, Düsseldorf u.a., Econ: 137-150

Ruß-Mohl, Stephan (1994): Der I-Faktor: Qualitätssicherung im amerikanischen Journalismus - Modell für Europa?, Zürich/Osnabrück: Edition Interfrom

Ruß-Mohl, Stephan/Susanne Fengler (2000) (Hg.): Medien auf der Bühne der Medien. Zur Zukunft von Medienjournalismus und Medien-PR, Berlin: Dahlem University Press

Ryan, Michael (1978): How Educators, Editors View Aspects of J School's Role in Press Criticism, in: Journalism Quarterly (2): 295-300

S

Samuelson, Paul A./William D. Nordhaus (1998): Volkswirtschaftslehre, Übersetzung der 15. Aufl., Wien/Frankfurt a.M.: Überreuter

Saxer, Ulrich (1981): Kulturförderung durch die Rundfunkanstalten. Der öffentlich-rechtliche Rundfunk als Kunstmäzen, in: Media Perspektiven (11): 758-767

Saxer, Ulrich (1991): Lese(r)forschung - Lese(r)förderung, in: Angela Fritz (Hg.): Lesen im Medienumfeld, 1. Aufl., Gütersloh, Verlag Bertelsmann-Stiftung: 99-124

Saxer, Ulrich (1995): Kunstberichterstattung: Analyse einer publizistischen Struktur, Diskussionspunkt 29, Zürich: Seminar für Publizistikwissenschaft

Saxer, Ulrich (1996): Medientransformation - Bilanz nach einem Jahrzehnt dualer Rundfunk in Deutschland, in: Walter Hömberg/Heinz Pürer (Hg.): Medien-Transformation. Zehn Jahre dualer Rundfunk in Deutschland, Konstanz, UVK-Medien: 19-44

Saxer, Ulrich (1997): Medien als problemschaffende und problemlösende Systeme: Zur Notwendigkeit der Annäherung der Medienforschung an ihren Gegenstand, in: Publizistik (1): 73-82

Saxer, Ulrich (1998) (Hg.): Medien- und Kulturkommunikation (Publizistik Sonderheft 2)

Saxer, Ulrich (1998): Kulturförderung durch die Rundfunkanstalten: Der öffentlich-rechtliche Rundfunk als Kunstmäzen, in: Media Perspektiven (11): 753-767

Schäfer, Hans-Bernd/Claus Ott (1986): Lehrbuch der ökonomischen Analyse des Zivilrechts, Berlin u.a.: Springer

Schäffle, Albert (1875): Bau und Leben des sozialen Körpers, Bd. 1, Tübingen: Laupp

Schatz, Heribert (1996) (Hg.): Fernsehen als Objekt und Moment des sozialen Wandels: Fakten und Folgen der aktuellen Veränderungen des Fernsehens, 1. Aufl., Opladen/Wiesbaden: Westdeutscher Verlag

Schatz, Heribert (1996a): Zusammenfassung der Ergebnisse und Schlussfolgerungen für die Theoriebildung und die weitere Forschung, in: Heribert Schatz (Hg.): Fernsehen als Objekt und Moment des sozialen Wandels: Fakten und Folgen der aktuellen Veränderungen des Fernsehens, 1. Aufl., Opladen/Wiesbaden, Westdeutscher Verlag: 371-382

Schatz, Heribert/Otfried Jarren/Bettina Knaup (1997) (Hg.): Machtkonzentration in der Multimediagesellschaft?, Opladen/Wiesbaden: Westdeutscher Verlag

Schenk, Michael/Joachim Donnerstag (1989) (Hg.): Medienökonomie. Einführung in die Ökonomie der Informations- und Mediensysteme, München: Reinhard Fischer

Scherer, Frederic M. (1984): Innovation and Growth: Schumpeterian Perspectives, Cambridge (USA): MIT Press

Schimank, Uwe (2000): Handeln und Strukturen. Einführung in die akteurtheoretische Soziologie, Weinheim/München: Juventa

Schmid, Ulrich/Herbert Kubicek (1994): Von den „alten" Medien lernen. Organisatorischer und institutioneller Gestaltungsbedarf interaktiver Medien, in: Media Perspektiven (8): 401-408

Schmid-Kunz, Johannes (1995): Volksmusik im Fernsehen: Ein Diskussionsbeitrag zur medialen Verarbeitung von Volkskultur, Lizentiatsarbeit an der Philosophischen Fakultät I der Universität Zürich, Manuskript, Nänikon/Zürich

Schmidt, Siegfried J. (1999): Konstruktivismus in der Medien- und Kommunikationswissenschaft, Frankfurt a.M.: Suhrkamp

Schneider, Volker (1999): Staat und technische Kommunikation. Die politische Entwicklung der Telekommunikation in den USA, Japan, Großbritannien, Deutschland, Frankreich und Italien, Opladen/Wiesbaden: Westdeutscher Verlag

Scholl, Armin/Siegfried Weischenberg (1998): Journalismus in der Gesellschaft. Theorie, Methodologie und Empirie, Opladen/Wiesbaden: Westdeutscher Verlag

Schöller, Oliver (2001): „Geistige Orientierung" der Bertelsmann-Stiftung. Beiträge einer deutschen Denkfabrik zur gesellschaftlichen Konstruktion der Wirklichkeit, in: Prokla (1): 123-143

Schönbach, Klaus (1998): Das hyperaktive Publikum. Essay über eine Illusion, in: Medienpädagogischer Forschungsverbund Südwest (Hg.): Zeitenwende? Zukunftsperspektiven der Informationsgesellschaft. Dokumentation einer Fachtagung am 29. April 1998 in Stuttgart, Baden-Baden, Nomos: 11-18

Schönbach, Klaus et al. (1999): Distinction and Integration. Sociodemographic Determinants of Newspaper Reading in the USA and Germany, 1974-1996, in: European Journal of Communication (14): 225-239

Schorr, Angela (1993) (Hg.): Handwörterbuch der angewandten Psychologie, Bonn: Deutscher Psychologen Verlag

Schulz, Wolfgang (1997): Regulierung von Medien- und Telediensten, Köln: Institut für Rundfunkökonomie

Schumpeter, Joseph (1997): Theorie der wirtschaftlichen Entwicklung, 9. Aufl., unveränd. Nachdruck der 1934 erschienenen 4. Aufl., Berlin: Duncker & Humblot

Schüßler, Rudolf (1988): Der homo oeconomicus als skeptische Fiktion, in: Kölner Zeitschrift für Soziologie und Sozialpsychologie (3): 447-463

Schütz, Walter J. (1956): Deutsche Tagespresse in Tatsachen und Zahlen, in: Publizistik: 31-48

Schütz, Walter J. (1999) (Hg.): Medienpolitik: Dokumentation der Kommunikationspolitik in der Bundesrepublik Deutschland von 1945-1990, Konstanz: UVK-Medien

Schwarzkopf, Dietrich (1998): Die „kulturelle" Verantwortung des öffentlich-rechtlichen Rundfunks, in: Wolfgang Duchkowitsch u.a. (Hg.): Journalismus als Kultur: Analysen und Essays, 1. Aufl., Opladen/Wiesbaden, Westdeutscher Verlag: 241-252

Schwarzkopf, Dietrich (1999) (Hg.): Rundfunkpolitik in Deutschland: Wettbewerb und Öffentlichkeit, Bd. 1, 1. Aufl., München: Deutscher Taschenbuch-Verlag

Seeger, Peter (1997): Technisierung audiovisueller Medien und veränderte Strukturbedingungen für das Massenmedium Fernsehen, in: Bernd-Peter Lange/Peter Seeger (Hg.): Technisierung der Medien. Strukturwandel und Gestaltungsperspektiven, Baden-Baden, Nomos: 39-202

Seeger, Peter (1999): Technisierung der Medien und ökonomischer Strukturwandel, in: Manfred Knoche/Gabriele Siegert (Hg.): Strukturwandel der Medienwirtschaft im Zeitalter digitaler Kommunikation, München, Reinhard Fischer: 195-217

Seifert, Eberhard K./Birger P. Priddat (1997) (Hg.): Neuorientierungen in der ökonomischen Theorie, Marburg: Metropolis-Verlag

Sen, Amartya K. (1999): Rationale Trottel: Eine Kritik der behavioristischen Grundlagen der Wirtschaftstheorie, in: Stefan Gosepath (Hg.): Motive, Gründe, Zwecke, Frankfurt a.M., Fischer: 76-102

Sherman, Barry L. (1995): Telecommunications management: Broadcasting/cable and the new technologies, 2. ed., New York: McGraw-Hill

Siegert, Gabriele (1996): Die Beziehung zwischen Medien und Ökonomie als systemtheoretisches Problem, in: Claudia Mast (Hg.): Markt - Macht - Medien: Publizistik zwischen gesellschaftlicher Verantwortung und ökonomischen Zielen (Schriftenreihe der deutschen Gesellschaft für Publizistik- und Kommunikationswissenschaft, Bd. 23), 1. Aufl., Konstanz, UVK-Medien: 43-55

Skut, Aneta (2001): Medienjournalismus in Großbritannien - eine Kommunikatorbefragung, unveröff. Magisterarbeit, Freie Universität Berlin

Smith, Anthony D. (1991): The age of behemoths: The globalization of mass media firms, New York: Priority Press

Spiess, Volker (1969): Verzeichnis deutschsprachiger Hochschulschriften zur Publizistik 1885-1967, Berlin: Spiess

Stöber, Rudolf (2000): Deutsche Pressegeschichte, Konstanz: UVK-Medien

Straubhaar, Joseph (1991): Beyond media imperialism: Asymmetrical interdependence and cultural proximity, in: Critical Studies in Mass Communication (4): 1-11

Stuiber, Heinz-Werner (1998): Medien in Deutschland, Bd. 2: Rundfunk, Konstanz: UVK-Medien

Surányi-Unger, Theo (1967): Wirtschaftsphilosophie des 20. Jahrhunderts, Stuttgart: G. Fischer

T

Theis-Berglmair, Anna M. (1997): Das demokratische Element der Ungewissheit, in: Heribert Schatz/Otfried Jarren/Bettina Knaup (Hg.): Machtkonzentration in der Multimediagesellschaft?, Opladen/Wiesbaden, Westdeutscher Verlag: 25-33

Thomsen, Frank (1997): Erfahrungen aus der Praxis des Medienjournalismus, in: Hartmut Weßler u.a. (Hg.): Perspektiven der Medienkritik, Opladen/Wiesbaden, Westdeutscher Verlag: 141-146

Traub, Hans (1933): Grundbegriffe des Zeitungswesens. Kritische Einführung in die Methode der Zeitungswissenschaft, Stuttgart: Schäffer-Poeschel

Trepte, Sabine/Eva Baumann/Kai Borges (2000): „Big Brother": Unterschiedliche Nutzungsmotive des Fernseh- und Webangebots, in: Media Perspektiven (12): 550-561

U

U.S. Census Bureau (1994): Statistical abstract of the United States, 114. ed., Washington: U.S. Government Printing Office

U.S. Census Bureau (1998): Statistical abstract of the United States, 118. ed., Washington: U.S. Government Printing Office

U.S. Census Bureau (2000): Statistical abstract of the United States, 120. ed., Washington: U.S. Government Printing Office

Ulmer, Roland (1999): Die Preisbindung des Buches, in: Rainer Diederichs/Ulrich Saxer/Werner Stocker (Hg.): Buchbranche im Wandel. Zum 150-jährigen Bestehen des Schweizerischen Buchhändler- und Verleger-Verbandes, 1. Aufl., Zürich, Orell Füssli: 161-173

Usher, Abbott Payson (1962): A History of Mechanical Inventions, 2. ed., Cambridge (USA): Harvard University Press

V

van Aaken, Anne (1992): Eine ökonomische Theorie der öffentlichen Meinung, Freiburg: Universitätsverlag

Vowe, Gerhard (1999): Medienpolitik zwischen Freiheit, Gleichheit und Sicherheit, in: Publizistik (4): 395-415

W

Waltermann, Jens/Marcel Machill (2000) (Hg.): Protecting Our Children on the Internet. Towards a New Culture of Responsibility, Gütersloh: Verlag Bertelsmann-Stiftung

Wassermann, Rudolf (1989) (Hg.): Kommentar zum Grundgesetz für die Bundesrepublik Deutschland, Reihe Alternativkommentare, Bd. 1, 2. Aufl., Neuwied u.a.: Luchterhand

Webster, James G./Patricia F. Phalen (1997): The Mass Audience. Rediscovering the Dominant Model, Mahwah/New Jersey: Lawrence Erlbaum

Wehmeier, Stefan (1998): Fernsehen im Wandel: Differenzierung und Ökonomisierung eines Mediums, 1. Aufl., Konstanz: UVK-Medien

Wehmeier, Stefan/Günter Bentele (2000): Medienjournalismus und Medien-PR: Theoretisch-systematische Grundlagen und Fallbeispiele, in: Thomas Jüngling/Hartmut Schultz (Hg.): Medienjournalismus und Medien-PR. Systemtische Grundlagen und Beiträge aus der Praxis, Berlin, Vistas: 8-55

Weibull, Lennart (1985): Structural Factors in Gratifications Research, in: Karl Erik Rosengren et al. (eds.): Media Gratifications Research. Current Perspectives, Beverly Hills, Sage: 123-147

Weigand, Karl-Heinz (1988): Aspekte einer Medienökonomie, in: Wolfgang R. Langenbucher (Hg.): Publizistik- und Kommunikationswissenschaft. Ein Textbuch zur Einführung in ihre Teildisziplinen, 2. Aufl., Wien: Braumüller

Weischenberg, Siegfried (1995): Journalistik. Theorie und Praxis aktueller Medienkommunikation, Bd. 2: Medientechnik, Medienfunktionen, Medienakteure, Opladen/Wiesbaden: Westdeutscher Verlag

Weiß, Ralph (1996): Soziographie kommunikativer Milieus. Wege zur empirischen Rekonstruktion der sozialstrukturellen Grundlagen alltagskultureller Handlungsmuster, in: Rundfunk und Fernsehen (44): 325-345

Weiß, Ralph (2001): Der praktische Sinn des Mediengebrauchs im Alltag, in: Ursula Maier-Rabler/Michael Latzer (Hg.): Kommunikationskulturen zwischen Kontinuität und Wandel. Universelle Netzwerke für die Zivilgesellschaft, Konstanz, UVK-Medien: 347-369

Welke, Martin/Boris Fuchs (2000): Zeitungsdruck. Die Entwicklung der Technik vom 17. zum 20. Jahrhundert, München: Saur

Wermke, Jutta (2000) (Hg.): Ästhetik und Ökonomie. Beiträge zur interdisziplinären Diskussion von Medien-Kultur, Opladen/Wiesbaden: Westdeutscher Verlag

Weßler, Hartmut u.a. (1997) (Hg.): Perspektiven der Medienkritik, Opladen/Wiesbaden: Westdeutscher Verlag

Wiedemann, Verena (1992): Freiwillige Selbstkontrolle der Presse: Eine länderübergreifende Untersuchung, Gütersloh: Verlag Bertelsmann-Stiftung

Wiesand, Andreas Johannes (1991): Kultur und Rundfunk - eine Mesalliance?, in: Bernward Frank/Gerhard Maletzke/Karl H. Müller-Sachse (Hg.): Kultur und Medien: Angebote - Interessen - Verhalten. Eine Studie der ARD/ZDF-Medienkommission, Baden-Baden, Nomos: 13-71

Wiesenthal, Helmut (1987): Einleitung. Die Ratlosigkeit des homo oeconomicus, in: Jon Elster (Hg.): Subversion der Rationalität, Frankfurt a.M./New York, Campus: 7-19

Wilke, Jürgen (2000): Grundzüge der Medien- und Kommunikationsgeschichte: Von den Anfängen bis ins 20. Jahrhundert, Köln u.a.: Böhlau

Willems, Herbert (2000): Events: Kultur - Identität - Marketing, in: Winfried Gebhardt/Ronald Hitzler/Michaela Pfadenhauer (Hg.): Events. Soziologie des Außergewöhnlichen, Opladen, Leske+Budrich: 51-73

Williamson, Oliver E. (1990): Die ökonomischen Institutionen des Kapitalismus, Tübingen: J.C.B. Mohr

Willke, Helmut (2000): Systemtheorie I: Grundlagen, 6. Aufl., Stuttgart: UTB

Winter, Carsten (2001): Kulturimperialismus und Kulturindustrie ade? Zur Notwendigkeit einer Neuorientierung der Erforschung und Kritik von Medienkultur in den Cultural Studies, in: Udo Göttlich/Lothar Mikos/Rainer Winter (Hg.): Die Werkzeugkiste der Cultural Studies: Perspektiven, Anschlüsse und Interventionen, Bielefeld, transcript: 283-322

Winterhoff-Spurk, Peter/Hans-Jürgen Koch (2000): Kulturradio. Perspektiven gehobener Radioprogramme, München: Reinhard Fischer

Witt, Ulrich (1997): Evolutorische Ökonomik - Umrisse eines neuen Forschungsprogramms, in: Eberhard K. Seifert/Birger P. Priddat (Hg.): Neuorientierungen in der ökonomischen Theorie, Marburg, Metropolis-Verlag: 153-179

Witte, Eberhard (1982): Ziele deutscher Medienpolitik, München/Wien: Oldenbourg

Wörz, Michael/Paul Dingwerth/Rainer Ohlschläger (1990) (Hg.): Moral als Kapital. Perspektiven des Dialogs zwischen Wirtschaft und Ethik, Stuttgart: Akademie der Diözese Rottenburg-Stuttgart

Wright, Charles R. (1975): Mass Communication. A Sociological Perspective, 2. ed., New York: Random House

Wunden, Wolfgang (1999): Freiheitliche Medienmoral. Konzept einer systematischen Medienethik, in: Rüdiger Funiok/Udo F. Schmälzle/Christoph H. Werth (Hg.): Medienethik - die Frage nach Verantwortung, Bonn, Bundeszentrale für politische Bildung: 35-55

Wunden, Wolfgang (2001): Medien, Markt und Moral. Ethische Maßstäbe in der Medienwelt, in: Reinhold Jacobi (Hg.): Medien Markt Moral. Vom ganz wirklichen, fiktiven und virtuellen Leben, Freiburg/Basel/Wien, Herder: 22-25

Z

Zerdick, Axel (1995): Markt- und Unternehmenstransparenz im Multimedia-Zeitalter, in: Wolfgang Hoffmann-Riem/Heide Simonis (Hg.): Chancen, Risiken und Regelungsbedarf im Übergang zum Multi-Media-Zeitalter, Dokumentation zum Medienworkshop vom 21.8.1995, Kiel, Hans-Bredow-Institut für Rundfunk und Fernsehen: 72-87

Zerdick, Axel u.a. (1999): Die Internet-Ökonomie. Strategien für die digitale Wirtschaft, Berlin u.a.: Springer

Ziegler, Regine (2000): Untergang im Serienmeer? Die Vergangenheit des Fernsehspiels hat Zukunft, in: ARD-Jahrbuch 2000, Hamburg, Hans-Bredow-Institut: 67-74

Schlagwortverzeichnis

K

L

M

Ü

U

V

W

Autorinnen und Autoren

Alexander, Alison, Prof. Dr. phil., Professor and Head of the Department of Telecommunications, Grady College of Journalism and Mass Communication, University of Georgia. Field of scientific works: media and the family.

Altmeppen, Klaus-Dieter, Dr. phil., geb. 1956, wissenschaftlicher Assistent im Fachgebiet Medienwissenschaft, Institut für Medien- und Kommunikationswissenschaft der TU Ilmenau. Arbeitsgebiete: Journalismusforschung, Öffentlichkeitsarbeit, Organisationskommunikation, Medienökonomie und Medienmanagement.

Bohrmann, Hans, Prof. Dr. phil., geb. 1940, Professor am Institut für Journalistik der Universität Dortmund, Direktor des Instituts für Zeitungsforschung der Stadt Dortmund. Arbeitsgebiete: Mediengeschichte, Fachgeschichte der Publizistikwissenschaft, Pressearchive.

Fengler, Susanne, Dr. phil., geb. 1971, Kommunikationswissenschaftlerin. Arbeitsgebiete: Journalismus, Medien in den USA, Ökonomik.

Göttlich, Udo, Dr. phil., M.A., geb. 1961, Wissenschaftlicher Mitarbeiter am Rhein-Ruhr-Institut für Sozialforschung und Politikberatung (RISP) an der Gerhard-Mercator-Universität Duisburg. Arbeitsgebiete: Medien-, Kommunikations- und Kultursoziologie, Cultural Studies, Rezeptionsforschung und Fernsehnutzung, qualitatitive Methoden der Kommunikationsforschung.

Hollifield, C. Ann, Prof. Dr. phil., born 1958, Associate Professor, Department of Telecommunications and Coordinator, Michael J. Faherty Broadcast Management Laboratory, Grady College of Journalism and Mass Communication, University of Georgia. Field of scientific works: media management and economics; effects of mass media and telecommunications systems on the economy and economic development.

Jäckel, Michael, Prof. Dr. phil., geb. 1959, Professor für Soziologie an der Universität Trier. Arbeitsgebiete: Mediensoziologie, Konsumsoziologie, Neue Technologien und Arbeitsorganisation, Allgemeine Soziologie.

Karmasin, Matthias, Univ.-Prof. Mag. Dr. Dr. habil., geb. 1964, Ordinarius für Kommunikationswissenschaft und Vorstand des Instituts für Medien- und Kommunikationswissenschaft der Universität Klagenfurt. Arbeitsgebiete: Kommunikationstheorie, Medienökonomie, Medienmanagement, Organisationskommunikation, interkulturelle Kommunikation, Kulturtheorie und Kulturwissenschaft, Wirtschaftsethik, Medienethik.

Kiefer, Marie Luise, Prof. Dr. rer. pol., Honorarprofessorin für Kommunikationsökonomie und Medienforschung an der Universität Wien. Arbeitsgebiete: Rezeptionsforschung, Medienökonomie, Medienpolitik.

Owers, James, Prof. Dr. phil., Professor of Finance, Georgia State University and Associate of the Department of Economics, Harvard University. Professor of Finance and Director of the Economics Program, Harvard University Summer School. Field of scientific works: restructuring and other financial topics.

Rath, Matthias, Prof. Dr. phil. habil., Dipl.-Päd., geb. 1959, Professor für Philosophie an der Pädagogischen Hochschule Ludwigsburg. Arbeitsgebiete: Angewandte Ethik, vor allem Medienethik und Wirtschaftsethik, Medienwirkungsforschung, Grenzfragen zwischen Philosophie und Kultur- und Sozialwissenschaften.

Ruß-Mohl, Stephan, Prof. Dr., geb. 1950, Professor für Kommunikationswissenschaft (Arbeitsgebiete: Journalistische Praxis/Medienmanagement) an der Università della Svizzera italiana in Lugano. Arbeitsgebiete: Qualitätssicherung und Qualitätsmanagement im Journalismus, Redaktionsmanagement, vergleichende Journalismus-Forschung (insbesondere: Deutschland, USA, Schweiz, Italien), Medien-Journalismus und Öffentlichkeitsarbeit für Medienunternehmen, Wirtschaftsberichterstattung.

Saxer, Ulrich, Prof. Dr. phil., geb. 1931, em. Professor für Kommunikationswissenschaft/Publizistikwissenschaft an den Universitäten Zürich und Lugano, Honorarprofessor an der Universität Wien. Arbeitsgebiete: Kommunikationssoziologie, Politische Kommunikation, Kulturkommunikation, Leseforschung, Kommunikationspolitik, Öffentlichkeitsarbeit.

Vowe, Gerhard, Prof. Dr., geb. 1953, Professor für Politik und Medien am Institut für Medien- und Kommunikationswissenschaft der TU Ilmenau. Arbeitsgebiete: Politische Regulierung des Medienbereiches in der Bundesrepublik Deutschland und politische Kommunikation.

Otto Altendorfer
Mediensystem der Bundesrepublik Deutschland 2

2002. ca. 300 S. Br. ca. € 24,00   ISBN 3-531-13436-1

Klaus-Dieter Altmeppen, Matthias Karmasin (Hrsg.)
Medien und Ökonomie

Band 1/1: Grundlagen der Medienökonomie: Wirtschaftswissenschaft,
Kommunikations- und Medienwissenschaft
2002. ca. 250 S. Br. ca. € 19,90   ISBN 3-531-13631-3

Band 1/2: Grundlagen der Medienökonomie: Soziologie, Politik, Recht,
Philosophie, Geschichte, Methoden, Internationalisierung
2002. ca. 250 S. Br. ca. € 19,90   ISBN 3-531-13632-1

Band 2: Problemfelder der Medienökonomie
2003. ca. 250 S. Br. ca. € 19,90   ISBN 3-531-13633-X

Band 3: Anwendungsfelder der Medienökonomie
2003. ca. 250 S. Br. ca. € 19,90   ISBN 3-531-13634-8

Martin Löffelholz, Thorsten Quandt (Hrsg.)
Die neue Kommunikationswissenschaft

Theorien, Themen und Berufsfelder im Internet-Zeitalter. Eine Einführung
2002. ca. 300 S. Br. ca. € 24,00   ISBN 3-531-13705-0

Hans-Dieter Kübler
Medien für Kinder

Von der Literatur zum Internet-Portal. Ein Überblick
2002. 209 S. Br. € 19,90   ISBN 3-531-13824-3

Otfried Jarren, Hartmut Weßler (Hrsg.)
Journalismus - Medien - Öffentlichkeit

2002. 413 S. Br. € 29,90   ISBN 3-531-13514-7

Claudia Mast
Wirtschaftsjournalismus

2., völlig überarb. und akt. Aufl. 2002. ca. 304 S. Br. ca. € 29,95
ISBN 3-531-33443-3

Udo Branahl
Medienrecht

4. Aufl. 2002. 344 S. Br. € 24,90   ISBN 3-531-52319-8

LEHRBÜCHER

Kommunikation

www.westdeutscherverlag.de

Erhältlich im Buchhandel oder beim Verlag.
Änderungen vorbehalten. Stand: Oktober 2002.

Abraham-Lincoln-Str. 46
65189 Wiesbaden
Tel. 06 11. 78 78 - 285
Fax. 06 11. 78 78 - 400

West-
deutscher
Verlag

Günter Bentele, Hans-Bernd Brosius, Otfried Jarren (Hrsg.)
Öffentliche Kommunikation

Handbuch Kommunikations- und Medienwissenschaft

2002. Ca. 600 S. Studienbücher zur Kommunikations- und Medienwissenschaft. Br. ca. € 39,00   ISBN 3-531-13532-5

Das Handbuch gibt in kompakten Kapiteln einen Überblick über die wichtigsten Forschungsfelder, Teildisziplinen, Theorien und Methoden der Kommunikations- und Medienwissenschaft. Namhafte Vertreter des Fachs skizzieren den jeweiligen Entwicklungsverlauf und den aktuellen Forschungsstand.

Hans-Bernd Brosius, Friederike Koschel
Methoden der empirischen Kommunikationsforschung

Eine Einführung

2001. 251 S. Studienbücher zur Kommunikations- und Medienwissenschaft. Br. € 18,00   ISBN 3-531-13365-9

Michael Jäckel
Medienwirkungen

Ein Studienbuch zur Einführung

2., überarb. und erw. Aufl. 2002. 351 S. Studienbücher zur Kommunikations- und Medienwissenschaft. Br. ca. € 24,50   ISBN 3-531-33073-X

Diese Einführung konzentriert sich auf die Darstellung wichtiger Stationen und Denkweisen der Medienwirkungsforschung. Die Kernaussagen werden zusammengefasst und exemplarisch erläutert.

Otfried Jarren, Patrick Donges
Politische Kommunikation in der Mediengesellschaft.
Eine Einführung

Bd 1: Verständnis, Rahmen und Strukturen
2002. 234 S. Studienbücher zur Kommunikations- und Medienwissenschaft. Br. € 18,90   ISBN 3-531-13373-X

Bd 2: Akteure, Prozesse und Inhalte
2002. 250 S. Studienbücher zur Kommunikations- und Medienwissenschaft. Br. ca. € 19,90   ISBN 3-531-13818-9

STUDIENBÜCHER

Kommunikation

www.westdeutscherverlag.de

Erhältlich im Buchhandel oder beim Verlag.
Änderungen vorbehalten. Stand: Oktober 2002.

Abraham-Lincoln-Str. 46
65189 Wiesbaden
Tel. 06 11. 78 78 - 285
Fax. 06 11. 78 78 - 400

West-
deutscher
Verlag